오늘도 오뚜기 카레

OTOKI CURRY BOOK

1969년부터 지금까지,
우리와 함께한 오뚜기 카레 이야기

Intro

당신에게 카레는 어떤 음식인가요?

코끝을 간질이는 부드럽고 알싸한 향에 한 번 반하고, 입안 가득 퍼지는 익숙한 감칠맛에 또 한 번 마음을 빼앗기는 카레는 어린아이부터 어른까지 누구에게나 사랑받아 온 만인의 음식입니다. 처음엔 먼 나라에서 건너온 낯선 음식이었지만, 언젠가부터 우리에게 가장 익숙한 추억의 맛이 된 카레. 김이 모락모락 나는 카레를 한 숟가락 뜨는 순간, 마음속 깊이 간직한 기억들도 함께 피어오릅니다.

누군가에게는 엄마의 손맛, 누군가에게는 자취방 첫 요리, 누군가에게는 한 솥 가득 끓여 여럿이 나눠 먹던 저녁, 또 누군가에게는 바쁘게 흘러가는 고단한 일상에 위안을 주는 음식. 이렇듯 카레는 각자의 시간 속에 조금씩 다른 모습으로 함께해 왔습니다. 그렇기에 카레를 먹는다는 것은 단순히 끼니를 해결한다는 것을 넘어, 마음에 새로운 추억을 채워간다는 의미가 아닐까요?

이 책 《오늘도 오뚜기 카레》는 카레에 얽힌 재미있는 이야기와 유용한 지식, 그리고 카레와 함께하는 사람들의 진솔한 순간들이 모여있는 '오뚜기 카레 마을'로 당신을 초대합니다. 반세기 넘게 우리들의 식탁을 지켜온 오뚜기 카레의 비하인드 스토리도 빼놓을 수 없고요. 이제 향긋한 오뚜기 카레 마을을 여행하며, 카레에 대한 새로운 시선과 감상을 넓혀보세요. 그 여정 속에서 당신만의 카레 이야기를 발견하길 바랍니다.

어서오세요, 오뚜기 카레 마을로

Welcome to OTOKI Curry Town

솔솔 퍼지는 카레향이 입맛을 돋우는 이곳은 오뚜기 카레 마을. 익숙한 향기에 발길을 맡기면 찾아올 수 있는 특별한 공간이다. 학교에서는 카레에 숨겨진 재미있는 지식을 알아가고, 도서관 한편에서는 진심을 담아 카레를 만드는 사람들의 이야기와 공장에서 맛있는 카레가 만들어지는 순간을 들여다본다. 공원에 모여 각자의 마음에 간직해 오던 카레 추억을 나누는 사람들 틈에 끼면, 어느새 우리도 카레 마을의 주민. 자, 그럼 이제 페이지를 넘겨 카레 마을 여행을 시작해 볼까?

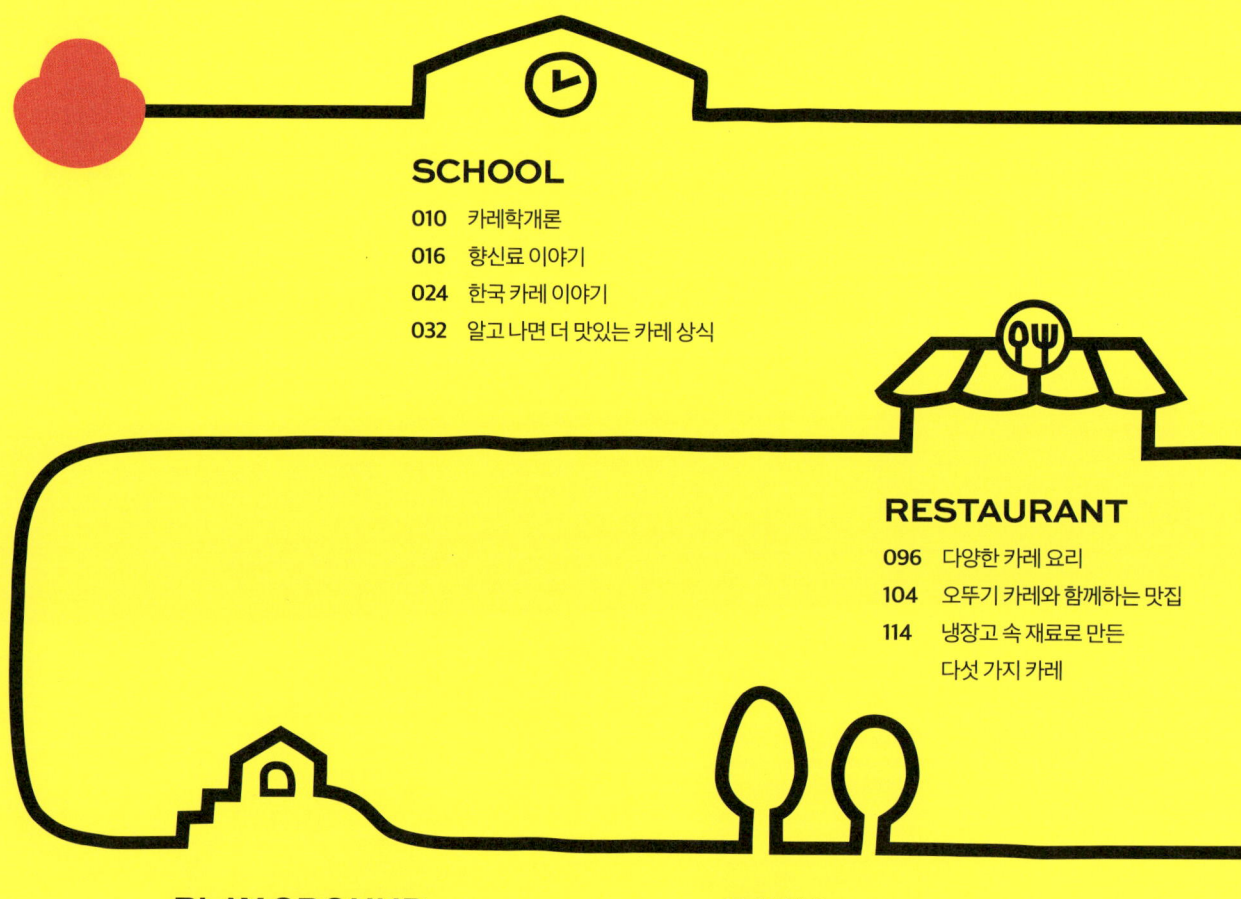

SCHOOL
- 010 카레학개론
- 016 향신료 이야기
- 024 한국 카레 이야기
- 032 알고 나면 더 맛있는 카레 상식

RESTAURANT
- 096 다양한 카레 요리
- 104 오뚜기 카레와 함께하는 맛집
- 114 냉장고 속 재료로 만든 다섯 가지 카레

PLAY GROUND
- 138 누구나의 카레, 누군가의 카레

PARK
- 198 우리가 기억하는 카레
- 206 카레를 즐기는 순간들
- 214 우리가 그리는 카레

오뚜기 카레 마을 여행 가이드   How to Enjoy Curry Town

카레 마을 곳곳에는 지금껏 어디에서도 볼 수 없었던 카레에 대한 비하인드 스토리가 담겨있다. 알쏭달쏭 궁금했던 지식부터, 마음이 따뜻해지는 추억담, 특별하고 새로운 맛을 선사할 카레 비법까지. 마을 탐방에 정해진 순서는 없으니, 알고 싶고 듣고 싶은 이야기가 있는 스팟을 골라 자유롭게 여행을 떠나보자.

추천 스팟   Must Visit Curry Spot

뭐든, 제대로 알고 보면 배로 재밌어지는 법! 이번 기회에 카레에 대한 알짜배기 지식을 얻고 싶다면?

세상엔 얼마나 다양하고 맛있는 카레 요리가 있을까? 기본 카레부터 색다른 스페셜 카레까지, 보기만 해도 군침이 도는 카레 요리를 눈으로 먼저 맛보고 싶다면?

오뚜기 카레 공장은 어떤 모습일까? 오뚜기 직원들이 가장 좋아하는 카레 제품은? 어디서도 만날 수 없던 오뚜기 카레의 비하인드 스토리가 궁금하다면?

다른 사람들은 카레를 어떻게 즐기고 있을까? 카레와 함께하는 사람들의 이야기와 그들이 전하는 특별한 카레 비법이 알고 싶다면?

LIBRARY
- 040   숫자로 보는 오뚜기 카레
- 044   오뚜기 카레 공장 견학기
- 054   오뚜기 카레를 만드는 사람들
- 086   오뚜기 카레 CF 연대기

GROCERY
- 226   오뚜기 직원들의 이럴 땐 이 카레
- 232   오뚜기 카레 라인업

HOME
- 238   우리 집 카레 보관소
- 250   우리 집 카레 비법

Spot. 1
SCHOOL

맛보다 향으로 먼저 기억되는 음식이 있다. 아마 카레가 그렇지 않을까? 집에서 카레를 먹는 날이면, 주방에 들어서기도 전에 코끝에 향긋한 카레향이 느껴지곤 했다. 어릴 적 한 솥 가득 끓인 카레를 가족들과 식탁에 둘러앉아 먹던 기억, 그리고 학교 급식에서 단골 메뉴로 등장했던 기억 때문인지, 카레는 그 어떤 음식보다 이국적인 맛과 향을 가졌지만 동시에 또 무척이나 친숙하게 느껴지는 신기한 매력을 가졌다. 이러한 카레에 대해 우리는 얼마나 잘 알고 있을까? 가까운 사이라도 관심을 갖고 자세히 들여다보면 상대의 새로운 매력이 드러나는 것처럼, 음식도 애정을 품고 조금 더 가까이서 살펴보면 맛도 즐거움도 두 배가 되는 법! 오뚜기 카레 마을에서 둘러보는 첫 번째 스팟, 스쿨에서는 카레에 관한 다양한 지식과 재미있는 비하인드 스토리가 펼쳐진다. 그럼 지금부터, 언제 어디서나 우리 곁에서 함께해 온 카레의 이야기를 만나러 가볼까?

카레학개론

국어사전에서 '카레'를 검색하면 다음 두 가지 뜻이 나온다. ① 강황, 생강, 후추, 마늘 따위를 섞어 만든 맵고 향기로운 노란 향신료. 카레라이스 따위의 요리를 만들 때에 쓴다. ② 인도 요리의 하나. 고기와 감자, 양파 따위의 채소를 넣어 익힌 국물에 카레 가루와 밀가루를 섞어 되직하게 끓인 것을 쌀밥에 얹는다. 전자는 향신료 조합으로서의 카레이고, 후자는 요리로서의 카레다. 카레를 떠올렸을 때 샛노란 가루가 생각나기도 하고, 흰쌀밥에 담뿍 올린 소스가 연상되기도 한 데는 다 그럴듯한 이유가 있었던 것. 다양한 재료를 한데 모아 맛있는 카레 한 그릇을 끓여내듯, 이번 기회에 머릿속에 둥둥 떠다니는 카레에 대한 지식을 맛깔나게 정리해 보자. 카레의 어원과 역사, 그리고 특징까지 자세히 살펴보는 이번 시간은 몰랐던 카레의 매력을 발견하는 소중한 기회가 될 것이다.

카레의 어원

가장 널리 통용되는 카레의 어원은 소스를 의미하는 인도의 따밀어 '까리Kari'에서 유래되었다는 이야기다. 하지만 정작 따밀어를 쓰는 사람들에게 '까리'는 계층에 따라 고기 또는 채소를 부르는 말이다. 또한 인도에서는 보통 '카레'라는 한 단어를 사용하기보다는 요리마다 '로간 조쉬Rogan Josh', '빈달루Vindaloo', '코르마Korma' 등 각각의 이름으로 부르는 게 일반적이다. 그렇기 때문에 인도에서 카레의 어원을 찾는 것이 무의미하게 느껴질 수 있지만, 아예 상관이 없는 것도 아니다. 향신료를 넣은 '소스' 또는 자작한 '국물'이 있는 요리라는 의미, 그리고 고기, 채소 등 여러 '재료'를 넣어 만든 요리라는 뜻을 합쳤을 때 오늘날 우리가 생각하는 '카레'의 개념이 완성되니, 인도의 따밀어 '까리'와의 연관성을 무시할 수는 없다.

한편, 인도의 다양한 향신료 요리를 카레라는 개념으로 묶고 확산시킨 데는 영국인들의 역할이 크다. 17세기 초 인도에 도착한 영국인들은 인도에서 만날 수 있는 수많은 향신료 음식을 '커리Curry'라는 개념으로 통합하고 재창조했다. 인도의 사람 수만큼이나 다양하게 존재했던 그 음식들을 일일이 구별하여 부를 수 없었기에, 여러 이름으로 불리던 인도의 수많은 향신료 요리들, 특히 그중에서도 국물이 있는 요리를 통틀어 '커리(카레)'라고 지칭했던 것이다. 세계 곳곳에 식민지를 두었던 영국을 통해 인도의 맛은 커리라는 이름으로 전 세계로 퍼져나갔고 각 나라의 고유한 식문화와 융합되며 뚜렷한 개성을 가진 맛으로 진화했다. 1870년대 영국 해군으로부터 일본으로 전해진 커리가 일제 강점기에 우리나라로 들어오면서 커리의 일본식 발음인 '카레'가 우리나라에서도 통용되기 시작했다. 그렇게 '까리'는 '커리'가 되고, 마침내 '카레'가 된 것이다.

School

카레의 기원과 역사

만인의 입맛을 사로잡은 카레는 언제 어디에서 탄생해 전 세계로 퍼져나갔을까?

① 카레의 시작은 향신료의 천국 인도로부터

인도에 뿌리를 두고 있는 카레의 역사는 오랜 시간을 거슬러 올라간다. 인도 파르마나 지역에서는 약 4천 년 전부터 카레에 주로 쓰이는 향신료인 강황과 생강을 사용한 흔적이 발견됐다고 한다. 지리적으로 여러 문명이 교차하는 지점에 있었던 인도에는 다양한 향신료들이 집결할 수 있었고, 카레잎, 강황, 생강, 정향, 카르다몸, 후추 등의 향신료를 한데 섞은 '마살라Masala'는 인도에서 가장 보편적으로 사용하는 '향신료의 조합'으로 현재 우리가 사용하고 있는 분말 카레의 원형이 되었다. 하지만 앞서 어원에서 살펴봤듯 마살라를 사용한 요리들이 당시부터 카레라는 이름으로 불린 것은 아니었고, 18세기 인도에 정착한 영국인들에 의해 카레라는 이름으로 정립되었다.

② 카레의 매력에 푹 빠진 영국, 그리고 대영제국과 함께 세계로 퍼져나간 카레

18세기 후반까지 동인도회사에 고용된 영국인들은 인도 현지인처럼 지내며 향신료가 가득 들어간 인도의 전통 요리를 즐겼는데, 동인도회사의 워런 헤이스팅스는 1772년 빅토리아 여왕에게 마살라를 바치며 인도 현지의 맛을 영국으로 전파했다. 이후 영국 상류층에서는 요리에 마살라를 조금씩 사용하는 것을 최고의 사치로 여겼다고 한다. 귀국 후에도 인도 음식을 잊지 못한 영국인들은 상업용 카레를 생산하기 시작한다. 1884년 영국의 식품 기업 크로스 앤 블랙웰C&B에서 최초의 인스턴트 카레 파우더를 출시하며 카레 대중화에 기여했고, 이후 다양한 기업에서 제품 출시를 이어갔다.

제2차 세계대전이 끝날 무렵까지 세계 곳곳에는 대영제국의 영향이 미치지 않은 곳이 없었고, 자연스럽게 영국인들은 원하는 지역 어디든 카레를 전파할 수 있었다. 그러나 전 세계로 카레가 퍼져나가는 데 결정적인 역할을 한 사람들은 다름 아닌 인도 출신의 이민자들이었다. 1830년대 대영제국의 노예제도가 폐지되면서 노동력이 부족해진 영국 정부는 인도인 계약 노동자들을 모집해 그들을 대영제국의 다른 지역으로 이주시켰다. 인도인의 이주에 인도 음식이 동행했음은 너무나 당연하다. 19세기 인도인 계약 노동자가 일했던 동남아시아 지역에서 카레는 저렴하고 간단히 먹을 수 있는 길거리 음식으로 자리 잡았으며, 특히 허브의 신선한 맛과 향을 즐기는 특유의 레시피가 발달했다.

About Curry

③ 일본, 해군 식단에서 국민 음식으로

일본은 1870년대 영국 해군으로부터 처음 카레를 받아들였다. 당시 일본 해군에게는 각기병이 큰 골칫거리였는데, 고기와 채소가 가득 들어있어 영양소가 풍부한 카레를 즐기는 영국 해군들의 식단에서 해결책을 찾았던 것. 간단한 조리법은 물론, 중독성 있는 매콤한 맛과 각기병 문제를 해결한 균형 잡힌 영양소 덕분에 러일전쟁 발발 후에는 본격적인 해군 식단으로 자리 잡게 됐다. 초기에 카레라이스는 값비싼 음식이었으나, 에스비식품 S&B의 창업자 야마자키 미네지로가 1923년 일본 최초의 카레 파우더를 탄생시키고, 1930년에는 가정용 분말 카레를 출시하면서 카레의 상업화가 가속화됐다. 일본은 1968년, 세계 최초로 레토르트 카레를 출시하기도 했다.

④ 김치와 찰떡궁합, 카레가 일상식이 된 한국

일제강점기를 지나며 일본으로부터 전해 들어온 카레는 우리나라만의 식문화적 특성에 맞게 변형되며 각 가정의 식탁에 스며들기 시작했다. 초창기에는 부유층을 중심으로 즐기는 고급 음식이었으나, 1969년 오뚜기가 출시한 즉석 분말 카레를 시작으로 대중화됐다. 간단한 조리법, 우리 입맛에 맞는 살짝 매콤한 맛, 그리고 한국의 대표 음식인 김치와 찰떡궁합을 자랑하는 카레는 남녀노소 누구에게나 사랑받으며 한국인의 일상식으로 자리 잡았다.

카레의 특징

뚜렷한 개성을 지녔지만, 늘 새롭게 변신하는 요리 카레의 세 가지 특징.

전 세계인이 즐기는 카레

신비로움으로 가득한 이국의 땅 인도에서 태어나 영국을 통해 전 세계로 퍼져나간 카레. 세상에 카레만큼 많은 이들이 즐기는 요리가 또 있을까? 세계 각지의 인도 레스토랑을 전문적으로 소개하는 웹사이트인 인디언디너닷컴 indiandinner.com 은 90여 개 국가에 카레를 파는 식당이 있다고 안내한다. 2013년 기준이니 지금은 더 많은 국가에서 카레를 만나고 있을 것이다. 한편, 카레는 한 단어로 정의하기에는 무척이나 넓은 범주의 요리다. 각 나라의 고유한 식재료와 식문화를 만나 자국의 미식 언어로 재해석되며, 카레라는 이름 아래 수십, 수백 가지의 요리가 탄생했기 때문. 누군가에게는 빵이나 밥에 곁들여 먹는 소스지만 또 누군가에게는 레스토랑에서 커다란 식탁을 가득 채운 근사한 요리이기도 하다. 오뚜기 카레에 익숙한 우리에게는 깍둑 썰기한 고기와 채소가 풍성하게 들어간 샛노란 카레가 일반적이지만, 누군가에게는 빨간색 카레, 초록색 카레가 더 친숙하게 느껴질 수도 있다. 그럼에도 불구하고, 향신료 특유의 향과 풍미로 인해 그 모양과 식감이 어떻든 한 입 맛보는 순간 '이건 카레다!' 하고 알 수 있다는 것이 무척 신기할 따름이다.

About Curry

맛과 환경을 모두 챙기는 지속 가능한 미식의 표본

카레는 '다양성'과 '제로 푸드 웨이스트Zero Food Waste'의 관점에서 '지속 가능한 미식'과 떼려야 뗄 수 없는 개념을 공유한다. 다양한 향을 가진 스파이스를 중심으로 어떤 재료도 품을 수 있는 맛의 스펙트럼을 지녔기 때문이다. 닭고기, 쇠고기, 돼지고기 등 고기의 종류나 부위에 따라 달라지는 풍미, 그리고 품종이나 지역에 따라 구별되는 여러 채소의 맛과 질감의 차이만 생각해 봐도 카레를 통해 식재료의 다양성을 얼마나 넓힐 수 있을지 체감된다. 식재료의 다양성이 곧 생태계의 종 다양성 유지에 큰 역할을 하고 있음은 물론이다. 그뿐만 아니라 냉장고에 남은 자투리 재료를 활용하는 데도 카레만 한 요리가 없다. 생각해 보면 카레를 끓일 때 꼭 필요한 재료는 있어도, 절대 넣지 말아야 할 재료는 쉽게 떠오르지 않는다. 풍성한 향미의 분말 카레 속에서 다양한 재료들이 서로 섞이고 어우러지기 때문. 또한 마트나 시장에서 외면 당하는 못난이 채소를 사용하기에도 카레가 제격이다. 그 모양이 어떻든, 오래되어 색이 조금 변했든, 각종 채소를 무심한 듯 숭덩숭덩 썰어 넣으면 근사한 카레 요리가 만들어지는 데는 무리가 없다. 이처럼 카레는 자칫 버려져 환경 문제로 이어질 수 있는 푸드 웨이스트를 가장 맛있게 해결할 수 있는 방법이기도 하다.

건강을 책임지는 한 끼

카레가 오랜 시간 사랑받아 올 수 있었던 이유는 중독성 있는 맛의 역할이 크겠지만, 카레가 건강한 음식이라는 인식도 한몫했다. 카레의 본고장인 인도를 비롯해 중국 및 인도네시아 지역에서는 지난 수천 년 동안 카레가 질병을 예방하고 치료하는 데 효과가 있다고 주장해 왔다. 그리고 이러한 주장은 오늘날 여러 연구를 통해 의학적으로 타당성이 있음이 밝혀지는 추세다. 특히 카레에 쓰이는 주성분인 '강황'의 효능에 주목해 볼만 하다. 강황이 노란빛을 띄는 것은 강황 속에 풍부하게 함유된 커큐민Curcumin이라는 알칼로이드 성분 때문인데, 커큐민은 항산화 기능을 가진 것으로 밝혀져 의학적인 연구도 계속되고 있다. 이뿐만 아니라 강황은 암, 당뇨, 심장 질환, 관절염은 물론 심지어 우울증이나 알츠하이머병의 예방과 치료에도 잠재적 효과가 있는 향신료로 다뤄지며 한동안 그 관심이 지속될 것으로 보인다.

향신료 이야기

카레를 카레답게 만들고 카레에 더욱 다양한 표정을 입히는 것, 바로 향신료가 하는 일이 아닐까? 어떤 향신료를 쓰고 양을 얼마나 또 어떻게 조합하느냐에 따라 카레의 이름이 달라지기도 하니, 향신료는 과연 카레의 A to Z이자 카레의 모든 것이라 말할 수밖에. 수천 년 전 시작된 인도 향신료의 역사는 인도와 유럽을 잇는 인도양의 스파이스 루트 Spice Route를 따라 퍼져나갔고, 향신료 전쟁이라 불리는 십자군 전쟁을 거쳐 대륙의 탐험가들을 통해 알려지기 시작했다. 카레잎, 강황, 생강, 정향, 카르다몸, 후추 등 다양한 향신료를 한데 섞은 '마살라'는 인도 요리에서 주로 사용되는 '향신료의 조합'을 의미하며, 현재 우리가 즐겨 먹는 카레 파우더의 원형으로도 볼 수 있다. 카레를 이야기할 때 결코 빼놓을 수 없는 주제인 향신료. 다채롭고 흥미진진한 향신료의 세계를 탐험하며, 향신료를 통해 더욱 풍성해지는 카레의 매력에 빠져보자.

향신료의 의미와 역할

수천 년 전부터 인류의 식생활과 함께해 온 향신료에 대해.

음식에 매력을 더하다

향신료의 사전적 의미는 '음식에 맵거나 향기로운 맛을 더하는 조미료'로 고추, 후추, 파, 마늘, 생강, 겨자, 깨 등이 있다. 주로 열대, 아열대, 온대 지역에서 생산되는 방향성 식물의 종자, 과실, 꽃잎, 잎과 줄기, 나무껍질, 뿌리 등에서 얻어지는 스파이스를 뜻하는데, 때에 따라서는 허브의 개념을 포함하기도 한다. 향신료의 중심지인 인도에는 "어머니의 수만큼 가람마살라가 존재한다"라는 말이 있다. 가람마살라Garam Masala는 인도 요리에서 가장 널리 쓰이는 마살라(향신료 조합) 중 하나로, 어머니의 수만큼 가람마살라가 존재한다는 것은 들어가는 향신료의 종류와 양에 따라 수천수만 가지의 맛이 새롭게 탄생할 수 있다는 뜻이기도 하다.

School

향신료의 역할 : 향, 맛, 색

향신료의 핵심 역할은 음식에 색다른 '향'을 더해 또 다른 맛을 끌어올리는 것이다. 지속 가능한 미식을 연구하는 아워플래닛의 김태윤 헤드 셰프는 "요리에 풍부한 표정을 더하기 위해 향신료를 사용한다"라고 이야기한다. 이는 하나의 향신료라도 어떤 재료나 무슨 종류의 향신료와 조합하는지에 따라 기존과는 전혀 다른 반전 매력을 뿜어낸다는 의미다. 식재료가 가진 '맛'을 깊이 바라볼 수 있는 사람은 향신료에서 수만 가지 매력을 끌어낼 수 있다는 것이다. 특히, 향신ᄒᆞ료라는 단어에서도 알 수 있듯, 코끝과 입안을 자극하는 '매운맛'은 향신료의 주무기다. 고추에서는 느낄 수 없는 얼얼함과 알싸함을 가진 후추, 겨자, 생강, 고추냉이 등을 생각해 보면, 향신료를 통해 매운맛에도 다양한 층위가 존재함을 알 수 있다. 향신료에는 향과 맛만큼 중요한 매력이 하나 더 있는데, 바로 '색'이다. 어떤 향신료를 사용하고, 그 비중을 어떻게 조절하느냐에 따라 음식의 색은 달라진다. 음식을 붉게 물들이는 고춧가루나 밝은 오렌지빛을 내는 사프란 등을 떠올려 보면, 향신료의 쓰임이 그만큼 다양하다는 사실을 새삼 깨닫게 될 것이다.

홀 스파이스와 파우더 스파이스

향신료는 원형을 그대로 사용하는지, 가루로 만들어 사용하는지에 따라 각각 홀 스파이스Whole Spice와 파우더 스파이스Powder Spice로 나뉜다. 주로 재료를 원형 그대로 말려 사용하는 홀 스파이스는 요리하는 동안 서서히 풍미를 방출하며 복잡하고 두터운 맛을 만드는 특징이 있어, 서서히 익히는 스튜나 조림 등의 요리에 적합하다. 반면 절구에 빻아 가루로 사용하는 파우더 스파이스의 경우 더 많은 표면적이 외부에 노출되므로 홀 스파이스에 비해 향미의 방출이 더욱 빠르다. 따라서 재빠르게 할 수 있는 요리나 향신료 블렌딩, 소스 등으로 활용하기 좋다.

스파이스Spice와 허브Herb는 무엇이 다를까?

자극성의 향미를 가진 스파이스는 강하고 강렬한 맛을 내는 경향이 있으며 요리에 복합적인 향과 깊이를 추가한다. 장시간의 요리와 고열을 견딜 수 있어 시간이 지남에 따라 더욱 깊어진 풍미를 방출한다. 반면 요리에 신선함과 밝기를 더하는 허브는 샐러드나 드레싱 및 고명으로 주로 사용된다. 허브가 가진 섬세한 맛을 유지하기 위해서는 최소한의 조리로 사용하는 것이 좋다.

인도의 향신료 상자, 마살라 답바

다양한 향신료를 이야기하기에 앞서 먼저 살펴보면 좋은 게 있으니, 바로 인도의 향신료 상자인 '마살라 답바Masala Dabba'다. 빨간색, 노란색, 황토색, 갈색, 흰색 등 다양한 향신료가 담긴 이 상자를 보면, '아, 카레는 이런 거구나', '향신료는 이런 거구나' 하고 직관적으로 알 수 있다. 인도의 가정집에서는 마살라 답바를 꺼내 색색의 향신료를 섞으며 오늘은 어떤 카레를 만들어 볼까 정한다고. 어쩐지 고추장, 된장, 간장 등에 양념을 섞어 다양한 음식을 만들어 내는 우리네 부엌을 떠올리게 한다. 먼 옛날 인도에 도착한 유럽인들에게는 마치 마법사의 상자처럼 보였을 향신료 박스가 조금 친숙하게 느껴지는 순간이다.

카레에 사용되는 주요 향신료

향신료의 이름을 대자면 밤을 새도 모자란다. 수많은 향신료 중 카레와 관련된 주요 향신료를 골라 소개한다.

강황 Turmeric

카레를 건강한 노란빛으로 물들이는 주인공. 생강과에 속하는 여러해살이풀로, 쿠르쿠마 아로마티카 또는 쿠르쿠마 롱가의 뿌리줄기다. 항산화 효과가 있는 커큐민이 다량 함유되어 건강한 식재료의 이미지를 가지고 있으며, 수천 년 전부터 그 효능이 알려져 인도는 물론 중동, 동남아, 중국, 아프리카까지 널리 사용되고 있다.

코리안더 Coriander

지중해 연안 여러 나라에서 자생해 온 코리안더는 통상 고수의 말린 씨앗을 뜻한다. 통으로 쓰거나 갈아서 사용하는데, 육류나 생선 요리부터 빵과 케이크까지 그 사용 범위가 무척 다양하다. 대체 불가한 코리안더만의 향 덕에 지금은 사용하지 않는 지역을 찾기 힘들 정도다.

휀넬 Fennel

미나릿과의 식물로 국내에서는 회향이라 부르며, 씨를 말려 향신료로 사용한다. 주로 생선 요리에 많이 쓰이는 휀넬은 그 명칭이 100개가 넘을 만큼 다양한 나라에서 쓰인다. 생잎과 줄기 등을 사용할 땐 특유의 향긋함 때문에 허브로 분류되기도 한다.

카르다몸 Cardamom

과테말라를 비롯한 열대 산악 지대에 널리 자생하는 관엽수의 열매 종자로, 국내에선 소두구라 칭한다. 오래되고 귀한 만큼 '향신료의 여왕'이라 불리며, 사프란, 바닐라 다음으로 고가로 알려져 있다. 역사적으로 다양한 질병 치료제로 사용됐던 카르다몸은 오늘날 카레와 같은 요리나 제과제빵, 차, 커피, 리큐어 등에 향을 더하는 용도로 쓰인다.

넛맥 Nutmeg

인도네시아 몰루카 제도가 원산지인 넛맥은 미나리아재비목 육두구과에 속하는 교목의 열매 종자로, 국내에선 육두구라 부른다. 이름은 '사향 향기가 나는 호두'라는 뜻. 살구처럼 보이는 열매 안의 종자를 넛맥, 종자 덮개를 메이스라 하며, 둘 다 말려서 귀한 향신료로 쓴다. 인도, 스리랑카는 물론 유럽 여러 나라에서 다양한 육류 요리에 사용한다.

훼누그릭 Fenugreek

장미목 콩과의 한해살이풀로 호로파라고도 불린다. 씨를 말려 향신료로 사용하며 따뜻한 성질을 가져 예부터 약으로 활용해 왔다. 카레는 물론, 난이나 플랫브레드에도 널리 사용된다.

후추 Pepper

후추나무의 열매를 말려 사용하는 후추는 향신료의 대명사라 할 만큼 큰 사랑을 받는 식재료로, 기원전 400년경 아라비아 상인을 통해 유럽으로 전래됐다. 독특한 향과 맛, 특유의 보존성으로 '불로장생의 정력제'로 알려져 금은보화보다 비싼 값을 주고 거래됐으며, '검은 다이아몬드'라는 별명이 붙기도 했다.

쿠민 Cumin

미나릿과 한해살이풀의 씨앗을 말려 사용하는 쿠민은 가람마살라의 핵심 재료로 강력한 향이 특징이다. 대부분의 인도 카레 요리와 탄두리 치킨 등에 사용되며 아랍 문화권은 물론, 튀르키예, 그리스 등 유럽의 전통 요리 및 고기 요리에도 활용된다. 맵고 톡 쏘는 향과 씁쓸한 맛으로 카레에 특징적인 향을 부여한다. 국내에서는 양꼬치의 시즈닝으로 친숙해진 향신료다.

오뚜기 카레와 향신료

오뚜기 카레에는 어떤 향신료가 사용될까?

카레는 눈과 입보다 코가 먼저 반응하는 음식이다. 멀리서도 냄새를 통해 '오늘 메뉴는 카레구나' 하고 알아차릴 수 있으니 말이다. 이러한 향은 카레에 들어가는 다양한 향신료에서 비롯된다. 카레 하면 강황만을 떠올리기 쉽지만 오뚜기 카레에는 강황 외에도 코리안더, 쿠민, 훼누그릭, 휀넬 등 스무 가지가 넘는 향신료가 들어간다. 그리고 이러한 향신료를 배합하는 기술에 따라 카레의 맛이 달라진다. 오뚜기의 다양한 카레 중에서도 가장 기본이 되는 '오뚜기카레'는 강황을 메인 원료로 다양한 향신료를 조화롭게 사용해 한국인이 선호하는 친숙한 카레의 맛을 내며, '백세카레'는 로즈마리와 월계수잎을 넣어 향신료의 맛을 풍부하게 만들었고, 특히 건강에 좋은 강황 함량을 높여 더욱 큰 사랑을 받고 있다. 또 '3일숙성카레'는 20여 가지의 스파이스와 허브를 조합해 은은하고도 풍성한 풍미를 구현했다.

오뚜기만의 향신료를 다루는 노하우

오뚜기 카레의 우수성은 원료 관리와 제조 기술에서 차별점을 갖는다고 할 수 있는데, 특히 각종 원료 중에서도 향신료의 관리가 무척 중요하다. 철저한 품질관리를 위해 오뚜기는 세계 유명 향신료 산지에서 최적의 원료를 직접 구매하고 있다. 원물을 선별하기 전, 오뚜기 식품안전과학연구소에서 철저한 분석을 진행하는데, 무려 500여 가지가 넘는 잔류 농약 검사를 통과한 원물만이 국내로 수입된다고. 이러한 원물을 오뚜기 자체 제조 설비에서 직접 살균 및 배합함으로써 위생 안전성과 품질 안정성을 확보한다. 살균 및 배합을 마친 향신료는 저마다 개성 강한 맛과 향을 뿜어내는데, 이들 사이의 균형을 맞추기 위해 오뚜기는 적정한 기간의 숙성 과정을 거친다. 이렇듯 차별화된 검증 과정을 거친 향신료를 직접 블렌딩하여 맛을 내는 것이 오뚜기만의 노하우인 셈이다.

Curry & Spice

School

한국 카레 이야기

다양한 향신료 중에서도 강황의 비중이 높아 특유의 노란빛이 도는 한국식 카레는 약간 칼칼한 맛이 특징이다. 흰쌀밥에 곁들이기 알맞은 점성과 매콤새콤한 한국인의 반찬 김치와 환상의 궁합을 자랑하는 맛 덕분에 다른 반찬 없이도 든든한 한 끼 식사로 제 역할을 톡톡히 해낸다고. 어느새 친숙한 음식으로 우리의 일상에 함께하게 된 카레. 과연 카레는 어떻게 한국인들의 입맛을 사로잡으며 발전해 왔을까?

한국 카레의 역사는 오뚜기와 함께

한국 카레의 역사는 곧 오뚜기 카레의 역사다. 카레가 한국에 처음 들어온 시작부터 국민 음식으로 자리 잡게 된 과정까지, 한국 카레의 역사를 돌아본다.

대중들에겐 생소한 고급 요리였던 카레

1923년 일본이 카레 파우더를 개발한 이후 국내에도 일본식 카레가 퍼져나가기 시작했다. 당시 우리 국민들이 어떻게 카레를 즐겼는지 정확히 확인할 수는 없지만, 신문에 남아있는 자료를 통해 어느 정도 유추는 가능하다. 1925년 4월 8일 《동아일보》의 '서양요리제법' 코너에서는 쇠고기를 넣고 만드는 카레라이스 레시피를 상세히 소개하고 있다. 카레라이스를 만드는 법을 소개한 국내 최초의 공식 문서였는데, 재료는 쇠고기 반 근, 양파 두어 개, 카레 가루 세 작은술, 감자 약간, 당근 약간, 밀가루 두 큰술로 현재의 재료와 큰 차이가 없다. 한편 1936년 5월 15일 《조선일보》에는 어린이들이 좋아하는 음식으로 고로케, 누룽지, 치킨라이스와 같이 카레라이스가 꼽혔다는 기사가 실리기도 했다. 이처럼 당시 신문에는 카레에 대한 소개나 카레 레시피 및 요리 강습회에 대한 기사들이 간간이 등장했다. 그러나 1960년대 중반까지 카레는 대중들에게 여전히 생소한 음식이었고 부유층이나 일부 고급 식당에서 판매되는 등 소비층이 제한적이었던 것이 사실이다.

1969년 5월 5일, 오뚜기의 시작을 알린 오뚜기 카레

해방 이후 일본과의 수교가 단절되면서 국내의 몇몇 식품 업체가 직접 카레 가루 개발을 시도했지만 시장에서 크게 주목받지 못했다. 이러한 상황에서 1969년 5월 5일 오뚜기가 회사 창립과 함께 '오뚜기 즉석 카레'를 출시하며 한국의 독자적인 카레 맛을 구축해 지금까지 이어오고 있다. 오뚜기의 실제 창립일은 이보다 앞서지만, 카레라는 음식이 어린이에게 좋은 영양소를 공급할 뿐 아니라, 어린이들이 받아들이기 좋은 기존에 없던 새로운 맛이라는 점에서 오뚜기가 어린이날을 창립일로 지정한 것은 그 의미가 있었다. 한편, 오뚜기의 첫 제품이 카레가 된 이유 역시 '식품은 가정을 중심으로 해야 하며, 가정에는 사랑과 정성이 넘치기 때문에 그러한 제품을 만들어야 한다'는 경영 이념에 입각한 것이라고. 카레 첫 출시 제품의 용량이 5인분이었던 이유도 당시 우리나라 가구당 평균 인원이 5.2명인 점을 염두에 둔 결정이었다.

오뚜기는 왜 카레를 출시했을까?

20세기 초반 일본에서는 군대에서 단체식으로 제공될 정도로 카레가 대중화되고 큰 사랑을 받았지만, 우리나라의 경우 1960년대까지도 일반 국민들이 쉽게 즐길 수 있는 음식은 아니었다. 이런 상황에서 오뚜기 창업주인 함태호 명예회장은 카레의 대중화 가능성을 높이 평가하며 과감히 시장에 도전장을 내밀었다. 오뚜기 카레 출시 전 그가 발표한 신제품 개발에 관한 연구 논문을 보면 즉석 카레의 시장성과 가치에 대해 다음과 같은 근거를 들고 있다. 카레가 가진 독특한 매운맛이 한국인의 입맛에 잘 맞는다는 점, 즉석 카레의 사용으로 조리의 복잡성을 덜 수 있다는 점, 여느 인스턴트 식품에 비해 월등히 높은 영양가를 가지고 있으며 그 균형이 뛰어나다는 점, 양식 요리를 가정에서 간단히 즐길 수 있다는 점, 그리고 마지막으로 카레 그 자체가 대용품이 아닌 주식의 역할을 할 수 있다는 점 등이었다. 카레라는 요리가 가진 매력, 그리고 그러한 카레가 국내 식문화에 기여할 수 있는 부분이 명확히 존재한다는 것을 진작에 꿰뚫어보고 있었던 것이다.

국내 최초의 순카레 공장 준공

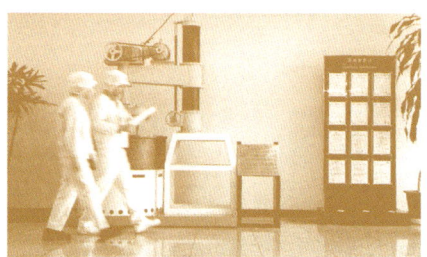

오뚜기가 즉석 카레를 선보일 즈음 국내시장에는 일본의 S&B와 하우스 인도카레 등이 있었는데, 외국 제품이 점령한 국내시장에서 순수 국내 브랜드로 시장에 진출하기란 쉬운 일이 아니었다. 이러한 판도를 바꾸는 데 큰 공을 세운 것이 바로 오뚜기의 순카레로, 1973년에는 국내 최초로 순카레 공장을 준공하며 우리나라 식품 업계의 신기원을 마련하기도 했다. 순카레는 여러 향신료를 조합한 향신료 믹스를 지칭하는데, 국내 최초의 순카레 공장에서는 강황, 고추, 후추, 고수 등 향신료를 직접 배합하면서, 오랜 연구 끝에 한국인의 입맛에 맞는 최적의 배합 비율과 숙성 방법을 찾아낼 수 있었다. 순카레 공장 준공 이전에는 영국산 순카레를 수입해서 사용했는데, 향이나 색상은 양호했으나 매운맛이 덜해서 우리 기호에는 맞지 않았다. 이렇듯 오뚜기의 순카레 공장 준공은 단순히 수입 대체 효과 외에도 국내에서 직접 한국인의 취향에 맞는 향신료 믹스를 만들 만큼 기술 축적을 이루었다는 데 큰 의미를 갖는다.

고급 요리의 대명사에서 누구나 즐기는 가정식으로

카레의 대중화에 크게 기여한 오뚜기 덕분에 부유층만 향유하던 고급 요리이자 서양식의 대명사였던 카레를 이제는 누구라도 집에서 쉽고 부담없이 가정식으로 즐길 수 있게 됐다. 오뚜기는 철저한 품질관리와 공격적인 영업 전략으로 오뚜기 카레 출시 1년 만에 경쟁사를 압도하며 시장점유율을 큰 폭으로 높여나갔다. 또한 국내 식품업계 최초의 루트 세일즈Route Sales 도입, 유통 질서 확립, TV와 차량·제품 박스 등을 활용한 다양한 광고와 마케팅 전략으로 카레를 국민 음식으로 만드는 데 앞장섰다. 특히 휴일 낮 시간대에 가족을 타깃으로 한 TV 광고는 '일요일은 오뚜기 카레'와 같은 추억이 서린 징글Jingle을 남기며 지금까지도 회자되고 있다.

시대의 변화에 맞춰 카레도 변하는 중

출시 초기 분말 형태로 선보인 오뚜기 카레는 시대의 변화와 함께 형태도 다양화됐다. 1981년 4월에는 '3분 요리'라는 브랜드로 간단히 데우기만 해도 먹을 수 있는 레토르트 카레가 등장하며 남녀노소 가리지 않고 즐기는 대표적인 대중 음식으로 정착했다. 별도 조리 과정을 거치지 않는 간편함과 기호에 따라 맵기를 고를 수 있는 장점 덕분에 반응은 폭발적이었고, 출시 첫해부터 400만 개 이상 판매되었다고 한다. 2003년에는 맛과 함께 건강에 좋은 '백세카레'를 출시했으며, 2009년 4월에는 국내 최초로 물에 더욱 잘 녹는 '과립형 카레'를 선보여 소비자들의 조리 편의성을 개선했다. 등장 이후, 지난 56년간 한 번도 1위 자리를 내주지 않은 오뚜기 카레. 카레의 대중화와 간편화는 물론, 이제는 차별화된 원료로 대중들의 다양한 니즈까지 충족시키며, '카레는 노란색', '카레는 건강'이라는 메시지를 넘어 '한국 카레는 곧 오뚜기 카레'라는 인식을 더욱 확고히 하고 있다.

School

카레가 노란색인 이유

선명한 노란빛은 다른 나라의 카레와는 다른 한국 카레만의 특징. 그 외에 한국 카레는 또 어떤 특징을 가지고 있을까?

카레는 다 노란색 아니었나요?

인도, 일본, 태국의 카레와는 다른 한국 카레만의 특징은 무엇일까? 바로 선명한 노란색을 띤다는 것. 사실 "카레는 노란색이다"라는 말은 한국인들에게만 해당되는 표현일 수 있는데, 그 이유는 바로 카레의 노란빛은 우리나라의 대표 카레인 오뚜기 카레의 특징이기 때문이다. 다양한 향신료를 추가해 빨간색, 초록색 등 색상이 다양한 인도 카레, 밀가루와 버터를 가열해 만든 루Roux를 사용해 짙은 갈색빛이 도는 일본 카레와 달리, 오뚜기 카레는 건강에 좋은 강황의 함유량을 높여 더욱 선명한 노란색을 띤다. 한국인이 '카레는 노란색'이라고 생각하게 된 데에는 이러한 이유가 있었던 것이다.

지식 플러스

오뚜기의 시그니처 컬러도 카레에서 왔다고?

오뚜기는 오뚜기만의 진심을 오랜 시간 노란색으로 표현해 왔다. 창립 제품인 카레의 색상이자 다양한 색 중에 가장 밝으며, 활발하고 외향적인 인상을 주는 노란색. 오뚜기는 첫 제품인 카레의 노란 외관을 강조하기 위해 노란색 포장지를 사용했고 이것이 발전되어 오뚜기의 브랜드 컬러가 되었다. 창립 이후 꾸준히 유지해 온 오뚜기의 노란색은 이제 대중에게는 하나의 신뢰성을 상징하는 색이 되어 '믿고 먹는 오뚜기 카레'라는 인식은 물론, '오뚜기 하면 노란색'을 바로 떠올리게 만들며 우리들의 일상에 자리 잡았다.

Korean Curry

한국의 마살라, 오뚜기 순카레

인도에 마살라가 있다면, 한국에는 오뚜기 순카레가 있다. 향신료 원물의 입고부터 살균처리, 개량, 분쇄, 보관, 숙성 등의 과정을 거치며 완성되는 순카레는 오뚜기의 차별점이자 한국 카레의 특징을 만들어 내는 요소로 오뚜기만의 고유한 향신료 배합이라고 할 수 있다. 오뚜기는 카레분을 통째로 수입하기보다는 강황, 훼누그릭, 휀넬 등 우수한 품질의 원재료를 섞어 직접 카레분을 만들고 여러 향신료의 황금 비율을 찾아내 함께 밀봉한 후 숙성한다. 이렇게 정성스러운 배합 과정을 통해 생산한 순카레를 기반으로 한국인의 입맛에 맞는, 한국인이 좋아하는 매콤한 향을 살린 대한민국 대표 카레가 될 수 있었다.

채소는 다양하게, 조리는 간단하게

한국 카레의 특징 중 하나는 다양한 채소를 많이 먹을 수 있다는 점이다. '3분 카레'만 보더라도 감자와 당근, 양파가 기본 재료로 들어간다. 한편, 여러 향신료를 직접 배합해서 요리하는 인도와 달리 분말 카레를 사용해 간편히 요리할 수 있는 것도 장점이다. 누구나 어린 시절을 떠올리면 엄마가 냄비 한 가득 카레를 끓여놓아 카레로 며칠 식사를 해결했던 기억이 있을 것이다. 이렇듯 한 번에 많은 양을 조리한 뒤 두고두고 먹기 좋은 카레는 재료가 간단하고 조리 과정이 짧아 바쁜 일상 속에서도 쉽게 만들어 먹으며 건강을 챙길 수 있는 음식이다.

오뚜기 카레 풍미의 비밀은 바로 배전과 숙성법!

오뚜기 카레가 자랑하는 깊은 풍미의 비결은 순카레 숙성법과 밀가루를 볶아 구수함을 더하는 배전 과정에 있다. 특히 오뚜기 순카레는 20여 가지의 향신료를 섞어 일정한 온도에서 숙성하는 오뚜기 고유의 숙성 방식을 따르고 있는데, 이를 통해 재료의 향과 성분이 한데 어우러져 맛의 밸런스를 갖추게 된다.

오뚜기 카레 연대기

연표로 톺아보는 오뚜기 카레의 발자취.

1969
- 오뚜기 창립
- 오뚜기 최초의 제품 즉석 카레 출시
- 순카레 British Pure Curry 출시

1970
- 산타 순카레 출시
- 인스턴트 고형 카레 출시

1971
- 순카레분 은박 포장

1972
- 고형 카레 출시

1973
- 순카레 공장 준공
- 카레 군납 실시

1975
- 쇠고기카레(분말/고형) 출시

1976
- 인도카레(분말/고형) 출시

2014
- 카레라면 출시
- 3분 렌틸콩카레 출시
- 강황 출시

2012
- 백세 발효강황카레 출시

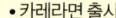

2009
- 3분 바몬드카레 출시
- 미니카레 출시
- 백세카레(고형) 출시
- 국내 최초 과립형 카레 생산 적용

2008
- 프리미엄 바몬드카레(고형) 출시
- 3분 화천토마토카레 출시
- 백세카레면(생우동/칼국수) 출시
- 제1회 카레 및 향신료 국제학술 심포지엄 시작

2016
- 3분 인도카레 마크니, 3분 태국카레소스 그린 출시
- 맛있는 버터치킨카레(분말/고형), 맛있는 허니망고카레(분말/고형) 출시

2017
- 3일숙성카레(분말/고형), 3분 3일숙성카레 출시

2018
- 오뚜기카레면 리뉴얼(봉지/용기) 출시
- 프리미엄 레토르트 카레 3종(통닭다리, 트리플머쉬룸, 비프청크) 출시

2019
- 오뚜기 창립 및 카레 출시 50주년
- 50주년 기념 한정판 스페셜티 카레(분말), 3분 스페셜티카레 출시
- 어린이카레 출시
- 임직원 한정 카레 맥주 증정

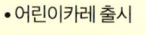

2020
- 크래프트카레 출시
- 오즈키친 스프카레 출시

Korean Curry

1981
- 국내 최초 레토르트 제품 3분 카레 출시

1982
- 3분 카레 전용 공장 준공

1986
- 바몬드카레 출시

1988
- 하이스카레 (분말/고형), 3분 하이스카레 출시

1989
- 바몬드카레 골드 (분말/고형) 출시
- 카레면 출시

1993
- 3분 카레 스탠딩 제품 출시

2007
- 백세카레면 출시
- 백세강황환 출시

2004
- 그대로카레 출시
- 맛있는 오뚜기 카레밥 출시

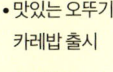

2003
- 백세카레, 3분 백세카레 출시

1999
- 훼미리카레 출시

1998
- 로얄 햄버그카레 출시

1995
- 3분 쇠고기카레, 3분 치킨카레, 3분 야채카레 출시
- 로얄카레, 로얄 쇠고기카레, 로얄 후르츠카레 출시

2021
- 제주담음 제주흑돼지카레 출시
- 오리지널 카레파우더 출시

2022
- 오즈키친 카레 4종 (비프코르마, 치킨마크니, 치킨마살라, 크랩푸팟퐁) 출시
- 헬로베지 채소가득카레 출시

2023
- 지중해산 토마토카레 (고형) 출시
- 오즈키친 카레 2종 (포크키마, 포크빈달루) 출시

2024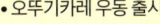
- 오뚜기 창립 및 카레 출시 55주년
- 2024 오뚜기 잇 카레그릇 출시
- 비밀카레 출시
- 카레크림볶음면 출시
- 오뚜기카레 팝콘 출시
- 가뿐한끼 매콤닭가슴살 카레 출시

2025
- 오뚜기카레 우동 출시
- 오즈키친 브라운비프카레 출시

알고 나면 더 맛있는 카레 상식

인도에서 시작해 우리의 식탁에 오르기까지, 수백 년을 가로지른 세계사의 산물이자, 건강과 과학, 문화가 녹아있는 음식 카레. 우울증 예방에 효과적인 향신료 이야기부터, 전쟁 속에서 생겨난 카레라이스의 기원, 그리고 탐험가들이 남긴 향신료의 흔적까지. 단순한 요리로만 남겨두기엔 무척이나 아쉬운, 카레 한 그릇에 담긴 다채롭고 흥미로운 이야기들을 소개한다.

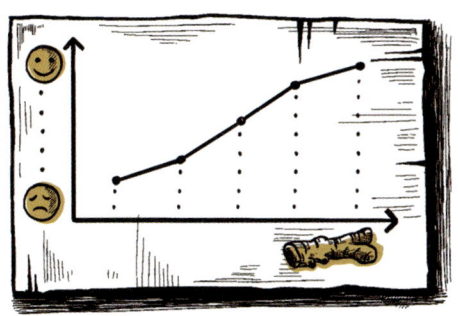

카레가 우울증을 예방한다고?

카레가 인기 있는 이유는 자꾸만 생각나는 중독성 있는 맛과 손쉽고 간편한 조리법의 영향도 있지만, 무엇보다 건강식이라는 인식의 역할이 크다. 여느 가정식과 달리 카레에는 다양한 향신료가 사용되는데, 특히 한국 카레를 샛노랗게 만드는 주재료인 강황에 건강의 비밀이 숨어있다. 인도와 중국에서는 수 세기 동안 강황이 질병의 예방과 치료에 도움이 된다고 주장하며 약으로 활용해 왔다. 현대에 들어 여러 연구를 통해 강황은 암, 당뇨, 관절염, 심장 질환은 물론 알츠하이머병의 치료에도 효과가 있음이 밝혀지고 있다. 그뿐만 아니라 최근에는 현대인의 고질병인 우울증을 완화하는 데 도움이 될 수 있다는 의견도 제시됐다. 강황에 든 커큐민은 면역 체계의 염증을 누그러뜨리는 효과가 있는데, 염증과 우울증이 관련 있다는 연구 결과가 속속 등장하고 있는 것. 국내 카레 시장을 이끌고 있는 오뚜기 역시 2년마다 '카레 및 향신료 국제 심포지엄'을 후원해 오며 건강식으로서 카레의 역할에 꾸준히 관심을 쏟고 있다. 맛있고 향긋한 카레 한 숟가락에 건강까지 가득 담겨있다고 생각하니 속이 더 든든해지는 기분이다.

카레를 완성시킨 탐험가들의 모험심

카레가 가진 복합적인 식문화는, 모험심 하나로 세계 곳곳을 누빈 탐험가들로부터 비롯되었다고 해도 과언이 아니다. 그들이 신항로를 발견하고 개척함으로써 대륙 간 무역과 교역이 활발해질 수 있었기 때문. 1498년, 포르투갈의 탐험가 바스쿠 다 가마와 그의 크루들은 새로운 향신료에 대한 기대를 품고 인도로 향했다. 이는 포르투갈과 인도 무역이 본격적으로 시작되는 계기가 되었고, 인도와 유럽 전역의 교역이 활발해지면서 고추와 토마토, 감자 등이 인도에 전해질 수 있었다. 고추가 가진 매운맛과 토마토가 가진 풍성한 산미가 인도 카레를 더욱 다채로운 맛으로 물들였다는 점에서, 그의 공이 지대하다고 할 수 있을 것. 한편, 카레에 매콤함을 더하는 고추는 이탈리아의 탐험가 크리스토퍼 콜럼버스가 바스쿠 다 가마보다 6년 앞선 1492년에 신대륙인 아메리카에서 발견한 작물이다. 금과 후추를 구하기 위해 인도로 향한 그는, 찾아 헤매던 후추보다 더 나은 향신료라고 고추를 평가하며 '레드 페퍼'라 이름 붙였다고. 이런 탐험가들의 모험심이 카레의 맛을 한껏 끌어올렸다고 말할 수 있지 않을까.

전쟁에서 탄생한 음식, 카레라이스

17세기 초부터 19세기 후반까지, 일본의 대도시를 중심으로 각기병이 만연해 커다란 사회 문제로 떠올랐다. 각기병은 비타민B1(티아민)의 결핍으로 발생하는 질병으로, 티아민이 풍부한 메밀을 주식으로 삼다가 깨끗이 도정한 흰쌀밥을 주식으로 먹기 시작하면서 쌀겨에 함유되어 있던 티아민 섭취가 부족해진 것이 원인이었다. 다양한 반찬을 통해 영양소를 골고루 섭취할 수 있었다면 문제가 없겠지만, 당시 중산층의 경우 쌀밥은 먹어도 반찬까지 풍족하게 챙겨 먹지는 못했다고 한다. 특히 일본 내에서도 군인들 사이에서 각기병이 집단으로 발생하면서 전투력 손실이 큰 문제로 부각됐다. 이러한 상황에서 일본 해군의 다카키 가네히로 군의관은 영국 해군들의 식단에서 해결책을 찾았다. 당시 영국 해군은 마살라가 첨가된 스튜식 카레와 빵을 즐겨 먹었는데, 카레에는 고기와 채소가 듬뿍 들어있어 영양소가 풍부했다. 일본은 스튜식 카레와 빵을 일본식으로 변형해 녹진한 카레 소스를 밥 위에 올려 먹는 카레라이스를 창안했다. 1902년 일본 해군의 공식 메뉴로 채택된 카레라이스는 한 세기가 훌쩍 지난 지금도 일본 해군 문화의 상징으로 이어져 오고 있다.

'어제의 카레'가 더 맛있다

맛잘알들이라면 누구나 한 번쯤 들어봤을 만화 《심야식당》의 1권에는 '어제의 카레'라는 에피소드가 등장한다. 방금 만든 카레보다 냉장고에 하룻밤 재워둬 약간 굳은 카레를 따뜻한 밥 위에 얹어 먹었을 때가 더 맛있다는 내용이다. 실제로 많은 사람들이 방금 만든 카레보다 어제의 카레가 더 맛있다는 얘기를 한다. 먹고 남은 카레를 냉장고에 넣어두고 다음 날 먹었을 때 왠지 더 맛있게 느껴지는 이유는 뭘까? 물론 기분 탓일 수도 있지만, 과학적으로도 아예 근거 없는 이야기는 아니다. 카레처럼 향신료가 풍부한 음식의 경우 어느 정도 숙성 과정을 거쳤을 때 처음보다 더욱 부드러운 풍미가 생기기도 한다. 제각기 존재감을 과시하며 톡톡 튀어나오던 향들이 시간이 지나면서 서로 어우러져 조화를 이루는 것. 또한 두껍게 썰어 넣은 감자나 당근의 속까지 양념이 배기에도 적당한 시간이다. 하지만 이는 개인의 기호일 뿐 어디서나 통용되는 완벽한 법칙은 아니니 맹신은 말자. 단, 한 번에 많은 양을 끓여두고 어제의 카레를 즐길 계획이라면, 고기는 지방이 적은 부위를 골라야 덜 느끼하다고 하니 참고할 것.

카레라이스 vs 하이라이스

카레라이스와 하이라이스는 분명 다른 요리지만, 이 둘을 비슷하다고 느끼는 사람들이 많다. 둘 다 고기와 채소 등을 소스와 함께 조리한 뒤 밥 위에 얹어 먹는 형태를 띠고 있기 때문. 그렇다면 카레라이스와 하이라이스는 어떤 점이 비슷하고 또 어떤 점이 다를까? 먼저 카레라이스는 인도에서 시작된 카레가 영국을 거쳐 일본으로 전파되면서 지금의 형태로 자리 잡은 반면, 얇게 썬 쇠고기와 버섯, 양파 등의 채소를 한데 볶다가 토마토소스와 데미글라스 소스를 넣고 조리는 하이라이스는 일본에서 탄생한 경양식의 일종이다. 외형만 보면 진한 색의 카레가 아닌가 싶기도 하지만, 분말 카레가 아닌 간장과 육수를 기반으로 만든 소스이기 때문에 카레 특유의 매콤한 맛이나 향신료의 강한 향이 거의 느껴지지 않으며, 그 대신 은근한 짠맛과 감칠맛이 입안에 맴도는 게 특징이다. 카레라이스와 하이라이스 모두 동양과 서양의 식문화적 요소가 결합한 요리로 그 모양과 취식 방식에서는 공통점이 있지만, 소스의 베이스와 조리법, 그리고 맛에서는 커다란 차이가 있다는 사실을 기억하자.

오뚜기 3분 카레가 '3분'인 이유

1981년 4월 탄생한 오뚜기 '3분 카레'는 국내 최초의 레토르트 제품으로 오뚜기의 즉석식품 시리즈인 '3분 요리'의 시작을 알린 제품이다. 레토르트 제품을 데울 때면 자연스럽게 3분이 연상되는 이유 역시 오뚜기 3분 카레의 공이 클 것. 카레를 데우는 시간을 3분으로 설정한 이유에 대해 정확히 공표된 사실은 없지만, 관계자의 설명에 따르면 수십 수백 번의 조리 테스트를 거친 결과, 밥과 먹었을 때 가장 적절한 카레의 온도가 되는 시간이 딱 '3분'이었을 거라는 의견이다. 과거 가정마다 전자레인지가 보급되기 전에는 차가운 음식을 데우기 위해 끓는 물이나 밥솥을 많이 활용했는데, 끓는 물에 3분간 데웠을 때 '3분 카레'의 맛과 향의 발현이 뛰어났던 것. 이름은 여전히 3분 카레이지만, 우리가 주로 사용하는 전자레인지의 경우 조리 속도가 끓는 물보다 더욱 짧으니 카레를 가장 맛있게 즐기고 싶다면 패키지에 적힌 조리 시간을 꼭 확인하자. '끓는 물에 3분, 전자레인지엔 2분!'

오뚜기카레 패키지에 숨은 이야기

1969년 '오뚜기카레' 첫 출시 이후, 한결같은 맛만큼이나 변하지 않은 것이 있으니 바로 패키지 디자인이다. 단번에 카레가 연상되는 샛노란 바탕에, 입맛을 다시는 어린아이의 환한 표정을 담은 빨간 오뚜기 로고, 파란색의 사각형에 제품명을 정직하게 새겨넣은 레이아웃은 수십 년 동안 변하지 않고 그 모습을 유지해 왔다. 그리고 패키지 하단에는 맛깔스러운 카레라이스 한 그릇이 절반을 넘게 차지하고 있는데, 이는 카레를 통해 국민의 식생활 개선에 기여하고 싶었던 오뚜기의 뚝심이 영리하게 담긴 결과다. 당시만 해도 카레는 대중들에게 낯선 음식이었기에, 분말 제품에 '카레'라고만 표기하기보다는 직관적으로 음식을 보여주는 디자인을 선택했던 것. 또한 다양한 재료가 가득 들어간 카레의 모습을 통해 우리나라 국민, 특히 어린이의 건강은 맛이 좋고 영양가가 많은 음식으로부터 시작된다는 것을 강조했다. '오뚜기카레'의 패키지 디자인이 지금도 변함없는 건, 카레를 통해 전하고자 하는 오뚜기의 진심 역시 한 치의 흐트러짐 없이 처음과 같이 그대로여서가 아닐까.

카레를 먹으면 이가 노래질까?

맛은 물론, 강황이 듬뿍 들어가 건강에도 좋은 카레. 그래서 매일 먹고 싶은 카레지만, 단 하나 걱정이 있으니 바로 먹은 후에 치아가 노랗게 착색되면 어떻게 하나 싶은 것이다. 이러한 걱정의 주범은 바로 카레에 든 '커큐민'이란 성분이다. 커큐민이 분해된 물질이 치아 안쪽 상아질에 쌓이면서 누렇게 변한 상아질이 마치 치아가 변색된 것처럼 보이게 만드는 것. 이를 그대로 놔두는 경우 치아에 색소가 침투해 축적될 수 있으니, 제때 양치를 하는 게 중요하다. 그렇다고 너무 걱정할 필요는 없다. 다행히 카레를 먹는 정도로는 이가 착색되지 않기 때문. 블루베리를 먹었을 때 입안이 모두 보라색이 되어도 양치를 하면 금방 원래대로 돌아오는 것과 마찬가지다. 당장 양치하기가 어렵다면, 후식으로 당근, 셀러리, 사과 등 단단한 과일이나 채소를 먹는 것도 좋다. 과일과 채소 속 섬유질이 치아와 마찰하면서 표면에 들러붙은 커큐민을 제거하는 효과가 있다. 그래도 걱정이 된다면, 카레에 시금치를 갈아 넣어 요리하는 것도 도움이 될 수 있다. 시금치에 풍부하게 들어있는 칼슘이 치아 표면의 에나멜을 보호하는 역할을 해주기 때문이다.

Curry Knowledge

○요일은 카레 먹는 날

일본의 한 식품 회사에서 조사한 결과에 따르면, 일본인은 평균적으로 1년에 79번 카레를 먹는다고 한다. 79번 중 하루는 1월 22일 카레의 날이 포함되어 있을 수도 있겠다. 일본의 전국 초등학교에서 카레를 급식으로 제공하는 것으로 알려진 카레의 날은 1982년 일본의 전국학교영양사협의회에서 급식 메뉴에 카레를 도입한 날을 기념하며 제정했다. 한편, 일본의 해상자위대는 매주 금요일에 카레라이스를 먹는다. 이는 무려 1890년부터 이어져 온 일본 해군의 전통으로 토요일마다 먹었던 카레라이스가 주 5일제 도입 후 금요일로 바뀌면서 금요일은 카레 먹는 날이 되었다고 한다. 그런데 일본뿐만 아니라 우리나라에도 카레 먹는 요일이 있었다는 사실! 1970~1980년대 오뚜기 카레의 TV 광고를 기억하는 사람들은 누구나 한 번쯤 '일요일은 오뚜기 카레♬'라는 징글을 들어봤을 것이다. 온 가족이 모여 다 함께 먹는 일요일의 식사로 오뚜기 카레를 떠올리게 만든 이 캐치프레이즈는 국민들의 머릿속에 깊이 각인되어 지금도 여전히 카레 하면 '가족', '일요일', '함께' 등의 이미지가 연상된다. 그러니 우리에게는 일요일이 카레 먹는 날! 그 중에서도 맛있고 건강에 좋은 오뚜기 카레를 먹는 날이다.

미국의 버몬트 건강법에서 시작된 바몬드카레

바몬드카레는 마트의 카레 코너에 가면 쉽게 볼 수 있는 제품이지만, 정작 바몬드가 무엇을 의미하는지 아는 이들은 많지 않다. 패키지에 그려진 사과나 파인애플 등의 과일과 벌꿀 그림을 보고 '달콤한 맛이 나겠구나' 짐작만 할 뿐. 바몬드는 미국 북동부에 있는 버몬트주에서 따온 이름으로, 버몬트는 목가적인 자연환경과 단풍나무, 신선한 유제품 등이 유명한 지역이다. 이러한 버몬트가 뜻밖에도 한국과 일본에서는 카레와 관련 있는 곳으로 알려졌다. 그 이유는 바로 1950년대 미국 전역에 유행했던 '버몬트 건강법' 때문. 미국 버몬트주에서 활동하던 의사 D. J. 자비스는 자신의 책에서 버몬트 지역의 특산물인 사과 식초와 벌꿀을 섭취하면 모든 병을 물리칠 수 있다는 민간요법을 제시했고, 이 책은 백만 부 이상 팔리는 베스트셀러가 되었다. 당시 미국 문화에 관심이 많던 일본에서는 버몬트 건강법을 가져와 몇몇 식품에 적용했는데, 이때 카레에 사과와 벌꿀을 넣어서 먹기 시작하면서 바몬드카레가 탄생했다. 정작 버몬트 지역에서는 잘 알지 못하는 바몬드카레를 머나먼 한국과 일본에서 즐기고 있다는 게 신기할 따름이다.

Spot. 2
LIBRARY

몇 년 쓰지 않은 핸드폰에도 수백 개의 메모와 연락처가 쌓이고, 그동안 찍어둔 사진만 해도 수천 장에 달하는데, 1969년 오뚜기의 창립과 함께 세상에 등장한 오뚜기 카레 안에는 얼마나 많은 이야기가 쌓여있을까? 대한민국 국민이라면 모두 아는 익숙한 그 맛을 지켜오면서도 때때로 식탁 위를 환기시키는 신선한 자극을 주기까지, 당연함 이면에 자리한 고군분투의 흔적들과 반짝이는 신념들이 책꽂이의 빈 자리를 가득 채운다. 카레 마을의 두 번째 스팟 라이브러리에는 한국 카레를 대표하며 반세기 넘게 1등 제품의 자리를 지켜온 오뚜기 카레의 숨은 이야기를 깊숙이 들여다본다. 오뚜기 카레를 상징하는 숫자들과 키워드부터 지금껏 한 번도 공개된 적 없던 오뚜기 카레 공장 견학기, '그땐 그랬지' 하며 추억이 몽글몽글 피어나는 CF 연대기까지. 지금이 있기까지 오뚜기 카레가 걸어온 길 위에는 어떤 자국들이 샛노란 빛을 환히 내뿜고 있을까?

오늘 이 계절을 사랑해!
A Good Meal
Urbänlike
백세카레 3분 약간매운맛
3분 카레 매운맛
추억의 절반은 맛이다
푸른숲
Copywr—iting
MISSION CAMP
우리의 여름
그대로 카레 순한맛
OTTOGI
YELLOW

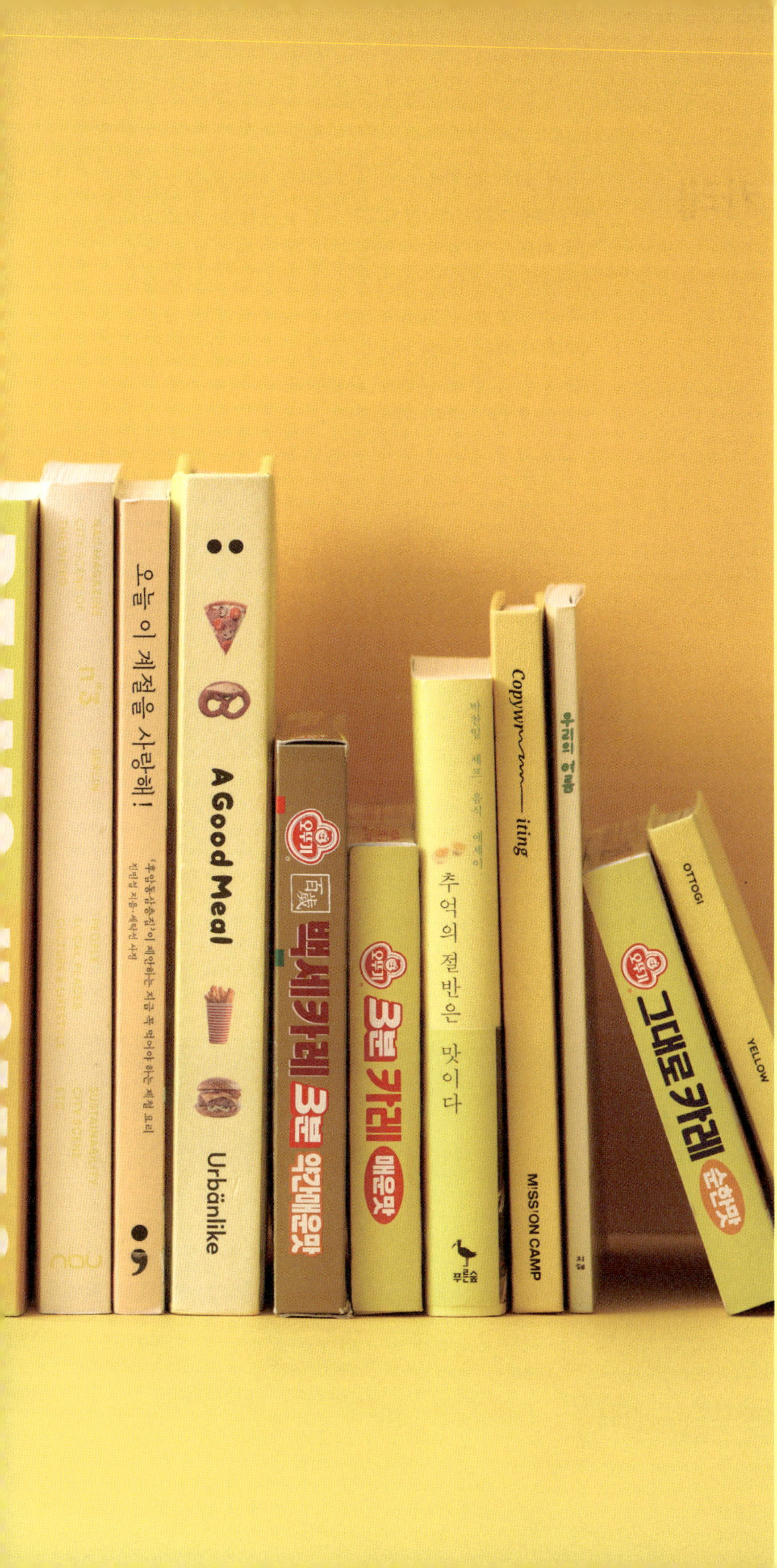

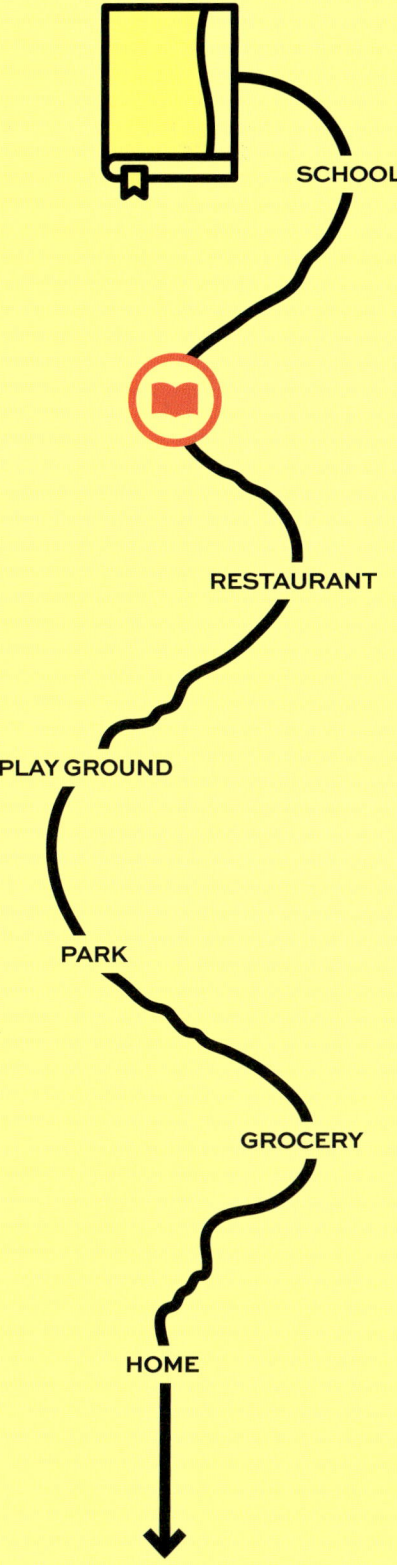

SCHOOL
RESTAURANT
PLAY GROUND
PARK
GROCERY
HOME

Library

숫자로 보는 오뚜기 카레

숫자로 보면 더욱 강렬히 다가오는 게 있다. 익숙함에 놓치고 있던 것은 더욱 그렇다. 출시된 지 무려 56년, 반세기 넘게 한국인의 밥상 위를 지켜온 오뚜기 카레는 단연 '국민 카레'라 불릴 만하다. 하루에도 수십 톤의 향신료가 공장으로 쏟아지고, 1년 생산량은 무려 3억 9천 인분. 이쯤 되면 오뚜기 카레는 단순한 식품을 넘어 우리의 식생활에 스며든 하나의 문화라고 할 수 있지 않을까. 익숙하지만 그만큼 더 새로운, 친숙하지만 그래서 더 놀라운 오뚜기 카레의 면면을 숫자로 재해석해 본다.

Infographic

NO.1

국내 카레 업계 시장점유율 1위! 남녀노소 누구나 좋아하는 오뚜기 카레는 오뚜기가 창립과 함께 선보인 첫 번째 제품이자, 국민들의 마음은 물론 오뚜기 임직원 역시 항상 첫 번째로 떠올리고, 자신 있게 내세우는 자부심과 같다.

2,260,019,712개

지금까지 판매된 오뚜기 카레 제품의 총 갯수 (1969년부터 2025년 6월까지 판매된 분말 카레, 고형 카레, 레토르트 카레 전체 판매량 기준).

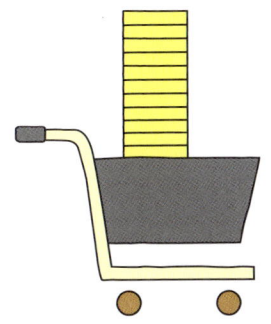

1969년

오뚜기 카레가 처음 출시된 해. 1969년 출시 후 오뚜기 카레는 반세기가 넘는 시간 동안 우리 곁을 지켜왔다.

100%

불순물이 섞이지 않은 본연의 향신료를 사용하기 위해 오뚜기는 생산지로부터 원물 그대로의 향신료 수입을 추구한다. 이는 향신료와 관련된 안전성 검사를 100% 수행할 수 있는 오뚜기 식품안전과학연구소를 보유하고 있기 때문에 가능하다고.

1,354톤

대풍공장으로 입고되는 향신료 원물의 무게는 하루 5.2톤, 1년이면 1,354톤에 달한다.

Library

3억 9천 인분

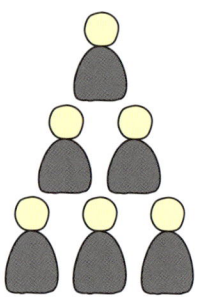

오뚜기에서 1년 동안 생산하는 카레의 양 9,700톤을 인분으로 환산하면 무려 3억 9천 인분에 달한다(2024년, 분말 및 고형카레 기준).

800 톤

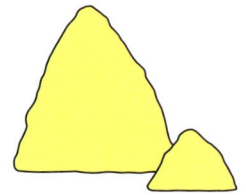

오뚜기에서 한 달 동안 생산하는 카레의 양(2024년, 분말 및 고형카레 기준).

49만 2,240 시간

더욱 깊은 풍미의 카레를 위해 1969년 5월 5일부터 2025년 6월 30일까지 순카레 숙성실을 운영해 온 시간. 반세기 넘게 한결 같은 맛을 지켜온 비밀이 이 시간 속에 축적되어 있다.

5,838년 8일

1981년부터 2025년 6월까지 판매된 오뚜기 '3분 카레'를 데우는 데 걸린 시간을 모두 더한 기간(총 1,022,821,461개 판매).

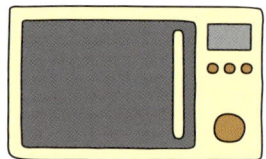

20 여 종

오뚜기 카레에 사용하는 향신료 가짓수. 세계 각지에서 수입한 향신료 20여 가지는 오뚜기가 오랜 연구 끝에 찾아낸 최적의 배합 및 숙성 과정을 거쳐 순카레로 변신한다.

Infographic

400만 개+

1981년 국내 최초의 레토르트 식품인 '3분 카레' 출시 첫해에 판매된 개수.

44 개국

오뚜기 카레를 수출하는 국가 수(2025년 5월 기준). 인도에서 시작된 카레가 한국의 맛이 되어 세계로 퍼져나간다.

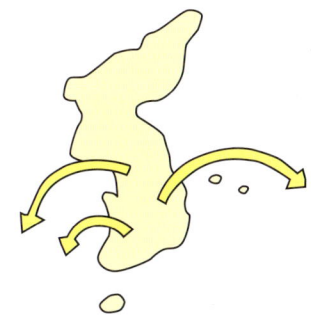

100 kcal

건강한 식단 관리를 도와주는 '가뿐한끼 매콤닭가슴살 카레'의 칼로리는 오직 100킬로칼로리.

500여 가지

강황을 비롯한 향신료 원물이 국내로 수입되면서 거치는 잔류 농약 검사 종류. 향신료 수입에 대한 오뚜기의 정직하고도 깐깐한 방침은 향신료 취급 안정성을 보장하는 식품의약품안전처의 승인 기준을 마련하는 것으로 이어졌다.

8 회

오뚜기에서 1년 동안 생산하는 카레의 양은 우리나라 전 국민 한 사람 당 여덟 그릇의 카레를 먹을 수 있는 양이다(2024년, 분말 및 고형카레 기준).

Library

오뚜기 카레 공장 견학기

매콤한 향을 풍기는 노란 가루 하나에 이토록 많은 이야기가 담겨있을 줄은 몰랐다. 익숙한 냄새, 익숙한 맛 속에 숨겨진, 갖가지 향신료가 정교하게 빚어내는 맛의 앙상블. 직접 살펴보기 전엔 몰랐던, 눈으로 보고, 코로 맡고, 마음으로 느낀 오뚜기 카레 탄생기를 공개한다.

Factory Sketch

카레는 어떻게 만들어질까?

카레의 재료를 떠올리면, 당근, 양파, 고기, 감자처럼 깍뚝 썰어 냄비를 가득 채운 갖가지 채소들이 생각난다. 그런데 뭔가 허전하다. 정작 카레의 맛과 색, 향을 완성시키는 진한 노란색 가루, 즉 재료로서의 '카레'에 대해서는 제대로 아는 게 없다. 다양한 향신료가 들어간다는 건 알겠는데… 오뚜기 카레 봉지 속의 노란 가루가 너무 당연하고 익숙해서 '카레'는 원래부터 '카레'라고 생각해 왔던 것. 그렇다면 이번 카레 공장 견학기를 주목해 보자. 언제나 한결같은 맛으로 반세기 넘게 우리의 식탁에 자리해 온 샛노란 분말 카레가 만들어지기까지, 그 과정을 생생히 담아냈다. 견학기를 통해 카레의 여정을 쫓아가며 익숙함 속에 새로움을 발견하다 보면, 카레의 매력에 더욱 깊이 빠져들게 될 것이다.

오뚜기 카레가 탄생하는 곳

09:00

아침 일찍 서울에서 출발해 충북 음성에 있는 오뚜기 대풍공장을 찾았다. 2001년 준공한 대풍공장은 현재 오뚜기 최대의 생산 기지로 통한다. 스마트팩토리 시스템, HACCP 관리, 효율적인 물류 시스템, AI 검사 시스템 등을 갖춘 첨단 미래형 공장으로, 카레, 케챂, 마요네스, 즉석밥, 식초 등 오뚜기를 대표하는 1등 제품들이 이곳에서 만들어진다. 2025년 5월 기준으로 총 452개 품목을 생산하고 있으며, 2024년에는 단일 공장 기준 생산액 1조 원 돌파라는 쾌거를 달성했다. 총 6개의 생산팀이 있어 오뚜기의 다양한 제품들이 쉴 새 없이 만들어지고 있지만, 그중 첫 번째 생산팀은 단연 카레다. 대풍공장이 생기기 전 오뚜기 카레는 안양공장에서 생산됐는데, 대풍공장을 준공하는 과정에서부터 생산 1팀은 일찍이 카레의 자리로 비워두었다고. 그만큼 오뚜기에서 카레가 차지하는 의미가 크다는 뜻이 아닐까.

오늘의 견학 가이드는 대풍공장 생산 1팀에서 분말 카레 제품을 총괄하고 있는 김민현 팀장님이다. 로비에서 팀장님을 만나 생산 1팀으로 이동하며 긴 터널 같은 통로를 지났는데, 한 걸음 내디딜수록 카레 향이 진해지는 게 느껴졌다. 공장 견학 프로그램을 통해 대중들에게 제품 생산의 일부 공정을 소개하고 있지만, 오늘처럼 카레 제조 전 과정을 외부에 공개한 적은 없었다고. 제조 현장의 담당자가 아니고서는 오뚜기의 임직원들조차 쉽게 볼 수 없는 광경이라는 말에 괜히 가슴이 콩닥콩닥 뛰었다. 기분 좋은 긴장감과 설렘으로 시작부터 기대감이 스멀스멀 피어올랐다.

Library

가루에서는 상상할 수 없던 각양각색의 향신료들

10:00

대풍공장 생산 1팀은 강황, 쿠민 등 향신료를 원물부터 직접 가공해 우리가 마트에서 구매하는 최종 카레 제품으로 만들어 내는 곳이다. 분말 제품의 경우 모두 바람을 통한 '분체 이송'으로 제조 및 생산이 진행되기 때문에, 각 층은 재료 이동을 위한 배관으로 연결돼 있다. 가장 높은 층에서 모든 재료가 분말화된 뒤 로스팅 및 혼합 과정을 거치면, 바로 아래층으로 내려와 과립을 진행하고, 맨 아래에서 포장 과정을 거쳐 출고가 이루어진다. 즉, 위에서부터 아래로 떨어지며 제품이 완성되는 것.

  오뚜기 카레 제조 공정의 가장 큰 특징이자 차별점은 바로 향신료를 원물 그대로 들여온다는 사실이다. 처음부터 분말 상태로 수입해 제조를 시작하면 그 과정이야 훨씬 간편하겠지만, 재료의 위생 상태와 품질을 철저히 관리하기 위해서는 원물을 고집할 수밖에 없다. 이는 식품 안전을 최우선으로 생각하는 오뚜기가 처음부터 고수해 오고 있는 철칙이다. 하루에 들어오는 향신료 원물의 무게만 해도 5.2톤으로, 이 어마어마한 양의 원물은 돌이나 먼지 등 이물질을 골라내는 전처리 과정을 진행한 뒤 세척과 살균을 거치게 된다. 깔끔하게 살균까지 마친 향신료는 콩알만 한 크기로 자르고(조분쇄), 적정량으로 계량한 뒤 다시 그라인더로 밀가루처럼 곱게 갈아 분말로 만든다. 이 분말을 오뚜기에서 오랜 연구 결과 찾아낸 최적의 배합비로 혼합하면… 짠! 그 결과물이 바로 오뚜기 카레의 기본이 되는 '순카레'다.

Factory Sketch

한결같은 맛을 지켜온 비결은 숙성의 힘

10:40

'오뚜기 카레가 한결같이 고유한 맛을 유지해 올 수 있었던 이유가 바로 순카레에 있었구나' 하고 생각하던 찰나, 진짜 비법이 하나 더 있다며 팀장님이 우리를 어딘가로 데려갔다. 그곳은 바로 순카레 숙성실. 오전의 따사로운 햇볕이 공장까지 스며들었는지 숙성실은 다소 후끈하게 느껴졌다. 계획된 수준의 숙성을 이루기 위해서는 일정 온도와 습도를 유지해야 하는데, 그래서 후끈한 열기가 있을 수밖에 없다고.

이곳에서는 순카레 수백 킬로그램이 한 자루에 담겨 오랜 기간 숙성하는 과정을 거친다. 원료가 입고되어 완제품으로 출고되기까지, 소요되는 기간 중 상당 부분을 숙성 과정이 차지하는 셈. 이렇게 숙성을 거치는 이유는 카레의 맛과 풍미를 최대한 끌어올리기 위함이다. 보통 세계 각지에서 수입된 20여 종의 향신료가 분쇄 및 배합하여 순카레가 되는데, 숙성 과정을 거치지 않고 바로 맛보면 향신료들이 제각각 따로 놀게 된다고. 따라서 숙성은 향신료의 맛과 향이 자체적으로 평형을 이뤄가는 과정이자, 지난 56년 동안 오뚜기 카레의 맛을 한결같이 유지해 온 비결인 셈이다.

순카레에서 진짜 카레로

11:20

그렇다고 해서 '순카레가 곧 카레'인 것은 아니다. 오뚜기 카레 패키지의 원료명 부분을 살펴보면, 카레분(순카레) 외에도 밀가루, 옥수수분, 정제염 등 다양한 원료가 들어간다. 이 같은 일부 원료는 제품의 수분 관리, 미생물 제어 등 기능적인 부분과 함께 풍미를 한층 끌어올리기 위해 로스팅 과정을 거치는데 이를 배전이라고 한다. 뜨거운 열기를 뿜어내는 가마에서는 밀가루가 쉴 새 없이 뒤섞이며 볶아지고 있었다. 한편 분말 제품을 다루는 공장은 분진 폭발을 예방하기 위해 외부 공기의 순환이 중요하다. 그래서 냉온풍기가 있어도 어쩔 수 없이 여름엔 덥고 겨울엔 추울 수밖에 없다고. '안전한 생산이 무엇보다 우선'이라 힘주어 말하는 팀장님의 목소리엔 일류 식품을 만드는 사람의 자부심과 신념이 고스란히 묻어났다. 이렇게 배전까지 마친 원료는 이제 혼합기로 모여 한데 섞이게 되는데, 무척 빠른 속도로 진행되는 과정이라 아쉽게도 직접 확인할 수 없었다. 1톤의 가루가 단 몇 분 만에 고르게 섞인다고 하니 그 속도가 감히 짐작도 되지 않는다.

여기서 잠깐! 같은 '오뚜기카레'라도 매운맛, 약간매운맛, 순한맛 등 다양한 맛이 존재하는데, 이러한 맛 구분은 어떤 단계에서 이루어질까? 정답은 '모든 단계'. 카레의 맛이나 종류에 따른 교차 오염을 방지하기 위해 품목별로 생산 라인을 분리하여 가동한다고. 당연히 맛별로 생산 일정도 모두 구분된다. 카레 맛의 차이는 향신료의 배합 비율과 이후 혼합 과정에서 이뤄지는 다양한 재료의 배합 비율에 따라 결정되므로, 원물 가공 초기 단계부터 최종 제품을 완성하기까지 각각의 특성에 맞게 설계된 공정에서 모두 다르게 진행될 수밖에 없다는 것.

물에 잘 녹는 카레의 비밀이 여기에

12:00

혼합까지 마친 분말 카레가 향하는 곳은 과립기다. 과립은 단순 분말을 작은 구멍이 많은 다공성 구조의 과립 분말로 만드는 공정으로 이 단계에서 카레의 품질과 용해성이 결정된다. 수용성은 물에 잘 녹고 지용성은 기름에 잘 녹는 것처럼, 분말 카레를 수분과 잘 섞어 가정에서 요리할 때 물에 잘 풀리게 만드는 작업이다. 분말 카레를 수분과 섞고, 고온으로 건조한 뒤 차가운 바람을 불어넣어 다시 냉각시키는데, 과립기에는 스프링이 장착되어 있어서 빠른 속도로 미세하게 진동하며 가루가 덩어리지지 않도록 돕는다. 카레를 요리할 때마다 물에 개어 쓰던 번거로움과 불편함이 진동과 함께 공기 중에 흩어져 가벼워졌다고 생각하니, 기다랗게 뻗어 늠름히 자신의 존재감을 드러내는 과립기가 새삼 기특하게 보인다.

세계 각지에서 모인 향신료들이 3억 9천 인분의 카레로 변하기까지

12:30

이렇게 만들어진 분말 카레는 커다란 바스켓에 잠시 보관했다가, 곧바로 1층의 충전실로 이동한다. 지금까지도 위생 관리가 무척 중요했지만, 제품 포장이 진행되는 충전실은 더욱 세심한 주의가 필요하다. 꼼꼼한 소독 과정을 거친 뒤 충전실에 들어가니, 빠르게 돌아가는 기계 소리에 귀가 조금 먹먹해졌다. 익숙하게 보아왔던 오뚜기 카레 패키지가 보이자 괜히 반가운 마음이 들었다. 각양각색의 모양을 가진 향신료 원물이 분말 카레가 되어 고객과 만나기까지, 그 지난한 여정을 짧게나마 들여다보았기 때문일까. 당연하게 느껴졌던 오뚜기 카레의 노란빛은 더 이상 단순한 노란색이 아니었다. 저마다의 이야기를 가진 수많은 빛깔이 한데 모여 완성된 완전히 새로운 색이었다.

레일 위를 빠르게 달리며 차례차례 포장되는 제품을 보니, 이곳에서 탄생하는 카레의 양이 과연 얼마나 될지 궁금해졌다. 답은 한 달 기준으로 자그마치 800톤. 이는 연간 9,700톤에 달하는 양으로, 커다란 숫자 앞에 멍해진 내 표정을 읽었는지 팀장님께서 '9,700톤은 약 3억 9천 인분'이라고 덧붙이셨다. 어림잡아 계산해도 우리나라 국민 모두가 1년에 8번 먹을 수 있는 수준인 셈. 포장까지 마친 카레는 이제 출고를 위해 마지막 종착지인 물류창고로 이동한다. 2006년 완공된 대풍공장 물류창고는 국내 최고층의 자동화 창고로 그 높이만 51.3미터에 달한다. 이는 아파트 25층의 높이와 맞먹으며, 1만 2천여 개가 넘는 팔레트를 동시에 보관할 수 있는 규모라고. 박스째로 팔레트에 차곡차곡 쌓인 오뚜기 카레는 레일을 타고 하늘로 올라가 이내 눈앞에서 사라졌다. 끝없이 솟은 창고 선반을 바라보니, 컴컴해지는 소실점 사이로 오늘 만난 카레의 다양한 모습들이 스치듯 지나갔다. 이렇게 눈에서 보이지 않아도, 저 멀리 어느 가정의 식탁으로 옮겨져 모락모락 김이 나는 그릇 위에서 자신의 역할을 다하고 있겠지. 맛을 보기도 전에 향으로 먼저 제 존재감을 만천하에 드러내는 게 바로 카레니까.

Library

카레 인간이 되기에 충분한 반나절

견학을 마무리하며, 팀장님께 다른 공장과 구별되는 대풍공장만의 매력을 자랑해 달라고 요청했다. 팀장님은 답변을 신중히 고르다, "다른 공장과 비교할 것 없이 대풍공장은 한국 카레를 대변하는 오뚜기 카레가 그 특징을 잃지 않고 지금껏 고스란히 이어져 오는 것 자체로 의미 있다"라고 말씀하셨다. 오뚜기 안양공장에서부터 시작된 그 노하우를 계속 유지해 소비자들이 꾸준히 찾는 맛을 만들어 내는 것, 그리고 그러한 전통을 소중하게 생각하며 최고의 제품을 생산하기 위해 매일같이 힘쓰는 임직원들이야말로 대풍공장의 자랑이라는 뜻이었다. 1등 제품을 만들어 온 비결과 노력을 두 눈으로 생생하게 지켜보는 동안, 그 자부심이 나에게도 옮겨붙은 걸까. 앞으로 누군가가 나에게 카레가 어떻게 만들어지는 줄 아냐고 묻는다면, "카레 요리를 말하는 거야? 분말 카레를 말하는 거야?" 하고 호기롭게 되물어야지. 이와 함께 제각각 개성 넘치는 향신료들이 어떻게 오뚜기 카레 안에서는 이토록 조화로울 수 있는지, 한결같은 맛을 변함없이 유지해 올 수 있는지 그 이유도 덧붙여야겠다.

  대풍공장을 다녀온 지 3주가 지난 지금도 현장에 지참했던 취재 노트를 펼치면 카레 향이 솔솔 풍긴다. "오늘 집에 가면 깜짝 놀라실 거예요. 여기서는 몇 시간만 있어도 옷은 물론 속옷까지도 카레 냄새가 배거든요" 하고 웃으시던 팀장님의 말씀은 농담이 아니었던 것. 대풍공장에서 보낸 반나절은 머리에는 카레에 대한 지식을, 옷에는 향긋한 카레의 향을 남겼다. 노란 가루의 매력에 푹 빠진 카레 인간이 되기에 충분한 시간이었다.

Factory Sketch

깊게 밴 향만큼 가득 담긴 열정으로

오뚜기 대풍공장 생산 1팀
김민현 팀장, 신현길 대리

김민현(좌), 신현길(우)

안녕하세요. 오늘 대풍공장에 초대해 주셔서 감사합니다. 견학하며 미처 나누지 못한 이야기를 조금 더 해보면 좋을 듯한데요. 그 전에 먼저 간단히 두 분 소개 부탁드립니다.
김민현 안녕하세요. 저는 2004년도에 입사해 올해로 근무 21년 차인 김민현 팀장입니다. 현재 대풍공장 생산 1팀 소속으로 오뚜기에서 출시하는 분말 카레 제품의 생산을 총괄하고 있어요.
신현길 안녕하세요. 팀장님과 같이 대풍공장 생산 1팀 소속의 신현길 대리입니다. 1991년 입사했으니 오뚜기에서 일한 지도 벌써 34년이 되었네요. 담당 업무는 카레를 중심으로 스프, 짜장 제품의 생산 설비를 운영 관리하고 있습니다.

오뚜기에서 오늘처럼 카레 공장 내부를 공개하는 건 처음이라고 들었어요.
김민현 네. 포장 설비 등 공장의 모습을 부분적으로 보여주는 경우는 있지만, 이렇게 외부인을 초청해 카레를 생산하는 전 과정을 공개한 경우는 없었어요. 기술 측면에서 조심스러운 부분도 있고 또 위생과 안전 이슈도 있고요. 오늘 전례 없던 특별한 기회이니, 추후 기사 작성까지 잘 부탁드립니다(웃음). 사실 저희 생산 1팀에서도 이번 취재를 많이 기대하고 있어요. 다들 자기가 열심히 근무하는 회사에 대한 애정과 관심이 크거든요. 이번 기회로 대풍공장 생산 1팀의 이야기가 외부에도 잘 알려지고 홍보되는 기회가 될 수 있다면 좋겠습니다.

견학기를 잘 써야겠다는 책임감이 강하게 드는데요(웃음). 공장을 견학하며 카레 제조 과정을 살펴보니 크게 다섯 단계로 구분할 수 있겠더라고요. 향신료 원물을 입고해 순카레를 만드는 단계부터, 배전, 혼합, 과립, 포장하는 공정까지요. 전체 제조 공정 중 특히 까다로운 단계라거나, 특별히 더 중요하다고 생각되는 단계가 있나요?
신현길 모든 과정이 다 중요해서 순위를 따지기가 어렵네요(웃음). 각 단계는 카레 생산에 꼭 필요한 공정들이며, 하나의 공정이라도 소홀하게 된다면 맛과 향, 제품 품질, 더 나아가 소비자의 안전에까지 큰 영향을 줄 수 있으니까요.
김민현 맞아요. 그럼에도 불구하고 한 번 더 강조하고 싶은 단계라면 숙성을 말할 수 있을 듯합니다. 지난 56년 동안 오뚜기 카레가 일관된 맛을 유지할 수 있었던 비결이 바로 숙성에 있거든요. 개성 강한 여러 향신료의 맛과 향을 하나로 합치고 최적의 풍미를 살리기 위해 숙성 기간을 철저히 지키고 있습니다.

매일같이 생산 현장을 마주하는 입장으로서, 카레를 생산할 때 가장 우선시하는 제1원칙은 무엇인가요?

신현길 제품의 맛과 품질입니다. 소비자가 우리 제품을 믿고 선택할 수 있는 최상의 제품을 만들기 위해 위생 관리, 품질 검사, 공정 관리를 철저히 하고 있어요.

김민현 저도 마찬가지로 안전과 품질관리에 무게를 둡니다. 특히 생산 현장을 총괄하는 사람으로서, 사원들이 안전하게 일하는 것을 가장 우선시하고 있어요. 그다음에 제품이 설계된 품질과 규격에 맞춰 생산될 수 있도록 관리하는 역할에 신경 쓰고요. 카레의 생산 시스템이 갖춰진 상황에서, 그 시스템이 최상의 상태를 유지하며 올바르게 운영될 수 있도록 관리하는 게 저의 역할이니까요.

신현길 오뚜기의 창립 제품이기도 한 카레는 오랜 시간이 지나며 생산 공정의 상당 부분이 기술적으로 자동화되었습니다. 안양공장에서는 수작업 위주의 공정이 많았지만, 2009년에 카레 생산 설비가 대풍공장으로 이전하면서 원료의 분체 이송과 자동 계량 및 배합, 포장 단계에서의 유공압 시스템, 각종 안전 센서 및 감지 센서 제어 등의 자동화 기술이 도입되어 공정 효율이 획기적으로 향상됐어요. 제품의 품질이나 위생, 안전 관리에 대한 인식도 높아졌고요. 하지만 제조 공정의 상당 부분이 자동화되어도, 팀장님의 말씀처럼 자동화된 설비가 문제없이 가동되기 위해서는 무조건 사람의 세심한 손길이 필요한 법입니다. 특히 많은 근무자들이 예방 정비에 심혈을 기울이고 있어요.

곱게 분쇄한 가루가 주재료다 보니 위생에도 특히 신경을 쓰게 될 것 같은데요. 위생 관리에서 주력하고 있는 부분이 있나요?

김민현 우선 재료들이 배관이나 각종 설비를 통해 이동하는 과정에서 분진이 외부로 분출되지 않도록 계속 개선해 가고 있는 상황이에요. 분출된 가루들은 현장 내에 적체되지 않도록 수시로 청소하고 있고요. 미세한 가루가 계속 쌓이게 되면 위생뿐만 아니라, 작업자의 안전상으로도 문제가 될 수 있거든요. 어떻게 보면 카레 생산에 있어 청소가 1순위네요(웃음). 한편, 위생보다는 품질관리의 부분이기도 한데요. 이곳에서 생산하는 카레 제품이 다양한 만큼, 그 제품들이 서로 영향을 받지 않도록 신경 쓰고 있습니다. 예를 들어 최근 출시된 '비밀카레'의 경우 밀가루가 들어가지 않는 글루텐 프리 제품인데요. 이를 제외한 모든 카레 제품에는 밀가루를 사용하다 보니, '비밀카레'를 생산하는 날은 한 이틀 전부터 생산 라인을 전부 깨끗이 닦습니다. 제품 1톤에 밀가루가 티스푼 하나만큼이라도 검출되면 글루텐 프리라고 할 수 없거든요. 분말 생산 현장에서는 물 사용이 제한되기 때문에, 물청소 대신 일일이 손으로 닦아요. 배전기같이 열을 사용하는 설비는 직접 솥 안에 들어가서 알코올로 깨끗이 닦기도 하고요(웃음).

오뚜기 카레만의 차별점 또는 자랑할 요소는 무엇이 있을까요?

신현길 가장 큰 차별점은 한국인이라면 누구나 좋아할 법한 오뚜기 카레만의 고유의 맛이 아닐까 싶어요. 1969년 출시 이후 꾸준히 사랑받는 오뚜기 카레는 자체적으로 카레 베이스인 순카레를 만들어 사용하기 때문에 어느 카레와도 다른 독보적인 맛을 자랑합니다. 이를 위해서 소비자 중심주의를 바탕으로 철저한 품질관리를 고수하고 있고요.

김민현 최고의 원료를 수급하는 것도 오뚜기가 지켜온 원칙이자 자부심입니다. 어떤 분들은 신토불이라고 그래서 국산 향신료가 더 좋은 게 아니냐고 생각하기도 하는데요. 원료마다 성분이 뛰어난 지역들이 따로 있습니다. 예를 들어, 강황만 하더라도 국내산보다 인도산 강황에 커큐민 성분이 몇 배는 더 많이 함유되어 있고요. 최상의 영양 성분으로 카레를 만들고자 하는 의도로 봐주시면 좋겠습니다.

**신현길 대리님은 오뚜기에서만 30년 넘게 일해오셨죠.
근무하면서 특별히 기억에 남는 에피소드가 있으신가요?**

신현길　34년간 오뚜기에 근무하면서 겪은 일들이 하나하나 소중하고 뜻깊은데요. 그중에서도 신입 시절, 함태호 명예회장님께서 저의 두 손을 꼭 잡고 "우리 사원들은 내가 지킨다"라고 말씀하시며 건강 잘 챙기라고 격려해 주셨던 게 여전히 선명하게 기억납니다. 사원들을 언제나 가족같이 대하시며 아껴주셨던 명예회장님 생각이 많이 나네요. 안양공장에서 근무할 때는 명예회장님을 뵐 기회가 자주 있었는데요. 종종 현장에 방문해서는 저희에게 배고프지 않냐 물으시고는 식당에 요청해 통닭을 튀겨주시기도 했어요. 간식만 챙겨주시는 게 아니라, 현장을 순회하며 직접 세세하게 업무를 알려주시고 독려해 주시기도 했고요.

공장에서는 완제품이 탄생하는 과정이 눈앞에 펼쳐지다 보니, 뿌듯함과 성취감이 더욱 클 것 같기도 한데요. 카레의 생산을 책임지는 입장에서 어떨 때 가장 보람을 느끼시나요?

김민현　뭐니 뭐니 해도 우리 아이들이 카레를 먹으며 맛있다고 할 때 가장 뿌듯하더라고요. 가족들뿐만 아니라, 주변에서도 오뚜기 카레를 먹을 때마다 저를 떠올린다거나, "어제 오뚜기 카레 먹었는데, 역시 맛있더라" 하고 말해줄 때 '내가 하는 일이 참 보람되구나' 느낍니다. 특히 오뚜기 카레는 시장에서 압도적인 1등 제품이잖아요. 그런 제품을 만드는 데 내가 힘을 보태고 있다는 데서 뿌듯함을 느끼죠. 저뿐만 아니라, 대풍공장에서 근무하는 다른 직원들도 마찬가지예요. 여행을 가서도 마트나 편의점에 들르면, 꼭 자기가 담당한 제품이 있는지 살펴봅니다. '제품이 제대로 잘 있네', '언제 만든 게 들어왔네' 하고 서로 이야기하면서요(웃음).

그런 자부심 덕분에 오뚜기 카레가 지금의 위상을 유지할 수 있다고 생각해요. 오뚜기에는 정말 다양한 제품이 있지만, 그중에서도 오뚜기를 상징하는 대표 제품은 카레가 아닐까 싶은데요. 오뚜기 카레의 의미와 역할에 대해 이야기하며 인터뷰를 마무리해 볼게요.

김민현　오뚜기 카레는 회사의 '근본'이 아닐까요? 오뚜기의 창립 제품으로서 회사의 시작점이자 허리, 핏줄과도 같으니까요. 카레의 노란색을 떠올렸을 때는 '황금'이 생각나기도 해요. 제가 얼마 전 회사에서 상을 하나 받았어요. 오뚜기에서는 매년 5월 5일 창립기념일 즈음에 지난 1년의 실적을 평가해서 부문별로 상을 수여하는데요. 감사하게도 이번에는 열심히 해준 직원들을 대표해 제가 상을 받게 되었어요. 시상하는 자리에서 각 부서를 소개하는 영상을 먼저 보여주는데, 저희 생산 1팀을 소개하는 문구가 바로 '오뚜기의 황금'이었습니다(웃음). 한 팀원의 아이디어였는데, 생각할수록 참 적절하게 느껴지더라고요. 저희 팀에서 책임지고 있는 카레는 황금처럼 노란색이고, 또 오뚜기에 있어서 카레는 황금만큼, 아니 황금보다도 더 귀하고 가치 있으니까요.

Library

오뚜기 카레를 만드는 사람들

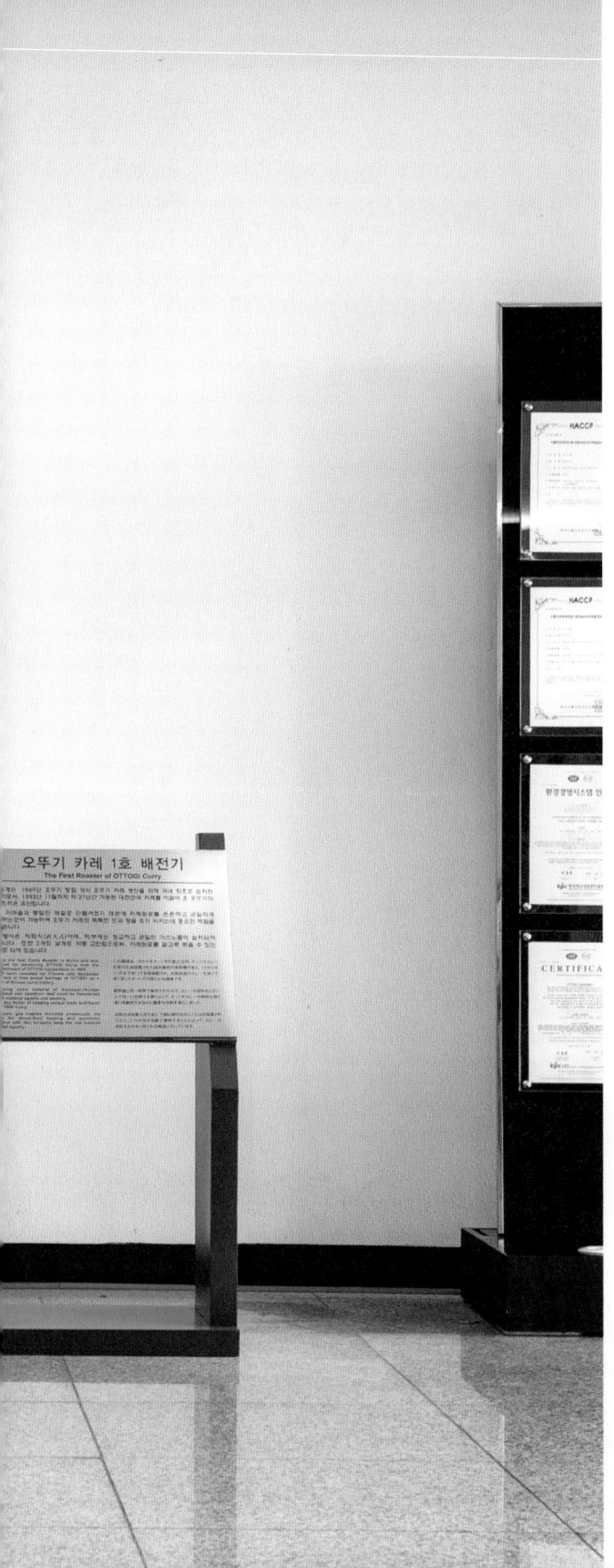

OTOKI People

오픈 키친에서 요리하는 식당에 가면, 기대감이 한껏 부푼다. 분주히 돌아가는 주방 사이로 언뜻 비치는 요리가 입맛을 돋우는 것도 있지만, 그보다 더 큰 이유는 진중한 모습으로 요리에 정성을 쏟는 셰프에 대한 믿음 때문일 것이다. 사소한 물건이라도 그것을 만든 사람의 신념을 알면 한 번 더 살펴보게 되고, 아무리 간단한 음식이라도 거기에 들어간 손길을 되새기면 그 맛이 더욱 풍성해질 수밖에 없는 법. 원래도 맛있는 카레였지만, 오뚜기 카레를 만드는 사람들의 이야기를 읽고 나면 카레가 더 맛있게만 느껴질 것이다. 믿음을 담아 정직하게 카레라는 재료를 빚는 이들을 만나보자.

Library

모두의 입맛을 사로잡는 카레를 개발하기까지

오뚜기 중앙연구소 1센터 한승우 센터장, 박순주 주임

국내 최고의 식품 연구 전문 기관 오뚜기 중앙연구소. 그 중심에는 맛있고 건강하며 안전한 식품을 발전시켜 온 식품 연구원이 있다. 전통과 혁신을 오가는 오뚜기 카레 개발 과정부터 빠르게 변하는 트렌드를 반영한 신제품 출시, 그리고 소비자의 건강과 행복을 우선으로 생각하는 개발 원칙까지. 따뜻한 카레 한 숟가락에 속부터 든든히 차오르는 건, 과학자이자 요리사로 살아가는 식품 연구원들의 고민과 노력 덕분일지도 모른다.

박순주(좌), 한승우(우)

OTOKI People

반갑습니다. 간단히 자기소개 부탁드려요.

한승우 안녕하세요. 2021년부터 오뚜기 중앙연구소 1센터장을 맡고 있는 한승우입니다. 제가 2000년도에 입사했으니, 오뚜기와 함께한 지 26년이 넘었네요. 저희 1센터는 카레를 비롯해 케찹, 마요네스, 스프, 식초 등 오뚜기의 주요 제품의 연구 개발을 담당하고 있습니다.

박순주 안녕하세요. 저는 2019년에 입사한 6년 차 연구원 박순주입니다. 입사했을 때부터 카레 파트를 맡아 지금까지 계속해 오고 있습니다.

전철역에서 내려 중앙연구소와 가까워질수록 맛있는 냄새가 나더라고요. 아침을 거르고 와서 그런지 더욱 힘들었는데요(웃음). 우리 식탁에 오른 수많은 오뚜기 제품들이 이곳에서 탄생한 것으로 알고 있어요. 오뚜기 중앙연구소에서는 주로 어떤 일을 하나요?

한승우 오뚜기 중앙연구소는 식품회사의 출발이라고도 할 수 있는 제품이 개발되는 곳입니다. 연구소의 주요 업무는 새로운 제품을 연구 개발하고, 기존 제품을 개선하는 것까지 포함하는데요. 오뚜기 중앙연구소에는 제품을 개발하는 센터 외에 기초 연구를 진행하는 부서가 별도로 있으며, 미래 기술에 대한 연구를 주로 하고 있습니다. 연구소는 생산 공장이나 원재료 조달처 등 유관부서와 긴밀히 협업하고 있어요. 카레를 예로 들면, 현지에서 조달하는 향신료뿐만 아니라 제품에 들어가는 원료는 전부 담당 연구원의 검수를 거치게 됩니다. 조달, 연구, 생산 부서가 함께 관리해야 될 부분을 파악해서 서류로 만드는 일도 연구소에서 담당하고요.

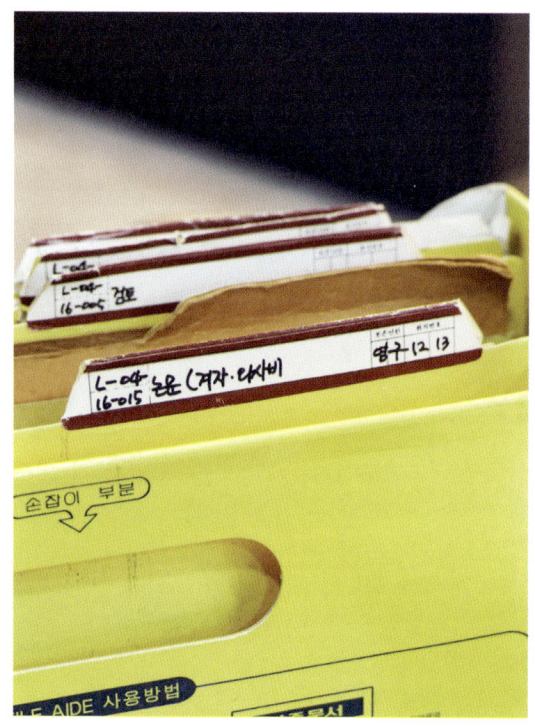

1976년 설립된 중앙연구소의 역사만 하더라도 거의 반세기가 흘렀어요. 연구원으로서 오뚜기 카레만의 제조 기술을 자랑해 주신다면요?

한승우 1969년 카레가 처음 출시된 이후로 지속적인 기술 개발이 이루어지고 있습니다. 특히 1981년 한국 최초의 레토르트 제품인 '3분 카레' 출시, 2009년 물에 잘 녹는 과립형 카레 출시 등 국내 최초로 선보인 기술을 통해 소비자의 편의성을 획기적으로 개선하였으며, 카레 제조 기술을 한 걸음 더 발전시켰습니다. 이와 함께 2016년에는 향신료 살균기를 도입하여 카레에 사용되는 향신료를 직접 살균하여 사용하고 있어요.

오뚜기 카레 제품 개발 과정은 어떻게 되나요? 카레 제품 개발을 위해 담당자를 현지로 출장 보내고 정통 카레의 맛을 익히도록 한다는 기사도 봤어요.

한승우 카레뿐만 아니라 모든 제품이 유사한 과정을 거쳐 진행됩니다. 일반적으로 제품 개발에 앞서 트렌드 조사를 실시해요. 사실 예전 같은 경우는 뉴스나 신문을 많이 참조했지만, 최근에는 매체가 워낙 다양하다 보니, 국내 기사는 물론 해외 기사도 꼼꼼히 살피고 SNS 콘텐츠도 많이 참고합니다. 수집된 아이디어를 통해 개발 품목이 정해지면 맛의 표준을 설정하고 개발을 진행하게 돼요. 개발 과정에서는 품질과 가격을 고려하며 회사 내부 신제품 프로세스에 따라 품질이 확정되면, 생산 준비에 들어갑니다. 이후 생산에 적용하는 테스트를 거치고 안전성을 검증하여 최종 출시함으로써 소비자에게 제품을 선보입니다.

트렌드 조사라는 게 생각만큼 쉽지는 않을 것 같아요.

한승우 맞아요. 트렌드는 정말 빠르게 변하니까요. SNS에서 유행하는 트렌드를 캐치해서 신속하게 제품으로 출시해도 잠깐 인기를 끌고 사라지는 경우도 많고요. 그래서 트렌드의 커다란 줄기가 무엇인지 찾는 것이 더 중요해진 것 같습니다. 이를 위해 매년 식품 전시회에도 참여하고 있어요. 국내 식품 전시회뿐만 아니라 프랑스, 독일, 일본 등에서 개최되는 세계적인 식품 전시회를 방문해 글로벌 식품 트렌드를 파악합니다.

박순주 지난 2월에는 일본 도쿄에서 열린 2025 동경 슈퍼마켓 박람회에 다녀왔어요. 올해 일본에서 출시될 제품을 바이어들에게 소개하는 자리인데요. 거기서 출시 예정 제품들을 미리 만나보고, 올해는 어떤 트렌드가 주류가 되겠구나 인사이트를 얻기도 합니다.

카레 개발 과정에 지속적으로 참여하다 보면 고객들의 식습관 변화나 식문화 트렌드를 체감하는 경우도 많을 것 같아요. 카레와도 관련이 있는 최근의 식문화 트렌드를 짚어주신다면 무엇이 있을까요?

박순주 카레 하면 진한 노란색의 오리지널 '오뚜기카레'가 변함없이 큰 사랑을 받고 있지만, 최근에는 새로운 맛을 가진 다양한 카레 요리에 대한 수요가 증가한 것 같아요. 해외에 가서 현지 음식을 맛보는 경우도 늘어나고, 현지 메뉴를 국내에 들여온 카레 전문점도 많이 생겼으니까요. 오뚜기에서도 '오즈키친' 세계 카레 시리즈를 통해 현지의 다양한 카레 요리를 개발해 소개했고요.

한승우 가장 최근의 트렌드는 저속노화와 고단백, 저칼로리, 저당이라고 봅니다. 이러한 트렌드의 공통점은 '건강'이라고 할 수 있는데요. 2000년대 웰빙부터 시작해, 20여 년간 지속되고 있는 중심 트렌드죠. 특정한 맛이나 향에 대한 관심이 1년 이내로 잦아드는 것에 비해 건강에 대한 관심은 지속되고 있어요. 이러한 트렌드를 반영해 최근 출시된 제품이 '가뿐한끼 매콤닭가슴살 카레'입니다. 국내산 닭가슴살과 병아리콩을 활용해 고단백 저칼로리 식사를 할 수 있게 만들었죠. 그 외에도 트렌드를 반영한 여러 제품을 열심히 연구 개발하고 있는데, 아직은 말씀드릴 수가 없네요(웃음).

앞으로 어떤 제품이 나올지 기대가 되는데요. 이야기를 들으니까 유행하는 카레를 보면 그때의 식품 트렌드를 알 수 있을 것 같아요.

한승우 초기의 '오뚜기카레'는 맵기 단계로만 맛이 구분되었습니다. 그다음에 달콤함을 더한 '바몬드카레'가 출시됐고요. 2000년대에 들어오면서부터 웰빙 열풍과 함께 건강에 대한 관심이 크게 증가해서 강황 함유량을 높인 '백세카레'가 나왔고, 이후 맛에 변주를 준 '3일숙성카레' 같은 제품도 등장했습니다. 가장 최근에는 '비밀카레'라고 해서 밀가루를 사용하지 않은 카레를 출시했어요.

아! '비밀카레'의 뜻이 밀가루가 '아녀#'라는 의미였군요(웃음).

한승우 네. 밀가루 대신 국산 가루쌀을 활용한 오뚜기 최초의 글루텐 프리 카레인데요. 아무래도 건강에 대한 관심이 반영됐다고 할 수 있죠. 비건 제품인 '헬로베지 채소가득카레'의 경우도 마찬가지고요. 앞에서 박순주 연구원이 얘기한 것처럼 최근 고객들은 건강을 중시하면서도 새로운 맛을 원하고 있는데요. 맛과 건강 모두를 충족하는 제품을 개발하는 일이 저희가 계속해서 노력하며 해결해 나가야 할 과제가 아닐까 싶습니다.

지금껏 담당했던 제품 중 개발 과정에서 가장 어려움이 있었던 것은 무엇인가요?

박순주 센터장님은 워낙 오랜 기간 근무하시면서 다양한 제품을 개발해 오셨지만, 제 경우 담당한 제품이 그렇게 많지는 않아요. 그래도 최근에 개발했던 제품 중에서는 '오즈키친' 세계카레 시리즈를 만든 것이 저한테는 하나의 도전이었어요. 기존의 카레 제품은 이미 최적의 비율로 배합된 순카레를 사용하면 되는데, 세계카레 시리즈는 기존 오뚜기 카레의 맛이 아닌, 새로운 향신료 풍미를 구현해야 했거든요. 그러다 보니 향신료를 배합하는 과정부터 새롭게 시작해야 했어요. 향신료 하나하나가 어떤 특성을 지니는지, 또 이들을 합쳤을 때는 어떤 맛을 내는지 공부하며 카레를 개발하다 보니 쉽지 않더라고요.

말씀해 주신 것처럼 인도에서 시작된 카레는 나라별로 개성을 지닌 글로벌 푸드인데요. '한국 카레'는 오뚜기가 개척하고 이룩해 온 독자적인 영역이라는 생각이 들어요. 한국 카레만의 특징을 살리기 위해 제품 개발도 다양한 시각에서 다양한 방법으로 이뤄질 것 같은데요. 오뚜기 카레 개발에 있어 가장 중점을 두고 신경 쓰는 부분이나 원칙이 있을까요?

한승우 가장 큰 원칙은 '건강'과 '가족의 행복'입니다. 카레는 오뚜기의 창립 제품이기도 한데요. 가족이 함께 카레를 먹고 행복을 나누는 모습을 그리면서, 이에 맞춰 제품을 개발하고 있어요. 식품을 통해 가족의 행복을 추구하는 것이 오뚜기의 기본 이념이니까요.

카레의 유형에는 대표적으로 분말, 고형, 레토르트 등이 있는데요. 유형마다 연구 및 개발 과정에서 중점을 두는 점이나 주의점이 모두 다를 것 같아요.

한승우 세 가지 모두 각각 다른 어려움을 지닌 것 같습니다. 레토르트 카레는 1인 가구 및 비교적 젊은 세대가 소비하는 제품이라서 트렌드를 앞서가야 하는 것이 제일 어려워요. 분말 카레는 어떻게 보면 오뚜기를 대표하는 제품이다 보니 새로움을 더하면서도 정통성을 잃지 않도록 더욱 신경 쓰고 있습니다.

유형별로 생산이나 매출 비중은 어떤가요? 1인 가구가 늘어나고 간편함을 추구하다 보니 막연하게는 레토르트 제품의 개발이 더욱 활성화되지 않을까 싶은데요.

한승우 네, 말씀하신 부분도 맞습니다만, 분말 카레와 고형 카레도 줄어들지는 않고 있습니다. 작년에 출시된 '비밀카레'도 분말 제품이고요. 가정에서의 소비는 줄어도, 급식이나 외식에서의 소비가 많이 늘고 있어요. 제품 유형별로 시장의 흐름을 따지자면, 분말 제품은 소폭 증가, 고형 카레는 현상 유지, 레토르트 카레는 증가 추세입니다. 간편함과 새로운 맛을 추구하는 추세의 영향으로 레토르트 시장이 계속 성장하고 있는데요. 레토르트 제품의 경우 시장의 성장 속도만큼이나 트렌드나 취향의 변화도 빨라서 지속적으로 새로운 제품을 개발하는 것이 중요해요.

연구소에서는 소량으로 연구 개발을 진행하지만, 실제 공장에서는 대량으로 스케일업해 생산이 이뤄진다고요. 개발한 제품의 맛과 품질을 정확히 구현하는 게 쉽지만은 않을 것 같아요.

박순주 연구소에서 소량으로 실험하던 게, 현장에서는 톤 단위로 커지니 의도한 맛과 품질을 유지하기 위해 철저한 관리가 필요합니다. 현장 조건에 따라 원료의 성질이 달라질 수도 있고요. 연구소에서는 파일럿 설계를 통해 최대 100kg 정도까지는 시험 생산해 볼 수 있는데요. 이처럼 다양하게 시험 생산해 본 뒤, 현장에 직접 방문해 실제 설비와 원료로 생산해 보는 과정을 거칩니다. 연구원들이 세밀하게 체크해야 하는 부분이 많아서 공장에 방문해 생산 담당자와 소통을 계속하는 편입니다.

인터뷰를 진행하다 보니, 식품 연구원은 요리사이기도 하고 또 과학자이기도 하다는 생각이 들어요.

박순주 맞아요. 정말 딱 잘라서 과학자에 가깝다 요리사에 가깝다라고 말하긴 어려운 것 같아요. 예를 들어 연구 개발의 기본이자 가장 중요한 요소인 안전성을 갖추는 것부터 시작해서 개발 과정의 문제점을 발견하고 이를 해결해 나가는 일련의 과정은 과학자의 영역이라고 볼 수 있는데요. 맛에 대한 전문성도 갖춰야 한다는 점에서 요리사로 볼 수도 있으니까요. 식재료를 어떻게 손질하는지부터 이 식재료를 생으로 먹었을 때, 볶았을 때, 삶았을 때 어떻게 달라지는지에 대한 이해도 필요하거든요.

한승우 신입 연구원들이 들어오면 연구소에 계신 마스터 셰프로부터 재료 손질부터 육수 내는 법까지 다양한 기술을 배워요. 또 외부에서 전문 셰프를 초빙해서 클래스를 열기도 하고요. 그런 걸 보면 요리사처럼 보이기도 하는데요. 사실 요리는 마지막 단계라고 볼 수 있으며 마지막 단계에 이르기 위한 과정은 식품화학, 식품미생물학에 가깝습니다. 안전한 식품을 만드는 것이 무엇보다 중요하니까요.

이렇게 카레에 대해 깊은 고민을 하다 보니 카레를 맛있게 즐길 수 있는 특별한 팁도 가지고 계시지 않을까 싶은데요. 숨겨두신 특별한 카레 비법을 소개하며 인터뷰를 마무리해 볼까요?

한승우 양파를 오래 볶아 캐러멜라이징하면 더욱 풍성한 맛을 낼 수 있어요. 양파를 볶는 과정에서 생취나 아린 맛은 휘발되고 향과 맛은 풍부해집니다. 스테이크를 구울 때 겉이 살짝 타면 더 맛있는 것처럼요. 조금 더 향신료의 맛을 강하게 느끼고 싶다면, 쿠민이나 클로브, 휀넬 같은 향신료를 볶은 기름을 활용해 카레를 만들어 보세요. 요즘에는 마트에서도 향신료 원물을 쉽게 구매할 수 있어요. 향신료를 기름에 오래 볶으면 향신료의 성분이 기름에 배어들면서 좀 더 특색 있는 카레를 즐길 수 있습니다. 더 간단하게는 카레에 토마토만 썰어 넣어도 좋아요. 토마토에 있는 글루탐산이라는 성분이 음식의 감칠맛을 올려주거든요. 집에서 카레우동을 즐기고 싶다면, 오뚜기 장국 소스에 우동면을 넣고 분말 카레를 넣어서 끓여주면 간단하게 맛있는 카레우동을 만들 수 있습니다.

Library

최고의 카레를 만드는
최상의 향신료를 찾아서

오뚜기 조달실 농업상생팀 최재복 팀장, 김민경 담당

카레의 매력은 단연, 깊고 풍부한 향에서 온다. 코끝에 스치기만 해도 군침이 도는 익숙한 카레 향은 어떻게 만들어지는 걸까. 인도와 모로코, 터키, 이집트 등 세계 곳곳을 넘나들며, 최적의 향신료를 선별하고 안정적으로 수급하기 위해 발 빠르게 움직이는 이들이 모인 곳. 곱게 빻은 노란 가루만 보았을 때는 미처 상상할 수 없었던 이야기가 이곳 조달실에 있었다.

최재복(좌), 김민경(우)

OTOKI People

안녕하세요. 자기소개 부탁드립니다.
최재복 안녕하세요. 오뚜기 조달실에서 근무하고 있는 최재복입니다. 2003년에 입사했으니, 올해로 22년 차가 되었네요. 2008년부터 향신료 조달을 담당했고, 2022년부터 조달실 농업상생팀 팀장을 맡고 있어요. 향신료를 비롯해 쌀과 같은 농산물은 물론이고, 토마토 페이스트 등의 가공품 구매 업무를 총괄하고 있습니다. 여러 관계사의 조달 담당자들과 함께 국산 농산물, 국산 종자 사용 확대, 계약 재배, 농업 선진화 등을 골자로 하는 '한국농업상생발전 프로젝트'도 진행 중이고요.
김민경 안녕하세요. 팀장님과 함께 조달실 농업상생팀에서 근무 중인 김민경입니다. 저는 2022년에 입사해 지금까지 계속 향신료 구매 업무를 담당하고 있어요. 조금 더 구체적으로는 향신료와 허브류, 설탕 및 전분당, 과일 가공품의 구매를 맡고 있습니다.

우리가 '카레'를 생각할 때 떠오르는 카레만의 고유한 향이 있어요. 그 향을 결정하는 데 가장 큰 비중을 차지하는 향신료가 무엇인지 궁금했어요.
최재복 오뚜기 카레의 경우, 보통 분말 카레에 스무 가지 내외의 다양한 향신료와 허브가 들어가기 때문에 어느 하나가 대표성을 지닌다고 말하기는 어려운데요. 굳이 꼽자면 강황, 코리안더, 쿠민이 주요 향신료라고 할 수 있습니다. 특히, 오뚜기 카레는 건강에 좋은 강황의 비중이 높은 편이에요.

오뚜기 카레가 노란색을 띠는 것도 강황의 비중이 높기 때문이라고 알고 있어요. 그 외에 향신료의 측면에서 다른 카레와 구별되는 오뚜기 카레만의 특징은 무엇인가요?
김민경 많은 분들이 아시다시피, 오뚜기 카레는 강황 함량이 높아서 노란빛이 선명한데요. 그래서 맨눈으로도 '이건 오뚜기 카레구나!' 하고 쉽게 구분할 수 있습니다. 물론 최근에는 향신료 배합을 달리한 다양한 카레가 출시되어 구분하기 어려운 경우도 있지만요. 한편, 오뚜기 카레만의 가장 큰 특징이라고 하면 향신료 원물을 직접 수입해서 살균, 정선, 분쇄, 배합, 숙성하고 있다는 점을 들 수 있어요. 타사는 분말 카레를 수입해서 제품을 만들기 때문에, 아무래도 안전성이나 풍미 측면에서 차이를 보이지 않을까 싶어요.

맛있는 카레를 위해서는 질 좋은 향신료를 적시적기에 수급하는 게 관건일 것 같아요. 오뚜기 카레는 어떤 방식으로 향신료를 수급하고 있나요?

최재복 먼저 중간상을 거치지 않고 현지에 있는 업체들과 직접 거래하는 것이 오뚜기의 방침이에요. 그래야만, 현지의 농가 상태까지 관리할 수 있으니까요. 또 한 가지 원칙은 앞서 잠깐 언급했듯이 향신료를 원물 상태 그대로 수입하는 건데요. 만약 강황을 분말 상태로 수입하게 되면, 여기에 무엇이 섞여 들어갔는지, 이게 100% 강황이 맞는지 알 수 없잖아요. 그래서 오뚜기는 원물을 일일이 직접 눈으로 확인하고 맛과 향을 점검한 다음 수입합니다. 그렇게 들어온 향신료는 충북 음성에 있는 대풍공장에서 살균 및 선별, 분쇄 과정을 거친 뒤 순카레로 만들어서 일정 기간 숙성한 후 최종 카레 제품으로 만들어집니다.

오뚜기 카레에 사용되는 향신료는 대부분 해외에서 조달되나요?

최재복 네. 향신료의 경우 국내에서 재배되는 것이 거의 없거든요. 한편, 같은 향신료라도 재배 지역에 따라 향이나 맛, 특성이 미묘하게 조금씩 다르기 때문에, 품질 유지를 위해 향신료마다 특정한 원산지의 것을 정해서 수입하고 있어요. 예를 들어 코리안더는 모로코, 인도, 러시아 등에서 재배되는데요. 오랜 기간 테스트를 거친 결과, 오뚜기 카레의 맛을 내는 데는 모로코산 코리안더가 가장 적합하다고 판단해서 모로코산 코리안더를 수입하고 있어요.

향신료 하면 가장 먼저 떠오르는 나라는 인도인데요. 인도를 비롯해 어떤 나라에서 향신료를 수입하고 있나요?

김민경 가장 많은 종류의 향신료를 수입하는 국가는 역시 인도예요. 강황을 비롯해 다섯 가지 정도의 향신료를 들여오고 있어요. 그 외에 모로코, 인도네시아, 탄자니아, 과테말라, 튀르키예, 이집트 등의 국가에서도 수입하고요. 여러 국가를 통틀어 총 열 군데 이상의 현지 업체와 거래하고 있습니다.

현지의 거래처는 어떤 방식으로 찾아보고 선정하나요?

최재복 모든 국가를 방문하지는 못하지만, 그래도 매년 한 번씩 현지 출장을 가고 있어요. 향신료의 본고장인 인도의 경우 굉장히 많은 향신료 가공 수출 업체가 존재하다 보니, 해마다 국제 향신료 박람회가 열려요. 그 외에도 향신료와 관련해 현지 업체들과 해외 바이어들이 참석하는 회의나 전시회도 많고요. 이러한 행사에 참여해서 거래처를 발굴하는 편이에요. 검증된 업체를 찾게 되면, 장기적인 파트너십을 맺어서 안정적인 공급처를 확보하고요.

거래처를 선정하고 향신료를 수입할 때 가장 주의하는 부분은 무엇인가요?

김민경 향신료도 농산물이다 보니 수입 시 준수해야 하는 기준과 규격들이 있어요. 그중에서도 특히 잔류 농약 관리가 가장 중요한 사항인데요. 최근 들어 전 세계적으로 잔류 농약 기준이 점차 강화되는 추세예요. 이 기준에 맞춰서 수입하려면, 작물을 재배하는 단계에서부터 산지의 농가에서 어떤 농약을 썼는지 확인해야 하죠. 어떤 약재를 써도 되고, 또 사용하면 안 되는지 안내도 하고요. 향신료 원물을 들여올 때는 컨테이너에 선적하기 전에 미리 샘플을 받아서 국내 규격에 적합한지 테스트를 진행하고 있습니다.

향신료 조달은 식품 안전과도 깊이 연관되어 있네요.

최재복 그렇죠. 특히 강황은 땅속에서 뿌리 형태로 있는 것을 채취하다 보니 토양이나 불순물이 많이 묻어있어요. 토양에는 쇳가루나 중금속 등 유해 물질이 포함되어 있기도 하잖아요. 국내에서는 이런 부분도 매우 엄격한 기준으로 관리하기 때문에, 저희가 더욱 위생과 안전에 신경을 쓸 수밖에 없어요. 조달실에서는 향신료 수입 과정에 있어서 안전과 관련된 부분까지 파악해야 하죠.

향신료마다 다르겠지만, 일반적으로 현지의 향신료를 국내에 들여오기까지 어느 정도의 기간이 소요되나요?

김민경 기존에 계속 거래를 해오던 업체들과는 샘플을 받아서 오뚜기 식품안전과학연구소에서 테스트를 진행하고, 여기서 통과되면 원물을 선적해 들여오는데요. 보통 이 과정이 두세 달 정도 걸려요. 만약 새로운 거래처를 선정해야 한다면, 신규 업체에 대한 평가에 한두 달 정도 소요되기 때문에 그만큼의 기간이 추가되고요. 이러한 리드 타임을 감안해서 향신료 수급 일정을 세우고 재고를 확보하고 있습니다.

사이클이 짧지 않은 프로젝트네요. 매 순간 긴장을 늦추지 못하겠어요. 한편, 향신료 조달 업무에 있어서 가격 안정성을 유지하는 것이 무척 중요하다고 알고 있어요. 현지에서 향신료의 가격이 널뛰어도 국내에서 소비자가 감당할 수 있는 제품의 가격에는 한계가 있으니까요. 원료 수급의 가격 안정성을 유지하기 위해서는 어떤 노력을 기울이고 있나요?

최재복 국내 농산물과 마찬가지로, 해외 농산물도 가격 변동이 무척 심해요. 그래서 가격에 영향을 줄 수 있는 작황이나 시황적인 부분도 주기적으로 모니터링합니다. 앞서 소개한 콘퍼런스나 회의 등에 참석하면, 올해 향신료 작황을 예상하는 다양한 이야기를 들을 수 있어서 그러한 정보도 놓치지 않고 귀 기울여요. 예를 들어, 올해 쿠민 작황이 안 좋아서 가격이 많이 오를 것 같다 하면 계약을 미리 해놓는 식으로 대응하는 거죠. 조달실에서는 향신료를 비롯한 주요 원료들의 시황과 지역별 날씨, 작황 정보를 공유하고 구매 전략을 논의하는 회의도 진행하고 있어요.

Library

조달실은 앞을 멀리 내다봐야 하는 부서네요(웃음). 국내에서는 오뚜기가 향신료를 가장 잘 다루는 기업으로 정평이 나있는데요. 이러한 오뚜기의 향신료 경쟁력은 어디서 비롯된다고 생각하나요?

최재복 앞서 언급한 내용들이 모두 한데 모여서 시너지가 나는 것 같아요. 향신료를 원물 상태 그대로 수입해 신뢰할 수 있다는 것이 가장 큰 강점이고요. 잔류 농약, 미생물, 중금속 등 향신료와 관련한 위해 성분 분석을 오뚜기의 식품안전과학연구소에서 100% 수행할 수 있다는 점도 들 수 있겠네요. 그리고 카레에 관해서는 오뚜기가 우리나라에서 가장 역사가 깊은 기업이기 때문에, 아무래도 향신료를 다루는 오뚜기만의 노하우도 한몫하지 않을까 싶어요. 카레는 결국 향신료를 어떻게 배합하느냐에 따라 맛과 향이 달라지니까요.

업무상 현지 출장도 많겠어요. 인도의 '가람마살라'와 같은 현지의 향신료 조합도 직접 맛보고 체험해 보셨을 텐데, 현지에서 맛보는 카레는 우리나라의 카레와 무엇이 어떻게 다른가요?

김민경 인도에는 향신료가 너무나 다양하기 때문에, 제가 본 것만으로 인도 카레가 어떻다고 일반화하기는 어려울 것 같은데요. 일단 색깔이 정말 다채로웠어요. 오뚜기 카레처럼 노란색도 있고, 빨간색, 초록색은 물론, 심지어 까만 카레도 있더라고요(웃음).

최재복 기본적으로 제가 느낀 큰 차이는 인도 카레는 조금 기름지고 느끼하다는 것이었어요. 현지 사람에게 물어보니 인도에는 채식주의자가 많아서 열량을 보충하기 위해 기름을 많이 넣는다고 하더라고요. 한편, 오뚜기 카레에 주로 쓰는 향신료는 강황인데, 인도는 코리안더를 더 많이 쓴다고 알고 있어요. 강황의 경우도 한국 카레와 똑같지는 않은 게, 인도에는 강황만 해도 지역마다 품종이 무척 다양하거든요. 여기서 잠깐 언급하자면, 오뚜기 카레는 이 중에서도 건강에 좋은 커큐민 함량이 높은 고품질의 강황 품종을 사용하고 있어요.

같은 향신료를 사용해도 국가나 지역마다 사용하는 것이 다 르군요. 출장 중 기억에 남는 에피소드가 있다면 들려주세요.

최재복 출장은 보통 한 일주일에서 열흘 정도의 일정으로 다녀오는데요. 원료 산지를 비롯해 오뚜기와 거래하는 가공 업체도 방문하고, 향신료 콘퍼런스나 관련 행사에도 참여하고 있어요. 조달실은 원료를 구매하는 부서라, 저희가 방문하는 곳은 일반적인 해외 출장지처럼 대도시나 유명한 지역은 아니에요. 기억에 남는 에피소드로는 이란을 방문했던 게 생각납니다. 지금은 아니지만, 예전에는 이란에서도 향신료를 수입했거든요. 벌써 10년도 더 된 일인데, 그때만 해도 이란이라고 하면 뭔가 위험할 것 같다는 생각이 있었어요. 그런데 막상 가보니까 사람들이 무척 친절하고 현지 음식도 정말 맛있었어요. 중동 음식인데 제 입에 참 잘 맞더라고요(웃음). 한번은 산지에 있는 농가에 초대를 받아 그분들과 같이 식사한 적이 있어요. 집에 한국 드라마 〈대장금〉과 〈주몽〉 스티커가 붙어있던 게 기억이 나요. 이란에서 방영 시 시청률이 70%를 넘을 정도로 국민 드라마였다는 사실을 처음 듣고 놀랐던 기억이 있었습니다.

김민경 저는 작년에 인도를 처음 갔는데요. 저도 가기 전에는 걱정을 많이 했지만, 걱정과 달리 향신료에 대해 직접 보고 배우며 즐거웠던 출장이었습니다. 하루는 5대째 강황 재배를 이어오고 있는 농가에 방문했는데, 거기서 일하는 농부들에게서 굉장한 자부심이 느껴지더라고요. 업에 대한 자부심이 좋은 작물로 이어지는 것 같다는 생각도 들었고요. 인터넷도 잘 안되고 외부인과 접촉할 일이 거의 없는 지역이다 보니, 저희 같은 동아시아인들을 무척 신기해했어요.

앞서 향신료도 농산물이다 보니 수입 기준이 무척 까다롭다고 했는데요. 더구나 국가마다 다른 기준 아래 좋은 품질의 원료를 수급하는 과정에 애로사항이 많을 것 같아요.

최재복 그렇죠. 앞서 이야기한 농약만 해도 나라마다 기준이 또 다 다르거든요. 한국의 농약 기준이 다르고 일본이 다르고, 유럽이 또 달라요. 국가마다 다른 기준을 최종적으로 한국에 맞춰야 하는데, 그 과정이 까다롭다 보니 많은 어려움이 있죠. 한편, 해외에는 향신료 산업이 잘 발달해서 관련 박람회도 많고 협회도 잘 마련되어 있어요. 미국에는 ASTA American Spice Trade Association, 유럽에는 ESA European Spice Association, 일본에는 JSA Japan Spice Association와 같은 협회가 있어요. 보통 이런 협회에서 제조, 가공, 수입 업체로 이루어진 회원사들을 대표하여 규정이나 기준을 설정하는데, 국내의 경우 향신료 시장의 규모가 크지 않다 보니 그러한 지원이 부족해 아쉽죠. 규격 설정이나 산지 관리 등 하나부터 열까지 저희가 직접 다 해야 하니까요.

오뚜기가 세우는 원칙이나 규정이 국내 향신료 산업의 기준점이 되겠네요.

최재복 저희가 노력을 많이 하고 있습니다(웃음). 그런데 다시 생각하면, 이렇게 하나씩 개척해 나가다 보니 오히려 배울 점도 많고 다양한 경험도 쌓을 수 있는 것 같아요. 향신료에 대한 지식도 늘어나고요.

그렇고 말고요(웃음). '향신료는 곧 카레의 전부다'라고 할 만큼 중요한 요소인데요. 카레에 있어서 향신료의 역할은 무엇이라고 생각하나요?

김민경 향신료는 카레의 정체성이에요. 우리가 '카레' 하면 떠오르는 맛과 향은 향신료가 만들어 내니까요. 꼭 카레만이 아니라, 다른 요리에서도 마찬가지인데요. 아직까지 우리나라는 향신료를 많이 즐기는 편이 아니지만, 그럼에도 불구하고 향신료가 들어가면 확실히 음식의 맛이 단번에 풍성해지는 게 느껴져요. 그런 점에서 향신료는 카레의 정체성이라고 할 수 있지 않을까요?

마지막 질문이에요. 두 분은 특별히 좋아하는 오뚜기 카레 제품이 있나요?

최재복 저는 어렸을 때부터 카레를 무척 좋아했는데요. 향신료 구매 업무를 하면서는 매주 카레를 먹을 정도로 더 관심이 생긴 것 같아요(웃음). 제일 좋아하는 오뚜기 카레는 '바몬드카레 골드 약간매운맛'입니다. 과일과 벌꿀이 들어있어 향긋하고 부드러운 풍미를 느낄 수 있거든요.

김민경 저는 '3일숙성카레(고형) 약간매운맛'을 좋아합니다. 3일숙성카레는 '오뚜기카레'보다 더 짙은 색의 카레인데, 사골 엑기스가 들어있어 풍미가 더 깊고 진한 맛이 나요. 평소에도 묵직한 맛에 산미 있는 카레를 좋아해서 고형 카레 여러 종류를 섞어서 먹는 것을 좋아합니다.

Library

주어진 기준을
한 단계 뛰어넘어

오뚜기 품질보증본부 정승헌 본부장

"한국 카레는 곧 오뚜기 카레"라는 말이 당연하게 느껴지는 오늘날, 그 신뢰의 중심에는 철저한 품질관리가 자리하고 있다. 카레라는 요리가 아직 생소하게 다가오던 시절부터, 한국 시장에 필요한 기준과 원칙을 세우고 '좋은 식품', '좋은 카레'란 무엇인가에 대한 해답을 찾아 고민해 왔던 오뚜기 카레. 연구원 출신으로 지난 30년간 오뚜기 카레와 함께해 온 품질보증본부 정승헌 본부장의 이야기를 통해 '품질제일주의'를 실천하는 오뚜기 카레의 노하우와 철학, 그리고 그 속에 담긴 책임과 자부심을 들여다본다.

OTOKI People

안녕하세요, 본부장님. 오랜 시간 오뚜기 카레와 함께해 오신 만큼 어떤 이야기를 듣게 될지 벌써 기대가 되는데요. 인터뷰에 앞서 간단히 자기소개를 부탁드립니다.

안녕하세요. 오뚜기 품질보증본부장 정승현입니다. 1988년도에 연구원으로 입사해, 27년 동안 연구개발 업무를 해오다가 지금은 품질보증본부에서 일하고 있어요. 연구원 시절, 처음에는 건조식품을 담당하다 2~3년 후부터 카레 파트에 참여하기 시작했어요. 물론 카레 관련 업무만 한 것은 아니고, 스프, 짜장, 레토르트 3분 제품, 즉석국, 당면, 국수, 그리고 한때는 건강기능식품까지 다양한 제품군을 다뤄왔네요. 현재는 품질보증본부에서 오뚜기 내의 공장, 관계사들과 수십 곳의 OEM사, 그리고 해외 수입사를 관리하며 오뚜기 브랜드로 생산되는 제품의 품질 총괄을 담당하고 있습니다.

여느 분야든지 마찬가지겠지만, 특히나 식품은 고객의 건강과 직결되는 부분이니 품질관리가 더욱 중요하다고 생각해요. 오뚜기의 품질관리 업무에 대해 조금 더 자세히 소개해 주세요.

식품 분야에서의 품질관리는 기본적으로 식품 위생법이나 식품 공전 등과 같은 관련 법을 준수하고 거기에 표시된 각종 기준을 지키는 것을 의미합니다. 오뚜기의 경우, 이를 한 차원 더 뛰어넘기 위해서 2021년부터 '식품안전문화활동'을 지속해 오고 있는데요. '누구나 안심하고 먹을 수 있는 제품을 만들어서 소비자에게 건강한 식문화 서비스를 제공한다'는 사명감을 가지고, 오뚜기뿐만 아니라 관계사와 OEM사 제품까지 품질 비전을 공유하기 위해 워크숍도 1년에 2회 개최하고 있어요. 오뚜기 제품을 생산하는 사람들이라면 모두 동일하게 품질에 대한 마음가짐을 지녀야 한다는 의미에서요. 2024년에는 한국식품안전관리인증원 초청으로 식품안전문화포럼에서 오뚜기의 식품안전문화활동을 소개한 적도 있었어요.

Library

오뚜기에서 품질관리를 위해 수행하는 작업 중 가장 대표적인 것 하나만 소개해 주세요.

저희가 1년에 한 번씩 오뚜기 식품안전과학연구소에서 식품 안전 관련 심포지엄을 열어요. 식약처라든지 한국식품안전관리인증원, 식품안전정보원, 한국소비자원 등의 기관과 학계, 산업계에서 근무 하시는 분들을 초청해서 국내외 식품안전 정보를 공유하고, 오뚜기가 진행하고 있는 품질관리 업무를 소개하며 더 나은 방향을 모색하는 자리죠. 단순히 주어진 기준만 충족시키는 게 아니라, 법적 사항을 뛰어넘는 안전한 식품 문화를 정착시키자는 오뚜기의 생각에 많은 분들이 새삼 놀라기도 하고 공감하는 것 같아요. 2023년에 개소한 오뚜기 식품안전과학연구소는 제품 개발과 연구를 담당하는 중앙연구소와는 별개로 식품의 안전성만 집중해서 연구하는 곳이에요. 제품을 아무리 맛있게 잘 만들어도 그게 안전하지 않으면 소비자에게 내놓을 수 없기에 이렇게 별도로 문을 연 거죠.

국내 식품기업 중 식품안전과학연구소가 있는 곳은 오뚜기가 유일하다고 들었어요.

맞아요. 독자적으로 식품안전과학연구소를 운영하는 곳은 오뚜기가 유일해요. 오뚜기 식품안전과학연구소에서는 원료부터 제품까지 안전성을 철저히 검증합니다. 그뿐만 아니라 전문가로 이뤄진 안전 진단팀이 있어서, 각 공정마다 세팅이 제대로 되어있는지 안전 진단도 하고 미비한 점이 발견되면 그에 따른 해결책도 제시해 주고 있어요.

그럼 이제 본격적으로 카레에 관해 이야기해 볼게요. 오뚜기 카레가 출시되기 이전에도 국내에 카레 제품은 존재했지만, 오뚜기 카레의 등장으로 국내 시장에서 카레가 주목받고 대중화되기 시작했어요. 기존 제품과 어떤 점이 달랐기에 이러한 성과를 낼 수 있었을까요?

제 생각에 다른 카레 제품은 오리지널리티, 즉 독창성이 부족했던 것 같아요. 제품명만 가리면 이게 어느 카레 제품인지 알아채지 못할 정도로 특색이 없었는데, 오뚜기 카레는 색깔에서부터 오리지널리티가 확실했죠. 명예회장님께서는 '오뚜기 카레의 색은 이래야 한다'는 색상 표준도 가지고 계셨어요. 그리고 카레의 상징은 강황이라는 생각에 초창기부터 강황의 품질관리를 중시하셨죠. 좋은 강황을 찾아 조달실 직원들과 정말 많이 돌아다녔어요. 강황을 이렇게 깔끔하게 세척하고 관리하는 곳은 오뚜기밖에 없다고 자부해요. 한국보다 카레를 먼저 즐겼던 일본은 물론, 유럽이나 미국도 저희와 같은 품질의 강황을 구매하지는 못했어요. 강황뿐만 아니라 카레에 들어가는 향신료가 다 마찬가지였죠. 하나하나 수입할 산지를 정하고, 각 향신료의 특성에 따라 아주 높은 수준의 품질 기준을 표준으로 세웠어요.

꾸준히 높은 기준을 유지하는 게 쉽지만은 않았을 것 같아요.

제가 연구소에서 근무할 때 한번은 품질 기준에 조금 못 미치는 향신료를 조달할 수밖에 없는 경우가 있었어요. 일정상 그 향신료로 순카레를 만들어야만 했죠. 조달 업무 담당자는 연구소에 여러 번 찾아와서 사정하고, 담당 임원은 저에게 계속 전화를 걸어 부탁하는 상황이었는데요. 저는 당연히 이 원료로는 만들 수 없다고, 생산을 멈춰야 한다고 말했어요. 그래서 규격에 맞는 향신료가 수급될 때까지 15일 정도 순카레 공장을 멈췄던 적이 있어요.

그렇게 의사 결정하기까지 고민이 되지는 않았나요?

그럴 수밖에 없었던 게 저는 명예회장님께서 카레에 얼마나 진심인지 너무 잘 알고 있었으니까요. 조금이라도 부족한 점을 용인할 수 없었던 거죠. 제가 오뚜기에서 연구원으로 오랜 시간 근무했지만, 카레의 연구개발에 있어서도 처음에는 명예회장님의 벽을 넘지 못했어요. 향신료나 카레를 시식하는 자리에서도 명예회장님이 정말 많이 알고 계시다는 게 느껴졌어요. 직원들에게 질문도 많이 하셨는데, '아, 몰라서 묻는 게 아니라 확인차 묻고 계시구나' 하고 알 수 있었거든요(웃음).

제대로 된 품질관리를 위해서는 좋은 품질이 무엇인지에 대한 기준이 명확히 서야 한다고 생각해요. 오뚜기 카레가 지향하는 카레의 기준, 올바르고 좋은 제품에 대한 기준은 무엇인가요?

언제나 '안전한 카레가 제일 좋은 카레'라고 생각해요. 안전한 카레를 위해서 향신료 조달에 특히 신경 쓰고 있고요. 향신료는 아무래도 개발도상국이 원산지인 경우가 많다 보니, 더욱 세심한 관리가 필요하죠. 위생뿐만 아니라 잔류 농약이라든지 중금속 규격도 철저히 지켜야 해요. 식품과 관련된 기준과 법이 세계에서 제일 까다로운 곳이 바로 대한민국이에요(웃음). 좋은 향신료를 구매하는 과정이 쉽지만은 않아서 매번 저희 조달 부서에서 고생을 정말 많이 합니다.

향신료 구매 과정에는 어떤 어려움이 있나요?
향신료 시장에서 우리나라는 바잉 파워가 약해요. 우리가 카레를 자주 먹는다고 해도 글로벌 기준으로 봤을 때 한국은 주요 향신료 소비국이 아니니까요. 향신료에 대한 품질 기준은 높은데 막상 구매하는 수량은 많지 않으니 판매하는 입장에서는 달갑지 않은 거죠. 반면, 일본만 하더라도 어느 정도 바잉 파워가 있어요. 그래서 오뚜기에서 처음 향신료 분야에 뛰어들 때 어려움이 많았어요. 국내 규정이 너무 까다롭다 보니 실정에 맞지 않는 것들은 다른 나라의 사례나 관련 자료를 모아서 바람직한 규격을 제안하기도 했습니다. 결국 저희가 안전성 자료를 확보하여 건의한 향신료 규격을 식약처에서 승인을 받았어요.

향신료를 비롯해 원료의 조달 과정에서 품질관리는 어떤 식으로 이뤄지는지 궁금해요.
일단 원산지에서 구매할 때부터 확실하게 검증된 농장이나 계약 재배를 할 수 있는 수준의 농장에서만 원물을 구매해요. 원물을 선적하기 전에 식품안전과학연구소에서 모두 분석하고, 거기서 통과한 것만 수입하고요. 우리나라에 들어와도 사용 전에 또 한 번 검사를 진행하니, 원료 단계에서부터 정말 철저하게 관리가 이뤄진다고 할 수 있죠. 향신료뿐 아니라 그 외의 조미 원료도 대부분 저희가 품질을 컨트롤할 수 있는 관계사에서 만들고 있어요. 중국에서 농산물을 들여올 때도 모두 중국에 있는 오뚜기 현지 공장을 통하고요.

정말 투명하게 관리되고 있네요. 제품군이 다양해지다 보면, 그만큼 신경 써야 할 부분이 많아지기 마련일 텐데요.
원료 단계에서부터 품질관리를 철저히 하고, 제품 생산 시에는 식품안전과학연구소의 안전 진단팀이 공정 하나하나를 점검해요. 그렇게 최종 제품이 나오면 식약처 등 기존의 위생 규격보다 한 단계 더 높은 허들을 설치해 규격 관리를 한 뒤 내보내기 때문에 품질관리에 있어서는 최선을 다하고 있다고 자부합니다. 오뚜기에 현재 수천 가지 제품이 있는데요. 품질과 관련해 이슈가 전혀 발생하지 않는 것은 아니지만, 그래도 지금과 같은 수준으로 유지되는 데는 이러한 노력이 바탕이 된다고 생각합니다.

OTOKI People

오뚜기에는 카레 제품만 수십 가지가 되는데, 오뚜기 카레가 맛과 품질을 한결같이 지켜온 데는 이런 배경이 있었네요.

식품안전과학연구소에서 진행하는 분석 건수가 1년에 4만 건이 넘어요. 식품안전과학연구소에서는 원료를 중심으로, 각 공장의 품질관리 담당자들은 완제품을 중심으로 분석해 이를 데이터베이스화해 놓았기 때문에, 제품이 다양해도 한결같은 품질을 유지할 수 있어요. 예를 들어, 지금 미국에서 땅콩이 문제가 됐다고 하면, 식품안전과학연구소에서 원료 검색을 해서 땅콩이 들어간 오뚜기 제품을 쭉 리스트업해요. 그러면 이 제품에 대해서 우리가 언제 검증했는지, 어떤 회사와 거래했는지 등을 살펴볼 수 있어요. 안전 이슈가 발생하면 이런 식으로 미리 살펴보고 분석하며 우리 제품에는 문제가 없는지 선제적으로 대응합니다.

2023년에는 식품안전의 날(매년 5월 14일)을 기념해 식품안전관리 수준 향상에 기여한 공로로 산업포장을 수훈했어요. 품질관리를 위해 그동안 지속해 온 노력의 결과라고 생각하는데요. 당시 소감이 어땠나요?

산업포장은 제가 잘해서 받았다기보다는, 오뚜기 제품의 위상에 대한 증명이라고 생각해요. 오뚜기라는 브랜드가 소비자들에게 신뢰를 얻었기 때문에, 그 당시 관련 부서에 근무하고 있던 제가 대표로 받은 거죠(웃음). '식품안전의 날'이 주는 메시지는 우리가 식품을 만들 때 무엇보다 안전을 중시해야 한다는 뜻이잖아요. 그런 점에서 산업포장 수훈은 안전한 식품에 대한 오뚜기의 진심을 다들 알아주고 있구나 싶어 제게도 의미가 있었어요.

본부장님은 연구원 출신으로 오뚜기 카레와 함께한 지도 37년이 넘으셨는데요. 지난해 오뚜기 카레가 55주년을 맞이했을 때 감회가 남달랐을 것 같아요. 오랜 시간 오뚜기 카레와 함께해 오며 과거와 달라진 것을 생각해 본다면 어떤 것이 있을까요?

일단 제품이 많이 변했죠. 초창기의 오뚜기 카레보다 더 맛있고 좋은 성분, 기능성 성분을 추가하여 맛과 품질이 한층 더 개선됐어요. 기술적인 변화도 있었는데, 가장 대표적인 것이 과립 적용이 아닐까 싶어요. 명예회장님께서 예전부터 카레의 용해성에 대해 강조하셨어요. 분말 카레가 물에 더 잘 풀려야 한다고요. 어떻게 해야 하나 고민이 많았죠. 그 당시 제가 대학원 박사과정을 밟고 있었는데, 국내의 한 유*업체 연구원분들과 함께 수업을 들었어요. 그분들이 과립기로 용해성을 개선해서 박사학위를 받은 거예요. 유업체의 경우에도 분유가 물에 잘 녹는 게 무엇보다 중요하잖아요. 거기서 확신을 얻고, 저희도 과립기를 놓아야 한다고 의견을 냈죠.

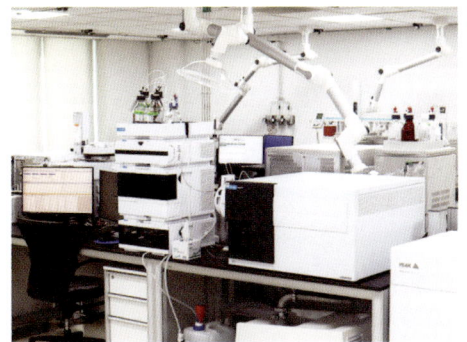

과립형 제품의 탄생에 이런 비하인드가 있었군요!

2009년 과립형 제품 출시가 아무래도 획기적인 변화가 아니었나 싶어요. 그전까지만 해도 분말 카레를 물에 갠 다음에 넣어서 끓여야 했지만, 과립형 카레는 그런 과정이 필요 없어서 조리의 편의성이 대폭 향상됐어요. 세계적으로도 오뚜기 카레처럼 용해성이 좋은 분말 카레는 없습니다.

본부장님께서는 향신료와 관련해 대학 교재의 저자로도 참여하셨다고요.
이것도 과립형 카레 개발과 관련된 에피소드인데요. 향신료를 과립하는 과정에서 고유의 향이 소실될 우려가 있어요. 이를 방지하기 위해 제품 개발 과정에서 다양한 분들을 대상으로 시식 및 테스트를 거치는데요. 당시에는 학생들이 많은 대학교나 교회에서 주로 테스트를 진행했어요. 한번은 서울에 있는 한 대학교에 방문해서 제품 시식을 요청했는데 거절당한 거예요. 그래서 제가 협상을 제안했죠. 학생들에게 향신료에 관한 강의를 해줄 테니, 수업에서 두 시간은 강의를 하고 나머지 한 시간은 오뚜기 제품에 대해 관능 평가(계획된 조건하에서 여러 사람들의 감각을 통해서 제품의 질을 판단하고 보편타당성이 있는 결론을 얻어내는 하나의 수단)를 하게 해달라고요. 그 수업에 대한 반응이 무척 좋았어요. 강의를 한 번 더 해달라고 요청이 오기도 하고요. 그래서 참 잘됐다 생각하고 있었는데, 대뜸 향신료에 관한 책을 써줄 수 있냐고 제안하는 거예요. 마침 학교에서 식품 관련해서 대학 교재를 만들고 있는데 향신료 파트를 담당해 써줄 사람이 없다고요. 덕분에 저도 공동 저자로 참여할 수 있었죠. 그 책이 우수 도서로 선정돼서, 아직도 대학 교재로 많이 쓰인다고 해요.

당시 관능 평가 반응은 어땠는지도 궁금해요.
기존 공정과 과립기를 사용하는 공정에는 차이가 있다 보니, 과립기 적용에 신중할 수밖에 없었는데요. 소비자들이 맛의 차이는 못 느끼되, 용해성 측면에서는 개선되어야 하기 때문에 여러 실험을 거듭했어요. 당시 저희가 예상한 반응은 맛의 차이를 거의 느끼지 못하는 것이었는데, 의외로 좀 더 맛있게 느껴진다는 평가가 많았어요. 향이 조금 부드러워졌는데 감칠맛이 더 느껴져서 과립형 카레가 좋다고요.

어느덧 마지막 질문이에요. 30여 년간 오뚜기 카레의 성장과 발전을 지켜보면서, 자연스럽게 미래의 카레에 대해서도 생각해 보게 될 것 같아요. 본부장님이 앞으로도 계속 추구해 나가고 싶은 지향점이나 오뚜기 카레에서 한 번쯤 새롭게 시도해 보고 싶은 것이 있다면 말씀해 주세요.
카레는 맛도 좋지만, 무엇보다 건강에 좋은 식품이에요. 카레에 많이 함유된 향신료에 대해 계속 공부하다 보면, 파이토케미칼Phytochemical이라고 생리활성물질이 풍부한 것을 알 수 있어요. 식물이 자연적으로 만들어내는 천연 식물성 화학물질로 인체에도 유익하죠. 동대문 경동시장에만 가도 다양한 향신료들이 한약재로 판매되고 있는 걸 확인할 수 있고요. 이런 기능적인 부분을 강조해서 지금보다 더욱 건강하고 몸에 좋은 카레 제품들이 많이 나오면 좋겠다고 생각해요. 요즘 세상이 많이 팍팍하고 또 우울하기도 한데, 카레라는 음식의 맛과 향을 즐기면서 사람들이 좀 더 밝아지고 우울증 같은 것도 줄어들 수 있다면 좋겠고요.

그런데 정말로 '카레가 우울증 예방에 도움이 된다'는 기사도 있더라고요.
그럼요. 그러니 다들 자주 카레를 드시면 좋겠어요(웃음). 앞으로 연구가 더욱 활발해져서 카레라는 음식이 지금보다 더 소비자들에게 긍정적인 영향을 줄 수 있기를 바랍니다.

Library

오뚜기 카레의
또 다른 얼굴들

오뚜기 리테일사업부
신유택 과장, 안명희 담당

회사 바깥에서 '오뚜기'라는 이름으로 불리는 사람들이 있다. 바로 외부 거래처와 소통하고 매장 내 품목 운영 기획 등의 업무를 담당하는 영업사원과 현장에서 고객과 직접 만나며 브랜드와 제품을 대변하는 판매사원들이다. 현장에서는 오뚜기 카레를 한 명에게라도 더 전하고자 고군분투하고, 거기서 만난 고객의 목소리를 마음에 잘 새겨두었다가 내부에 전해 더 나은 제품이 만들어질 수 있도록 돕는다. '오뚜기 카레'라는 말 대신 '우리 카레'라는 표현이 입에 밴 이들이야말로 신뢰를 쌓아가며 1등 제품의 자리를 지켜온 오뚜기 카레의 또 다른 얼굴들이 분명했다.

**오뚜기 카레와 고객을 연결하는 접점에 있는 두 분을
만나게 되어 반갑습니다. 먼저 자기소개 부탁드려요.**

신유택 안녕하세요. 2013년에 입사해 이마트, 트레이더스, 에브리데이 등 이마트 계열의 거래처를 담당하고 있는 신유택입니다. 품목으로는 오뚜기 카레를 비롯해 상온간편식과 통조림, 누룽지, 양곡 등을 맡고 있어요.

안명희 안녕하세요. 강남 지역 영업부에서 하나로마트 양재점을 담당하고 있는 안명희입니다. 저는 2010년에 입사했고요. 현장에서 오뚜기 제품의 발주, 진열, 행사 유치 등의 업무를 담당하고 있습니다. 시식 매대와 행사 부스를 운영하며 제품을 홍보하는 역할도 하고 있어요.

**리테일사업부에서는 구체적으로 어떤 일을 하는지
궁금해요.**

신유택 영업 조직도 다양하다 보니 통틀어서 말할 수는 없지만, 제가 속한 조직의 주요 업무는 아무래도 오뚜기 제품의 시장 점유율을 관리하는 거예요. 이를 위해 고객들의 반응을 얻을 수 있는 행사안도 기획하죠. 제품 동향 파악도 매우 중요한 업무 중 하나인데요. 맛이나 제품력을 파악할 뿐 아니라 가격, 프로모션 등 고객 구매에 영향을 미칠 수 있는 모든 요인을 파악하기 위해 노력합니다. 한 가지 자랑 아닌 자랑을 하자면, 오뚜기 카레는 워낙에 인지도가 높고 고객들이 좋아하는 제품이라 저희가 제안하지 않아도 오히려 거래처에서 행사를 원하는 품목이에요.

안명희 담당님은 2주에 한 번씩 행사 매대를 잡는다고요.

안명희 마트에선 매출을 위해 정기적으로 행사 매대를 조성하는데, 이를 '행사 매대를 잡는다'고 표현해요. 저는 그런 기회가 있을 때마다 빠지지 않고 행사 매대를 사수하려고 노력합니다. 행사 매대를 잡으면 꼭 카레를 포함해요. 카레는 오뚜기의 자존심이자 자신감이라고 생각하거든요. 행사 매대를 계속해서 받으려면 그만큼의 매출을 발생시켜야 하는데, 실제로 오뚜기 카레는 매출을 톡톡히 보장하는 품목이에요. 저희 매장의 경우 고객분들이 카레를 한두 개씩 사 가는 게 아니라, 한 번에 대여섯 개씩 구매하세요. 몸에도 좋고, 간편하게 요리할 수 있는 카레는 행사할 때 미리 쟁여두는 품목인 셈이죠(웃음).

**판매사원은 현장에서 직접 고객을 대면하기 때문에,
곧 오뚜기 카레의 얼굴과도 같다는 생각이 들어요. 어떤
마음가짐과 태도로 고객들과 만나고 있는지 궁금합니다.**

안명희 저는 이름이 하나 더 있는데, 바로 '오뚜기'예요. 매장에서는 모두 저를 오뚜기라고 부르거든요(웃음). 어떻게 보면 매장에서는 제가 오뚜기를 대표하는 이미지라고 할 수 있기에, 더욱 잘하려고 노력해요. 어느 브랜드보다도 열심히 행사를 유치하고 시식도 선보이면서 고객에게 적극적으로 다가가죠. 특히 저는 구매 여부와 상관없이 부담을 가지지 않고 제품을 맛볼 수 있도록 시식을 유도하는 편인데요. 그 이유는 단순해요. 누구라도 오뚜기 카레를 일단 한번 맛보면, 장바구니에 담을 수밖에 없거든요(웃음).

오뚜기하면 재밌고 이색적인 마케팅 활동으로도 유명하죠. 가족요리페스티벌과 같은 고객 참여형 이벤트를 통해 고객들에게 오뚜기 제품과 관련한 즐거운 추억, 가족 간의 따뜻함을 전하고 있는데요. 이러한 활동의 효과를 영업 현장에서도 느낀 적이 있나요?

안명희 그럼요. 제가 근무하는 양재하나로마트는 가족요리페스티벌이 진행되는 과천 서울랜드와 가까운데요. 그래서 5월이 되면 "저 얼마 전에 오뚜기 가족요리페스티벌에 다녀왔어요"라고 말을 걸어주시는 고객분도 계세요. 이를 계기로 자연스럽게 대화하며 고객분들도 오뚜기 제품에 좀 더 관심을 가지게 되는 것 같아요. 이렇게 먼저 오뚜기 이야기를 꺼내주시는 분들을 만나면 정말 반가워요.

신유택 고객뿐만 아니라 거래처와의 관계에서도 무척 도움이 됩니다. 오뚜기에서 진행하는 다양한 마케팅 활동과 이벤트는 특히 바이어를 설득할 때 아주 든든한 근거 자료이자 사례로서 큰 힘이 되죠(웃음).

오뚜기 카레는 출시 이래로 꾸준히 시장 점유율 1위를 지켜왔어요. 국내 분말 카레 시장은 약 900억 원 규모이고, 그중 오뚜기 점유율은 약 83%에 달하는데요(2024년 12월 분말 카레 기준). 외부 현장에 있다 보면 오뚜기 카레의 업적이나 영향력이 새삼 대단하게 느껴질 것 같아요.

신유택 오뚜기 카레가 있기에 오뚜기가 지금처럼 든든히 국내 식품 시장에 안착할 수 있었다고 생각합니다. 지금은 워낙 많은 품목이 생겼고 시장을 대표하는 1등 제품도 많아졌지만, 결국 그 바탕과 시작점에는 카레가 있었으니까요. 영업하는 입장에서 오뚜기 카레는 최고의 무기인 셈이죠.

안명희 고객들에게 자리 잡은 우리 카레의 이미지는 '신뢰'예요. 카레 하면 오뚜기고, 오뚜기 카레는 누구나 믿고 먹을 수 있는 제품이라는 인식이 강하죠. '오즈키친' 세계카레 시리즈가 처음 출시되었을 때, 오뚜기에서 출시한 카레라는 이유만으로 믿고 구매해 주시는 분들이 많이 있었어요. 그때 '아, 오뚜기 카레가 확실히 신뢰 가는 브랜드구나' 느낄 수 있었죠. 오뚜기라는 브랜드가 가진 정직하고 선한 이미지와 제품이 시너지를 내면서 오뚜기 카레의 영향력은 앞으로도 계속 커질 것 같아요.

'업계 1위', '국민 카레'라는 타이틀은 영업에 있어 든든한 뒷배가 되어줄 텐데요. 때로는 이로 인한 부담감이나 책임감도 느껴질 것 같아요.

신유택 거래처에서는 국민 제품이라는 타이틀을 강조하면서 과도한 가격 행사나 프로모션을 바랄 때가 많아서 가끔 부담을 느낄 때도 있어요(웃음). 실제로 꾸준히 1등을 유지하는 것은 매우 어려운데요. 그래서 더욱 다양한 방법으로 시장에 접근해야 할 필요가 있다고 느낍니다. 1등이란 타성에 젖어 있기보단 더욱 참신하고 다양한 혜택을 주는 프로모션 방안을 마련하는 등 고객에게 접근하는 새로운 방법을 찾기 위해 계속 고민하고 시도하고요. 매장에 한 줄이라도 더 진열해서 고객에게 조금이나마 자주, 많이 전달될 수 있도록 노력합니다. 가격, 진열 등 보이지 않는 곳에서 매 순간 크고 작은 경쟁이 발생하지만, 오뚜기 카레라는 자부심으로 이겨내려고 늘 애쓰고 있어요(웃음).

56년이 훌쩍 넘는 오랜 역사만큼 다양한 제품이 존재하는데요. 오뚜기 카레 제품 중 가정용 매출 1등은 '백세카레'라고 들었어요.

안명희 건강하게 먹어야지 하는 생각에 강황이 많이 함유된 '백세카레'를 많이 찾으시는 것 같아요. 실제로 시식 행사를 많이 진행한 품목이기도 해서 더욱 친근한 이미지도 있고요. '백세카레' 외에도 '백세 발효강황카레'도 반응이 좋았어요. '백세카레'와 달리 매운맛이 없어서인지 부드럽고 은은하다며 맛있다고 하시더라고요.

시식 코너에서 먹은 음식들은 왠지 더 맛있게 느껴지곤 해요. 집에서 똑같이 해 먹어도 그 맛이 안 나고요(웃음). 시식 카레가 더 맛있는 이유가 따로 있나요?

안명희 시식 메뉴는 포장지 뒤에 적힌 조리법 그대로 만들어요. 계량컵을 이용하고 매뉴얼을 준수하여 요리한 카레는 맛있을 수밖에 없어요(웃음).

다양한 제품 중 '이건 더 많은 고객분들에게 사랑받았으면 좋겠다' 또는 '더 많이 알리고 싶다'고 생각하는 제품이 있나요?

신유택 아쉽게도 지금은 단종된 제품이지만, 레토르트 유형의 '비프청크카레'와 '머쉬룸카레'가 정말 독보적으로 맛있었다고 생각해요. 출시 당시, 가격이 다소 안 맞았을 뿐, 시대를 앞서간 제품이지 않았나 싶어요(웃음). 저 같은 분들이 또 계셨는지, 재출시 문의를 종종 받습니다.

안명희 저는 부드럽고 진한 맛의 '3일숙성카레'를 추천합니다. 분말보다는 고형을 제안하는데, 곱게 간 쇠고기를 넣고 요리하면 정말 맛있어요. 시식해보면 현장 반응도 무척 좋아요. 카레에 관심 없던 분들도 '3일숙성카레'로 충분히 사로잡을 수 있을 만큼 자신 있습니다(웃음).

이쯤 되니 두 분이 가장 좋아하는 오뚜기 카레 제품은 무엇인지 궁금해지는데요.

신유택 제가 가장 좋아하는 제품은 '백세카레'입니다. 결혼한 지금은 '백세카레 매운맛'으로 카레를 만들어 먹고, 결혼 전 혼자 살 때는 '3분 백세카레 매운맛'만 데워 먹었어요(웃음). '백세카레'는 강황이 많이 들어있어서 건강에도 좋으니, 매운맛을 좋아하는 저에게 딱이었죠.

안명희 저도 '백세카레'예요. 개인적으로는 매운맛을 좋아하는데, 아이와 함께 먹다 보니 약간매운맛을 더 자주 먹게 되네요. 일하는 엄마로서 카레를 할 때면 한 솥 가득 끓여놓는 편이고요(웃음). 볶음밥, 카레치킨 등 다양한 요리에도 카레를 활용하고 있어요.

두 분 모두 카레에 관해서는 웬만한 전문가 이상이실 것 같은데요. 바깥에서 카레를 먹으며, 오뚜기 카레를 사용했음을 느꼈던 적이 있나요?

신유택 저는 외근 업무가 많아 외부 구내식당에서 식사하는 경우가 많아요. 아무래도 급식 메뉴로 카레가 자주 나오는데요. 한번 먹어보면 바로 알죠. '아, 오뚜기 카레구나!'

안명희 저도 오뚜기 카레는 한 번에 알아볼 수 있어요. 오뚜기 카레는 다른 제품에 비해 확실히 노랗고, 향도 진하고, 맛도 고유하죠. 오뚜기 카레는 달큰한 맛보단 깔끔하고 담백한 맛이 특징이에요. 그래서인지 한식 요리에 잘 어울리고, 다른 조미료를 사용하지 않아도 충분히 맛있게 요리할 수 있어요. 물에 잘 풀어지고 여러 재료와 잘 어우러지는 것도 오뚜기 카레만의 특징이자 장점이라 할 수 있겠네요.

오늘 하루 두 분의 이야기를 듣고 나니, 앞으로는 마트에서 지나치는 카레 코너가 왠지 더 친근하게 느껴질 것 같아요(웃음). 어느덧 마지막 질문인데요 오뚜기 카레와 관련한 두 분만의 재미있는 에피소드나 추억이 있다면 들려주세요.

신유택 열정이 넘치던 신입사원 시절의 일이 기억나요. 한번은 채소 영역의 걸이 매대에 오뚜기 카레를 진열해 봤는데 판매량이 급증했어요. 이러한 진열 방식을 '연관 진열'이라고 하는데, 실제로 반응이 나와서 무척이나 신기하고 뿌듯했죠. 그로부터 몇 년 뒤, 다른 거래처를 맡게 되었는데요. 이번에도 채소 영역에 '백세카레'를 진열해 보자고 설득했고, 그 결과 매출이 늘었어요. 이후에 180개 매장 추가 입점에도 성공했고요.

OTOKI People

안명희 담당님은 오뚜기 카레와 어떤 추억을 공유하고 있나요?

<u>안명희</u> 저는 1986년에 고등학교를 졸업하고 친구와 함께 간 캠핑장에서 오뚜기 카레를 처음 먹었어요. 그때의 기억이 아직도 선명한데, 카레가 정말 대단한 요리처럼 느껴졌거든요. 요리라곤 할 줄 아는 게 하나도 없는 친구가 이렇게 근사한 음식을 만들어 냈다는 게 정말 신기했죠. 물론 이제는 카레가 참 쉬운 요리라는 것을 알지만요(웃음). 인터뷰하러 오기 전 팀원들과 오뚜기 카레를 어떻게 생각하는지 짧게 이야기해 보았는데요. 지점장님은 '인생', 영업사원님은 '추억', 조장님은 '맛있는 음식'이라고 하더라고요. 저는 오뚜기 카레가 '사랑'이라고 생각해요. 카레는 실제로 간단하게 만들 수 있는 음식이지만, 가족과 함께 나눠 먹을 수 있는 따뜻한 음식이자, 가족의 사랑을 가득 담은 요리이니까요.

Library

오뚜기 카레 CF 연대기

가족들이 둘러앉은 식탁, 김이 모락모락 나는 밥 위에 끼얹은 카레 한 국자. 한 숟가락 가득 떠서 맛있게 먹는 아이들의 표정과 이를 흐뭇하게 바라보는 엄마의 미소. 여기까지 떠올리는 순간, 자연스럽게 "일요일은 오뚜기 카레"라는 익숙한 멜로디가 들려온다. TV에 빠져 살던 어린 시절, 카레를 즐기는 평범한 가족의 일상 위에 얹힌 오뚜기 카레라는 다섯 글자는 내 머릿속에 카레를 각인시킨 첫 장면이었다. 뭐니 뭐니 해도 오뚜기 카레를 국민 카레로 거듭날 수 있게 해준 데는 TV CF의 역할을 빼놓을 수 없을 것. 오뚜기 카레 TV CF를 연도별로 하나씩 따라가 보며, 그 속에 담긴 시대의 흐름과 추억을 함께 되새겨 보자. 새롭게 알게 된 이야기에 재미 한 스푼, 잊고 있던 그 시절 감성에 웃음 한 스푼이 곁들여질 테니.

1977

광고 속 스위트 홈

오뚜기 카레가 한결같이 광고를 통해 소비자들에게 전달해 온 기본 가치는 '스위트 홈'이다. '건강'이든 '맛'이든 '레시피'든 시기마다 강조하는 핵심 키워드는 달라도 그 바탕에는 늘 '가족'이 있었던 것. 이것이 바로 "일요일은 오뚜기 카레"라는 슬로건을 출시부터 지금까지 쭉 사용하고 있는 이유이기도 하다. 시대가 바뀌면서 가족의 형태와 그 역할도 조금씩 달라지고 있지만, 우리 사회에서 가족이 갖는 의미와 가치는 변함없다는 것을 오뚜기 카레는 계속해서 전하고 있다.

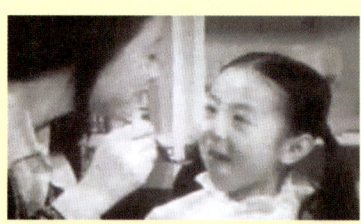

History of TV CF

1970 - 1980년대

가족, 일요일

"일요일은 오뚜기 카레"
"온 가족이 모일 때는 오뚜기 카레"

1969년 5월 5일 어린이날에 맞춰 출시된 오뚜기 카레는 곧바로 TV 광고를 진행했다. 제품군 자체가 대중들에게 낯선, 그래서 아직 시장조차 제대로 형성되지 않은 카레를 가지고 막대한 비용의 TV 광고를 진행한다는 건 신생 식품회사의 입장에서는 엄청난 도전이자 결단이었을 터. 전략은 명확했다. 창립일을 어린이날로 정한 것만 봐도 알 수 있듯, 어린이의 영양에 좋은 음식이자 가족과 다 함께 먹기 좋은 음식이라는 메시지를 전하는 것. 가능하면 토요일과 일요일 어린이 방송프로그램 전후를 지정해 광고를 편성했는데, 이는 광고주들이 주목하지 않던 휴일 낮 시간대를 택해 비용을 낮추려는 목적과 함께 온 가족이 한데 모이는 휴일에는 자연스럽게 오뚜기 카레를 떠올리도록 하는 의도가 숨어있었다. 그래서 초기에는 어린이가 주인공으로 등장하는 장면이 많았으며, 카레의 시장 정착을 위해 카레 레시피 및 조리의 간편성을 강조하는 연출이 이뤄졌다. 카레를 맛있게 먹는 아이들의 표정과 웃음소리, 그리고 당대 최고의 인기를 구가하던 배우 김자옥이 등장해 다정하고 현명한 주부의 모습을 연기한 CF는 카레를 온 가족이 둘러앉은 일요일 식탁의 주인공으로 만들기 충분했다.

1978

"
엄마! 일요일이에요
마음껏 뛰어 놀았죠
온 가족이 다 함께 즐거운 일요일
아, 오뚜기 카레!
일요일은 오뚜기 카레
"

1981

"
새로 나온 오뚜기 3분 카레
끓는 물에 퐁당 3분이면 끝
봉지 그대로 살짝 꺼내면
아빠랑 아이들이 아주 좋아해요
일요일은 오뚜기 카레
"

1982

Library

2000년대 초반
건강, 노란카레

"카레가 몸에 좋은 거 아시죠?"
"백세카레로 건강하세요"

건강에 대한 관심은 언제나 현재진행형이지만, 2000년대는 유독 뜨거웠던 것으로 기억된다. 그전부터 '신토불이' 등 몸에 좋은 먹거리를 통해 건강을 챙기려는 움직임은 이어져 왔지만, 2000년대에 접어들어 '잘 먹고 잘 살자'는 '웰빙' 열풍이 불어닥치며 건강한 음식에 대한 수요가 폭발적으로 증가했던 것. 마침, 몸에 좋은 강황을 많이 함유한 카레는 웰빙 푸드로 적격이었다. 이때부터는 단순히 다양한 재료가 들어가 영양이 풍부하다는 말 대신, 특정 재료나 성분을 언급하기 시작했다. 특히 2003년 강황 함유량을 높인 '백세카레'가 출시된 이후로는 카레의 특징인 선명한 '노란색'을 강조했는데, '노란 카레가 건강한 카레'라는 메시지를 통해 이제 막 경쟁사들이 등장하던 카레 시장에서 독보적인 위치를 계속 이어갈 수 있었다. 2002년부터는 김소형 한의사가 광고 모델로 활약하며 '오뚜기 카레=건강'이라는 공식을 더욱 공고히 했다.

2003

"
카레가 몸에 좋은 거 아시죠?
우리 가족도 오뚜기 카레예요
맛있고, 강황이 들었고, 몸에도 좋고
15가지 좋은 재료로 만듭니다
가족을 위해 카레하세요
몸에 좋고 맛있는 오뚜기 카레
"

2006

2007

"
"이 집 카레는 유난히 노랗네?"
"몸에 좋은 강황이 많을수록 노랗거든"
"노랄수록 좋은거네?"
"그래서 카레가 건강에 좋은 거야"
백세카레로 건강하세요
일요일은 오뚜기 카레
"

History of TV CF

───── 2000년대 후반 - 2010년대 초반 ─────
똑똑한 카레

"공부 잘하는 아이들은 먹는 것부터 달라요"
"카레는 노랄수록 더 똑똑하니까"

아이를 향한 엄마의 사랑은 깊고 진한 카레를 닮았다. 그 사랑이 조금 더 보글보글 끓어 넘치는 분야가 있으니 바로 아이의 건강과 학업이 아닐까. 2000년대부터 계속 이어오던 '백세카레' 광고는 아이를 살뜰히 챙기는 엄마의 모습을 강조한다. 이는 한량 없는 사랑을 아낌없이 퍼주며 헌신하는 것과는 조금 다르다. 현명하다는 건 무엇이 중요한지 알며, 가장 좋은 것을 고를 수 있는 안목을 갖췄다는 뜻이니까. 가장 좋은 재료를 사용한 최고의 카레는 당연히 똑똑하고, 그걸 선택하는 엄마는 더 똑똑한 법. 지적이고 똑 부러지는 이미지의 배우 김희애가 광고 모델로 등장해 가족의 건강을 현명하게 챙기려는 소비자의 선택을 도왔다.

2008

2010

"
공부 잘하는 아이들은 달라요
먹는 것부터 달라요
카레는 노랄수록 더 똑똑하니까
똑똑한 카레는 오뚜기죠
오늘도 오뚜기 카레
"

2011

"
왜 카레 하면 오뚜기 오뚜기 하는 걸까요?
몸에 좋은 노란 강황이 더 많이 들어있으니까
그래서 저도 오뚜기예요
엄마의 선택은 늘 옳습니다
건강한 카레는 역시 오뚜기죠
오늘도 오뚜기 카레
"

Library

2010년대 초반
건강, 노란카레

"3세부터 100세까지"
"노란 카레가 좋은 카레"

건강식으로서 카레의 이미지는 이제 하나의 정체성으로 자리 잡아 광고에서도 계속 이어졌다. 건강에 좋은 강황의 함량을 높여 '100세까지 건강하게 산다'는 '백세카레'의 의미를 보다 직접적으로 소구하기 시작한 것. 특히 이때는 강황을 발효해 건강성을 한 단계 높인 '백세 발효강황카레'가 출시돼 이를 홍보하기도 했다. 또한 '3세부터 100세까지'라는 키워드에 맞춰 아이와 엄마 아빠, 그리고 할머니 할아버지까지 다양한 가족 구성원의 모습을 한 장면에 담아 카레는 누구나 좋아하는 음식이자 모두의 건강에 좋다는 메시지를 강조했다.

일요일은 오뚜기 카레 ♬

누구나 따라 부를 수 있는 중독성 있는 멜로디로 소비자에게 해당 브랜드를 각인시킬 수 있는 음악을 '징글'이라고 한다. 수많은 상품과 서비스가 넘쳐나는 시대, 한 번 들으면 쉽게 잊히지 않는 징글은 브랜드와 제품을 자연스럽게 알릴 수 있는 확실한 장치인 셈. 이 분야에 있어서 독보적인 위치를 차지하는 게 바로 오뚜기 카레다. 한국인이라면 누구나 "일요일은 오뚜기 카레"라는 슬로건만 봐도 머릿속에서 음악이 펼쳐지니 말이다. 이러한 징글은 광고에서 강조하는 메시지에 따라 조금씩 변화하기도 했다. 초창기부터 지속해 오던 "일요일은 오뚜기 카레" 외에도 2000년대 들어 건강을 강조하며 "몸에 좋고 맛있는 오뚜기 카레"를, 빠르게 핵가족화가 진행되고 주 5일 근무제가 본격적으로 자리 잡기 시작한 2000년대 후반에는 '일요일'이란 표현을 뺀 "오늘도 오뚜기 카레"를 사용하기도 했다. 기억에 남은 멜로디는 같지만, 시대에 따라 조금씩 달라진 카피를 알고 보니 더욱 재밌게 느껴진다.

2012

"
카레가 더 건강해지려고
강황을 발효했어요
발효의 건강을 카레에 담다
3세부터 100세까지 발효강황카레
"

2013

History of TV CF

2010년대 중후반
다양한 레시피, 취향

"취향은 달라도 오뚜기 카레"
"냉장고 맛있게 비우자"

2010년대에 접어들면서, 카레를 활용하는 다양한 방법에 주목하기 시작했다. 카레를 밥에 부어 먹는 카레라이스로만 즐기는 게 아니라, 카레부침개, 카레볶음밥, 카레우동, 카레떡볶이 등 요리에 활용할 수 있는 비법 재료로서 부각시킨 것. 카레를 가지고 색다른 요리를 만들어 내는 방법을 소개함으로써 노란 카레의 건강한 이미지는 유지하면서도 새로운 수요를 창출하고자 했다. 카레는 어떤 재료와도 잘 어울린다는 점을 강조해 카레로 냉장고의 재료를 맛있게 비울 수 있다는 것도 광고에 담긴 중요한 메시지였다. 또한 뮤지컬 <지저스 크라이스트 수퍼스타> 팀이 출연한 2015년의 '뮤지컬 편' 광고는 요거트카레, 두부카레, 스테이크카레 등 각자의 취향에 맞춰 카레 요리가 가능하다는 것과 함께 집이 아닌 야외 파티에서도 지인들과 카레를 즐기는 모습을 보여줘 그동안 카레가 가지고 있던 '가정식'의 이미지를 새롭게 바라보는 기회를 열어주기도 했다.

2013

"
건강에 좋은 노란 카레
카레라이스로만 드세요?
이제 뿌리거나 끓이거나 붓거나 찍거나
매일매일 다르게 즐기세요
일요일은 오뚜기 카레
"

2015

"
우리가 좋아하는 카레는?
요거 요거 좋아 요거트카레
그거 정말 맛있겠네, 난 두부카레
내 스테이크카레는 어때?
입맛은 달라도 개성은 달라도
취향은 달라도 카레는 오직 오뚜기 카레
"

2016

Library

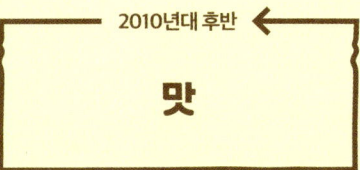

2010년대 후반

맛

"카레가 맛있어야, 카레가 맛있지요"
"맛이 깊어지는 시간"

오랜 시간 오뚜기 카레 TV 광고를 전담하던 '백세카레'의 자리에 새로운 이름이 등장했다. 바로 2017년 출시한 깊고 진한 풍미의 '3일숙성카레'. 이와 함께 광고도 새로운 방향으로 선회했는데, 오뚜기 카레에서만 경험할 수 있는 남다른 맛을 강조한 것. 식품회사에서 맛을 전면으로 내세운 데에는 그만큼 맛에 대한 자부심과 자신감이 넘쳐서가 아니었을까. 쇠고기, 과일 등을 넣어 숙성시킨 소스와 더욱 다양한 향신료를 넣고 허브의 은은한 향을 살린 고급 카레라는 점을 드러내기 위해, '가족'이나 '건강' 같은 키워드를 사용하기보다 '깊고 진한 풍미', '시간이 주는 맛' 등의 표현을 통해 '3일숙성카레' 본연의 특성에 힘을 실었다. 특히 예능 프로그램에서 뛰어난 요리 실력을 보여준 윤여정 배우의 신뢰감 있는 목소리는 새로운 카레에 대한 호기심과 구미를 당기게 만들었다.

2017

2018

"
에이징, 시간을 기다려 최상의 맛을 찾아내다
카레를 가장 잘 아는 오뚜기가
마침내 카레를 에이징했어요
"우와, 맛있다! 엄마가 했어?"
"아니? 카레가 다 했어!"
맛이 깊어지는 시간 오뚜기 3일숙성카레
"

"
분명 시간이 주는 맛이라는 게 있죠
카레도 숙성하면 맛의 깊이가 다르지 않겠어요?
카레 자체만으로도 맛있게
카레가 맛있어야, 카레가 맛있지요
깊고 진한 풍미 오뚜기 3일숙성카레
"

History of TV CF

2020년대

추억, 가족, 취향

"세상의 어떤 맛보다 카레의 기억은 길다"
"카레로 엄마의 마음까지 싹싹"

2019년을 기점으로 오뚜기 카레가 세상에 나온 지도 반세기가 지났다. 주말마다 엄마가 해주던 카레를 먹던 아이는 이제 자신의 자녀에게 엄마가 그랬던 것처럼 카레를 끓여주는 부모가 됐다. 고객과 함께 오랜 시간을 공유해 온 만큼, 광고에도 카레에 얽힌 따뜻한 추억이 담겨 보는 이의 감성을 자극한다. 2024년 오뚜기 카레 55주년을 기념해 선보인 CF에서 "카레로 엄마(아빠)의 마음까지 싹싹 잘 먹었습니다"라는 카피는 카레에는 단순한 음식 그 이상의 의미가 있음을 은은히 드러낸다. 한편, 다양한 방식으로 카레를 즐기는 젊은 세대들의 모습을 통해 카레가 품고 있는 유연함과 활용성을 강조하기도 했다. 카레는 여전히 단란한 가족을 상징하는 음식이지만, 세월이 흐르면서 가족의 수는 줄어들고 그 형태도 다양해졌다. 그와 함께 개인의 취향과 개성이 뚜렷해졌음은 물론. 더 이상 '주부'나 '엄마'가 광고의 주인공이 아니라는 점도 같은 맥락이지 않을까. 나의 취향을 담은 요리를 간편하게 즐기고 싶거나, 바쁜 일상 속에서도 영양 잡힌 식사를 챙기고 싶은 이들이야말로 누구보다 카레와 잘 어울리는 법이니까.

2019

"
5살, 일요일의 맛
14살, 수다의 맛
25살, 응원의 맛
32살, 신혼의 맛
지금, 가족의 맛
세상의 어떤 맛보다 카레의 기억은 길다
오늘도 오뚜기 카레
"

2022

"
카레가 어렵다고?
요즘 애들 어떡카레?
찍먹EASY, 뿌먹EASY,
찜먹EASY, 건강EASY
우린 이렁카레 오뚜기 카레
"

2024

Spot. 3
RESTAURANT

카레를 수식하는 말에 무언가 붙여본다면, '팔색조'라는 단어가 가장 잘 어울릴 것 같다. 갓 지은 밥이나 잘 삶은 우동 면에 올려 먹어도 맛있고, 화덕에서 방금 나온 따뜻한 난에 찍어 먹어도 맛있는 카레. 어디 그뿐이랴. 카레는 조리법을 조금만 다르게 해도 변화무쌍하게 새로운 메뉴로 거듭난다. 인도에서 탄생해 지구 한 바퀴를 돌며 전 세계로 퍼져나간 카레는 각 나라의 역사와 지리, 식문화의 영향을 받아 국가별로 현지화되었고, 그렇게 나온 카레 메뉴는 무궁무진하다. 카레가 남녀노소는 물론, 국경을 넘어 전 세계인에게 사랑받는 이유가 바로 여기 있지 않을까. 다양성을 포용하고 조화롭게 어우러지면서도, 카레 고유의 색깔과 정체성을 잃지 않는다는 것. 세 번째 스팟, 레스토랑에서는 카레의 다채로운 면모를 알아볼 수 있는 다양한 카레 요리를 소개한다. 또한, 어떤 재료든지 여유롭게 품어내는 카레의 장점을 십분 발휘해, 냉장고에 있는 흔한 재료들로 맛깔나게 요리한 카레를 만나볼 예정. 입맛 다시게 만드는 카레 메뉴를 보다 보면, 당신은 결국 이렇게 외칠 것이다. "오늘도 역시 카레다!"라고.

SCHOOL
LIBRARY
PLAY GROUND
PARK
GROCERY
HOME

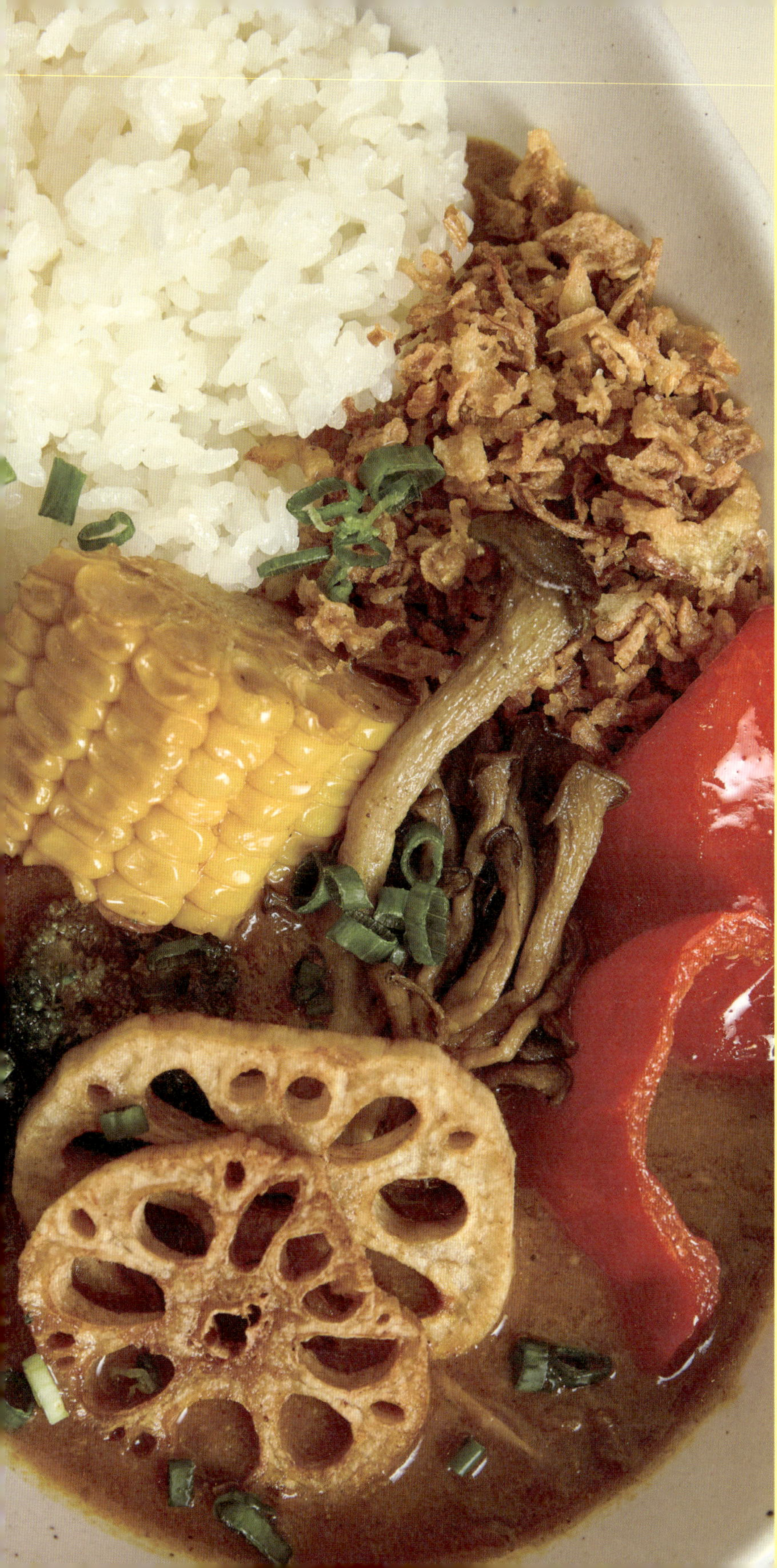

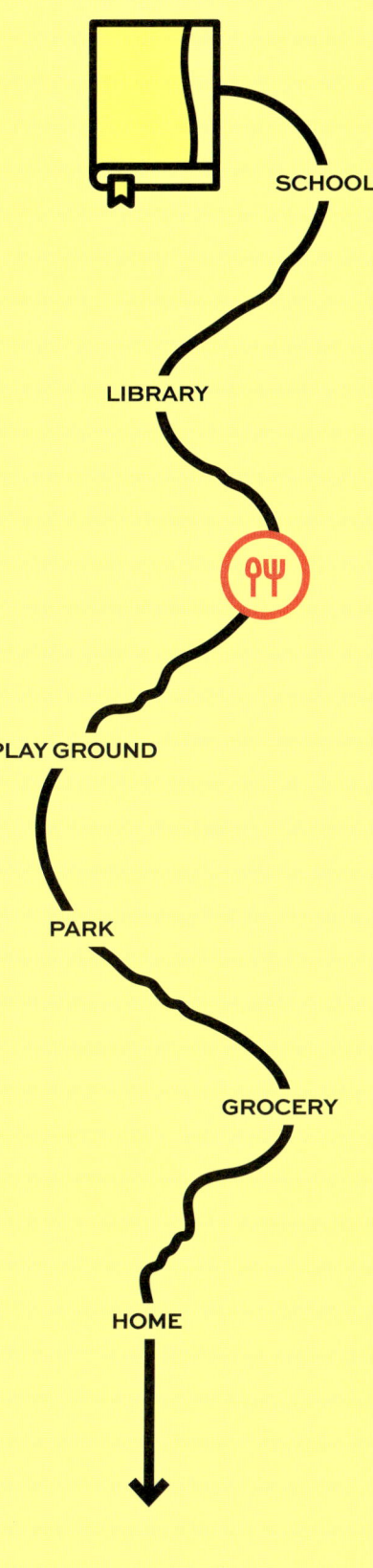

Restaurant

다양한 카레 요리

평생 한 가지 음식만 먹어야 한다면, 무슨 음식을 먹는 게 가장 좋을까. 365일 매일 먹어도 질리지 않고 맛있는 음식을 생각하다 카레를 떠올렸다. 카레만큼 그냥 먹어도 맛있지만, 무언가 더하면 더하는 대로 색다른 매력을 뽐내는 음식은 또 없으니까. 세계 곳곳의 카레 요리와 카레와 함께하는 단짝 반찬 메뉴를 살펴보며 카레의 매력에 다시 한번 빠져보면 어떨까.

카레라이스

'카레' 하면 가장 먼저 떠오르는 메뉴인 카레라이스는 영어 커리 Curry의 일본식 발음인 카레カレー와 밥을 뜻하는 라이스Rice를 조합한 말로 당근, 감자, 양파, 고기를 넣은 카레를 밥 위에 얹은 음식이다. 카레라이스의 유래를 살펴보면, 메이지 유신 무렵 일본에 정박해 있던 영국의 해군 식단에 포함된 카레가 일본의 해군 식단에 도입되면서 일본풍으로 요리법이 변화했다고 한다. 찰기가 많은 쌀을 주식으로 먹는 일본인들의 입맛에 맞게 프랑스의 요리 기법인 루를 사용하여 스프의 농도를 되직하게 만든 것이 오늘날의 카레가 된 것. 일제강점기를 지나 우리 국민의 식탁에 등장한 카레는 1960년대 중반만 해도 대중이 흔하게 즐길 수 있는 음식은 아니었다. 1969년 오뚜기에서 즉석 카레를 출시한 이래 한국인의 입맛에 맞는 제품을 꾸준히 개발하고, 카레의 대중화를 위한 행보를 이어오면서 지금은 누구나 쉽고 간편하게 집에서 즐길 수 있는 대표적인 가정 음식으로 자리 잡았다. 오뚜기에서 첫 카레 제품을 출시할 당시, 미*식에 익숙한 한국인의 식문화를 고려하여 패키지에 카레 그 자체가 아닌 카레라이스를 이미지로 삽입해 홍보했다는 점을 생각해도, 카레와 따뜻한 밥의 만남은 한국인이라면 가장 익숙하게 맛있다고 느낄 수 있는 클래식한 조합임이 분명하다.

카레우동

일본의 면 요리 중 하나인 굵은 우동 면에 카레를 얹은 음식이다. 카레우동의 원조는 일본의 와세다대학교 근처에 있었던 소바집 <산쵸안>이다. 당시, 대학교 근처에 하나둘 생기는 카레라이스 가게에 손님을 빼앗기기 시작한 산쵸안의 주인이 '밥에 카레를 얹는다면, 소바에 카레를 얹는 것도 이상하지 않다'는 발상에서 카레소바와 카레우동을 만든 것이 그 시초였다고. 참신한 발상에서 나온 메뉴였기 때문일까. 출시 당시에는 카레라이스보다 카레우동의 인기가 더 많았다고 한다. 1892년 개업 이후 100년이 넘는 시간 동안 오랜 사랑을 받은 산쵸안은 2018년에 아쉽게 문을 닫았지만, 가게 운영의 난관을 헤쳐나가기 위해 주인장이 머리를 굴려 개발한 맛있는 카레우동은 인류의 요리사에 길이 남았다.

카레볶음밥

일반적인 볶음밥 재료에 분말 카레를 넣고 볶은 밥이다. 양파, 당근, 파 등의 채소와 햄, 소시지, 베이컨 등을 잘게 다지고, 달궈진 팬에서 재료를 볶다가 밥과 분말 카레를 넣고 간을 맞춰 한 번 더 볶아주면 완성하는 요리로, 다양한 재료가 들어있어 영양 밸런스는 골고루 맞추되, 조리가 무척 간편해 요리를 못하는 사람도 쉽게 도전할 수 있다. 프라이팬 하나로 만드는 원팬 요리인 데다가 조리 시간도 길지 않아 어찌 보면 카레라이스보다 더 만들기 쉬운 편. 고슬고슬한 밥알에 카레 향이 입혀져 카레라이스와는 또 다른 매력을 맛볼 수 있다.

카레돈까스

다양한 요리에 토핑으로 즐겨 사용되는 돈까스와 카레라이스가 만난 일본 요리다. 1948년 도쿄의 한 양식 레스토랑에서 처음 만들어졌다고 전해지는데, 단골 중 하나였던 프로야구 선수가 '돈까스와 카레를 따로 먹으면 번거로우니 한 그릇에 담아달라'고 요청한 것이 계기가 되었다고 한다. 일본에서는 '승리하다', '시험에 합격하다'는 의미로 사용하는 한자 '카츠勝'와 돈까스를 의미하는 '카츠カツ'의 발음이 같아 대학 입시나 스포츠 경기 전에 카레돈까스인 '카츠카레'를 먹기도 한다. 돈까스와 더불어 카레라이스에 자주 올리는 토핑에는 닭튀김인 가라아게唐揚げ, 감자 고로케, 소시지, 달걀프라이, 햄버그스테이크 등이 있다.

Menu

⑤

스프카레

스프카레는 일본 홋카이도에서 만들어진 묽은 형태의 카레다. 1971년 홋카이도 삿포로시에 위치한 음식점에서 '약선카레'라는 이름으로 처음 출시했는데, 이후 1993년 일본의 카레 전문점 <매직 스파이스>에서 인도네시아의 '치킨 스프 소토 아얌'이라는 요리를 일본인들이 먹기 좋게 현지화하고 '스프카레'라고 이름 붙여 판매한 것이 오늘날 스프카레의 원조가 되었다. 스프카레는 고기, 채소 등을 넣어 우려낸 육수에 향신료를 넣고 푹 끓여 국처럼 묽은 스프가 특징이다. 이 스프에 감자, 단호박, 당근, 피망 등 식재료를 큼직하게 잘라 따로 조리하고 토핑처럼 올려 플레이팅하므로 스프는 스프대로, 재료는 재료대로 고유의 맛을 음미하며 먹을 수 있다. 눈이 많이 내리는 삿포로에서 만들어진 음식인 만큼, 그 어떤 계절보다 찬 바람 부는 겨울에 잘 어울린다.

드라이카레

물을 넣지 않고 만드는 드라이카레는 채소와 고기에서 나오는 수분으로만 조리하기에, 그 어떤 카레보다 되직하고 농축된 향신료의 맛을 즐길 수 있는 카레다. 한편, 드라이카레의 유래를 거슬러 올라가면 인도의 '키마카레'에 뿌리를 두고 있음을 알 수 있는데, 키마ध़ेमा는 힌디어로 '다진 고기'를 뜻한다. 인도에서는 주로 염소 고기나 양고기를 잘게 다져서 넣으며, 일반적으로 다진 고기가 사용된 카레를 통틀어 키마카레라고 부른다. 인도의 키마카레는 향신료를 풍부하게 사용해 맛과 향이 강한 것이 특징으로, 납작한 형태의 인도 빵인 난, 차파티와 함께 먹는다.

⑥

Restaurant

푸팟퐁카레

푸팟퐁카레는 태국 요리의 하나로, 푸ᄑᆖ는 '게', 팟ᄑᆖᆺ은 '볶다', 퐁ᄑᆼ은 '가루'를 의미한다. 직역하면 푸팟퐁카레는 '카레 가루에 볶은 게'라는 뜻이다. 껍데기가 얇고 부드러운 게를 튀긴 후 코코넛 밀크와 달걀, 고추, 분말 카레가 들어간 소스에 볶아내는데, 적당히 매콤하면서도 달걀과 코코넛 밀크가 들어간 덕분에 부드럽게 어우러지는 맛이 조화롭다. 태국 현지에서는 주로 시푸드 레스토랑에서 맛볼 수 있지만, 국내에서는 쌀국수, 똠얌꿍과 함께 대표적인 태국 요리 중 하나로 인식되고 있어 태국 레스토랑에 가면 흔히 볼 수 있다. 카레가 들어가는 만큼, 튀긴 게를 다 먹고 남은 소스에 밥을 비벼 먹으면 독특한 매력의 카레라이스를 한 번 더 맛볼 수 있다.

치킨 티카 마살라

티카ᄐᆞᆷ는 힌디어로 '(고기 등의) 작은 조각'을, 마살라ᄆᆞᆺᆯᅡ는 '향신료, 양념'을 뜻하는 말로, 이 둘을 합친 치킨 티카 마살라는 닭고기 조각을 넣은 카레를 의미한다. 요구르트와 향신료에 절인 닭고기를 화덕인 '탄두르'에서 굽고, 토마토와 크림, 향신료를 넣어 고소하면서도 새콤한 맛이 특징이다. 치킨 티카 마살라는 인도 카레 레스토랑에서 가장 인기 있는 메뉴로 꼽히지만, 요리의 국적을 두고 견해가 분분하다. 1960년대 영국의 인도 요리 레스토랑에서 영국인의 입맛에 맞게 소스를 바꿔 탄생하였기에, 영국에서는 치킨 티카 마살라가 영국 요리라고 주장하는 이들도 많다고. 몇 해 전 실시한 설문 조사에서 영국인들의 소울푸드라고 여겨지는 '피시 앤 칩스'를 제치고 치킨 티카 마살라가 '영국인들이 뽑은 영국 음식 1위'를 차지한 것을 보면, 이들의 애정이 얼마나 깊은지 짐작해 볼 수 있다.

치킨 마크니 & 난

마크니^{मक्खनी}는 힌디어로 '버터'를 뜻한다. 버터와 닭고기가 들어가 담백하고 부드러운 맛의 치킨 마크니는 국내에서는 '버터 치킨 카레'로 불리기도 한다. 치킨 티카 마살라와 함께 인도 카레의 인기 양대 산맥으로 불리지만, 국적 논란이 있는 치킨 티카 마살라와 다르게 치킨 마크니는 인도 북서부의 펀자브 지방에 기원을 둔 전통 요리다. 토마토를 베이스로 사용해 색깔은 주황빛에 가깝고, 일본에서는 생크림이나 설탕, 꿀을 넣어 달달한 맛이 나서 어른보다 아이들이 더 좋아한다고 한다. 인도 카레 중에서 달콤한 맛보다 매운맛이 먹고 싶다면 치킨 티카 마살라를, 매운 카레를 잘 못 먹는 편이라면 치킨 마크니를 고르는 것을 추천한다. 한편, 인도 요리 레스토랑에서 흔히 볼 수 있는 '난'은 밀가루, 물, 소금, 이스트, 우유를 넣어 발효시킨 반죽을 탄두르에서 단시간에 고온으로 구운 빵이다. 플랫 브레드^{Flat Bread}의 일종으로 겉은 바삭하고 속은 부드럽다. 쫀득하면서도 슴슴한 맛 때문에 그냥 먹기보다 치즈나 꿀, 소스 등에 찍어 먹는 편인데, 치킨 마크니 같은 진한 맛의 카레와 궁합이 좋다. 길고 둥글면서도 납작한 모양은 인도 국토에서 따왔다는 설이 있지만, 실제로 인도의 각 가정에서는 집 안에 탄두르가 없는 경우가 많아 난을 한 번도 먹어본 적 없는 사람도 많다고 한다. 난은 기본인 플레인 난을 시작으로, 갈릭 난, 버터 난, 치즈 난 등 인도 카레만큼이나 종류가 다양하다.

카레빵 & 카레고로케

카레빵은 빵 반죽으로 카레를 감싸서 기름에 튀기거나 오븐에 구워낸 빵이다. 빵 속에 카레를 넣은 만큼, 한 끼 식사 대용으로 충분하며 보통 베이커리의 간식빵 코너에 가면 흔히 볼 수 있다. 일본에서는 국민 간식빵 중 하나로 불릴 만큼 보편화된 인기 메뉴로 베이커리마다 선보이는 카레빵 속 카레의 맛도 다양하다고 한다. 한편, 카레빵과 비슷한 간식으로 고로케의 한 종류인 카레고로케도 인기다. 카레고로케는 겉에 분말 카레를 뿌리는 버전과 고로케 속에 카레를 넣는 버전으로 나뉘는데, 카레를 페이스트처럼 속에 넣고 튀기는 경우, 기본적인 감자 고로케에 분말 카레를 섞어서 만드는 버전도 있다고 한다.

카레떡볶이

카레떡볶이는 한국인의 대표 간식 떡볶이와 카레의 조합으로 한국화된 카레 요리의 전형이라고 말할 수 있다. 떡볶이의 필수 재료인 고추장, 고춧가루와 더불어 카레를 어느 정도로 넣느냐에 따라 그 맛은 천차만별로 달라진다. 고추장과 고춧가루를 빼고, 오로지 분말 카레만 넣을 경우, 일반 카레를 만드는 과정과 크게 다르지 않지만 떡이 들어가 있어 밥이나 면을 곁들이지 않아도 한 끼 식사로 충분하다. 반대로, 일반적인 떡볶이를 만드는 과정에 카레를 적당량 넣을 경우 매콤한 카레 향이 솔솔 나는 중독적인 맛의 떡볶이를 만들 수 있다. 전국 팔도에 유명한 떡볶이 맛집을 보면 레시피의 숨은 비법으로 카레를 사용하는 곳이 많은데, 그런 의미에서 카레는 떡볶이 레시피에 빠져선 안 될 감초 역할을 톡톡히 하는 재료가 아닐까 싶다.

카레부어스트

카레부어스트Currywurst는 카레와 '소시지'를 뜻하는 독일어 부어스트Wurst를 합친 말로, 독일의 대표적인 소시지 요리이자 독일인들에게는 우리나라의 떡볶이처럼 온 국민이 즐겨 먹는 대표 간식이라고 한다. 가장 유력한 유래는 2차 세계 대전 직후 베를린에서 작은 스낵바를 운영하던 여성이 군인에게 얻은 분말 카레와 케찹을 섞은 소스를 한 입 크기로 자른 소시지 위에 올려 판매한 것이 시초라고 알려져 있다. 독일에서는 주로 테이크아웃 전문점에서 팔거나 길거리 음식으로 먹는데, 잘 익힌 소시지에 카레 케찹 또는 향신료가 들어간 토마토소스를 얹고 분말 카레를 뿌려 바삭한 감자튀김과 함께 제공한다. 쉬운 조리법과 이동하면서도 간편하게 먹을 수 있다는 편의성, 저렴한 가격에 매력적인 식재료인 카레까지 더 해져 독일에서는 매년 10만 접시에 달하는 양이 소비된다고 한다.

카레를 먹는 순간을 더 즐겁게, 더 맛있게 만드는
카레의 단짝 반찬, 두 가지

김치

한국인의 식사에서 떼려야 뗄 수 없는 반찬은 김치다. 그중에서도 잘 익은 배추김치, 깍두기, 총각김치는 카레와 잘 어울리는 김치 3인방으로 꼽힌다. 카레와 김치가 잘 어울리는 이유는 일본식 카레나 인도식 카레와 달리 깔끔하고 매콤한 한국식 카레의 맛에 있다. 상대적으로 두 나라보다 매운 한국식 카레를 김치와 함께 먹으면 매운맛과 신맛의 시너지가 증폭되면서 맛있는 매콤함이 강조된다. 또한, 걸쭉하고 뜨거운 카레에 아삭하고 시원한 맛의 김치가 더해지는 순간, 식감과 온도의 대비로 인해 입안에 느끼함이 사라지고, 개운함이 남는다. 김치만 있으면, 마치 처음 먹는 것처럼 카레를 끝없이 리필해서 먹을 수 있었던 이유는 두 음식의 맛의 하모니에 있었다.

피클 & 단무지

피클은 서양의 저장 식품으로 먹기 좋은 크기로 자른 오이나 양배추 같은 채소, 과일을 식초나 향신료를 넣은 액체에 절인 음식이다. 피클의 일종인 단무지는 한국과 일본, 두 나라의 만드는 방식과 맛에서 차이가 있다. 초절임 방식으로 만드는 한국의 단무지는 새콤달콤한 맛과 수분기가 남아있는 무의 아삭한 식감이 특징이지만, 일본의 다쿠앙沢庵漬け은 소금과 쌀겨를 섞은 것에 무를 파묻어 만들기 때문에 짠맛이 강하고 무의 수분기가 다 빠져나가 꼬들꼬들한 식감을 가진다. 한국의 단무지는 김치 못지않게 카레와 함께 먹는 반찬으로도 손색이 없다. 카레의 진한 향신료 맛을 단무지의 새콤한 맛과 식감이 깔끔하게 잡아줘 입안을 개운하게 만들기 때문이다.

Restaurant

오뚜기 카레와
함께하는 맛집

카레는 주조연으로 활약할 때는 물론이고, 카메오로 잠깐 등장해도 그 역할을 톡톡히 해내는 연기력 만랩의 배우 같다. 배역에 따라 확확 변신하는 배우처럼, 똑같은 카레라이스도 어떤 토핑을 곁들이냐에 따라 그 맛과 개성은 확연히 달라진다. 이국의 생소한 재료와 어우러질 때도, 본격적인 식사가 아닌 간식으로 제공될 때도 마찬가지. 낯선 거부감은 줄여주고, 음식에 대한 호기심과 친근함을 높여 '카레라면 괜찮을 것'이라는 기대와 안도감을 선사한다. "여기 카레 정말 맛있어!"라는 말이 절로 나오는 맛집부터 "아니, 이 맛의 비법이 카레였다고?" 하고 놀라게 되는 메뉴를 선보이는 곳까지. 제 존재감을 확연히 드러냈든 그렇지 않든, 오늘도 카레가 맹활약을 펼치고 있는 우리 주변의 오뚜기 카레와 함께하는 맛집을 소개한다.

Around Us

Restaurant

1 롤리폴리 꼬또

오뚜기의 세계관을 담은 복합 식문화 공간

롤리폴리 꼬또는 제품으로 소비자들과 소통해 온 오뚜기가 직접 소비자를 만나고, 새로운 오프라인 경험을 통해 색다른 브랜드 이미지를 전하고자 2020년 11월에 문을 연 공간이다. 롤리폴리 꼬또 roly poly cotto 는 오뚝이와 벽돌집을 뜻한다. 따뜻한 색감의 벽돌로 이루어진 건물과 매장 곳곳에 놓여있는 오뚝이 모양의 오브제, 포인트 컬러로 활용한 부드러운 노란색은 자연스레 오뚜기를 떠올리게 만들고, 손으로 직접 쓴 그래픽을 활용한 롤리폴리 꼬또의 BI는 제품을 만들 때 담기는 정성과 노고를 은유적으로 표현하여 오뚜기의 장인정신을 전한다. 롤리폴리 꼬또의 다양한 공간 중에서도 케이브에서 선보이는 주요 메뉴는 오뚜기의 카레와 라면을 사용한 메뉴들이다.

MINI INTERVIEW ▶ 오뚜기 BX실 오윤식 과장

롤리폴리 꼬또에서 카레 메뉴를 출시할 때 가장 중요하게 생각하는 점은 무엇인가요?

새로운 재료를 사용하고, 여러 가지 토핑을 더하는 방식으로 다양한 변주를 시도하되, 오뚜기 카레의 맛과 향을 온전히 전하기 위해 집중합니다. 오랜 시간 사랑받아 온 오뚜기 카레 특유의 맛과 향을 잃지 않기 위해서예요. 동시에 오뚜기 카레만의 고유한 특성을 극대화해서 제공하려고 합니다. 본질을 지키면서 새로움을 제안하는 것, 오뚜기 카레다운 카레를 가장 맛있게, 즐겁게 경험하는 방법을 제시하는 것이 중요합니다.

롤리폴리 꼬또가 생각하는 오뚜기 카레의 장점과 매력은 무엇인가요?

'무한한 가능성'이라고 생각해요. 다양한 변주를 줄 수 있고, 더하는 재료에 따라서 새로운 맛을 낼 수 있으니까요. 끓여낸 직후에 맛보는 카레와 하루 숙성 후 맛보는 카레는 또 다른 매력이 있고요. 가정에서 간편하게 여러 가지 요리에 사용할 수 있고, 무한 변주를 줄 수 있다는 가능성이 오뚜기 카레의 가장 큰 장점이자 매력입니다.

Around Us

'나만의 카레'를 제공하기 위해 리뉴얼한, 카레

지난 4년 8개월간 롤리폴리 꼬또는 20여 가지의 카레 메뉴를 선보였다. 그중 롤리폴리 꼬또를 대표한 메뉴는 '쇠고기&사과 카레'다. 카레를 떠올리면 머릿속에 그려지는 일반적인 카레를 한층 더 풍요롭게 즐길 수 있도록 만든 메뉴로, 매장에서 직접 수분이 다 날아갈 때까지 볶은 양파와 사과를 베이스로 사용해 산미와 달콤함이 조화롭게 어우러진 맛이었다. 여기에 쇠고기, 감자, 당근, 브로콜리, 파프리카 등의 재료를 큼직하게 썰어 넣어 우리에게 익숙하면서도 고급스러운 맛의 카레를 푸짐하게 제공했다. 롤리폴리 꼬또는 다양한 연령과 성별에 따른 니즈를 만족시키기 위해 2025년 4월, 카레 메뉴를 리뉴얼했다. 호불호없이 누구나 좋아할 수 있는 카레 베이스를 만들고 돈까스, 가라아게, 소시지와 달걀, 모듬 채소 등 고객이 원하는 취향에 따라 토핑을 선택해서 '나만의 카레'를 맛볼 수 있도록 제공한 것이다. 토핑의 다양화로 각자의 취향과 입맛에 맞는 커스터마이징이 가능해진 만큼, 기본 카레 베이스인 '롤리폴리 카레'를 만드는 과정이 무엇보다 중요했을 터. BX실의 오윤식 과장은 "대중적인 맛의 카레를 만들기 위해 '3일숙성카레'를 중심으로 몇 가지 오뚜기 카레 제품을 블렌딩하고, 다크 초콜릿과 오뚜기 블루베리쨈을 넣어 부드럽고 깊은 풍미의 카레를 만들었다"라고 말했다. 오윤식 과장의 추천 토핑은 돈까스와 모듬 채소. 특히, 리뉴얼하기 전부터 인기가 많았던 돈까스는 숙성된 등심을 두툼하게 잘라 바삭하게 튀겨, 부드러운 식감과 풍부한 육즙을 맛보기 좋다.

Restaurant

백한철 꽈배기&식빵

제주 빵지 순례의 필수 코스

제주 서귀포시 남원읍에 위치한 백한철 꽈배기&식빵은 호텔 제과장으로 30년 이상의 경력을 쌓아온 백한철 제과장이 2021년에 문을 연 빵집이다. 주요 메뉴는 찹쌀, 대파, 카레 대파 꽈배기 등의 꽈배기류와 바질, 치즈, 토마토가 들어간 피자 맛 도넛인 백바치토, 한라봉 껍질 청을 넣어 한라봉 향을 즐길 수 있는 한라봉 도넛, 그리고 씨앗팥도넛, 크림치즈 도넛 등이 대표적이다. 이 외에도 식빵, 핫도그, 카레고로케 등 손님들의 입맛에 맞춰 출시한 다양한 메뉴가 있다. 이 가운데 카레의 풍미를 맛볼 수 있는 카레 대파 꽈배기와 카레고로케는 인기 메뉴 중 하나다. 카레 대파 꽈배기는 백한철 꽈배기&식빵의 시그니처 메뉴인, 대파 꽈배기에 오뚜기 카레를 넣어 카레의 풍미와 향긋한 대파 향, 꽈배기의 고소함을 동시에 맛볼 수 있다. '오뚜기카레'와 '3일숙성카레'를 넣고, 신선한 제주산 채소와 과일 여덟 가지로 속을 채워 만든 카레고로케는 카레에서 느껴지는 매콤한 맛과 백한철 제과장만의 발효 기술이 발휘되어 고소하면서도 쫄깃한 식감이 특징이다.

MINI INTERVIEW — 백한철 제과장

시중의 많은 카레 중에서 백한철 꽈배기&식빵의 메뉴에 오뚜기 카레를 사용한 이유는 무엇인가요?
카레 대파 꽈배기와 카레고로케를 만들면서 다른 회사의 제품은 찾아볼 생각도 하지 않았고, 테스트해 보지도 않았습니다. 카레 하면 오뚜기가 가장 먼저 생각났으니까요. 오히려 테스트하면서 오뚜기 카레에 이렇게 다양한 제품이 있다는 사실에 놀랐습니다. 오뚜기 카레의 종류가 워낙 많아서 카레 대파 꽈배기와 카레고로케를 만들 때, 여러 제품을 테스트해 보는 것만으로도 눈코 뜰 새 없이 바빴어요(웃음).

백한철 꽈배기&식빵이 생각하는 오뚜기 카레의 장점과 매력은 무엇인가요?
어릴 때부터 즐겨 먹은 제품이라 그런지 오뚜기 카레가 무엇보다 친숙하고 맛과 향도 더 깊고 진한 것 같아요. 또, 미세한 온도 변화에도 오뚜기 카레 제품은 품질이 일정하게 유지돼서 다양한 메뉴에 적용해 볼 수 있다는 것도 장점입니다. 오뚜기 카레의 맛과 향, 품질을 대체할 수 있는 제품은 어디에도 없기에 앞으로도 꾸준히 사용할 생각입니다.

신메뉴 개발 중 떠올린 누구나 좋아하는 음식, 카레

백한철 제과장은 특별한 꽈배기를 만들기 위해 신메뉴를 고민하던 중 '누구나 좋아하는 카레를 꽈배기에 넣어보면 어떨까?' 하고 카레 대파 꽈배기를 개발하게 됐다. 백한철 꽈배기&식빵의 꽈배기는 '기름 냄새가 전혀 나지 않고 기름이 손에 잘 묻지 않을뿐더러, 다음 날 먹어도 쫄깃한 식감과 다 먹고 난 뒤에도 속이 더부룩하지 않은 꽈배기'로 정평이 나있다. 이는 백한철 제과장이 오래 시간 연구한 발효 기술 덕분인데, 백 제과장은 "꽈배기 반죽에 분말 카레를 넣는 것만으로 카레의 풍미가 더해져 기존 메뉴와 차별화된 신메뉴를 출시할 수 있었고, 분말 카레가 들어가면서 밀가루의 느끼함을 잡는 데도 도움이 됐다"라고 말했다. 전체 매출의 25% 이상을 차지하며 인기 메뉴로 정착 중인 카레 대파 꽈배기와 카레고로케는 갓 튀겨 나왔을 때 먹으면 진한 카레의 맛과 향을 느낄 수 있어 가장 맛있다. 시간이 지나 식어도, 에어프라이어에 5분만 데우면 방금 나온 것처럼 따뜻하고 맛있는, 카레 향이 가득한 꽈배기와 고로케를 맛볼 수 있다.

Restaurant

③ 만석닭강정

대한민국 대표 닭강정 브랜드

1983년 속초중앙시장에서 옛날 통닭집으로 처음 개업한 만석닭강정은 2001년 닭강정 특제 소스를 개발하면서 대한민국을 대표하는 닭강정 브랜드로 자리 잡았다. 속초 여행을 다녀오는 사람이라면 누구나 만석닭강정을 한 박스씩 손에 들고 집에 돌아올 만큼 속초의 명물이 된 것은 물론이고, 닭강정 하나로 연 매출 400억 원에 달하는 판매를 기록하며 전 국민의 사랑을 받고 있다. 대중의 입맛을 고려해 만든 특제 소스는 여러 채소를 우려낸 채수에 오뚜기 토마토케찹과 청양고추를 넣어 달콤하면서도 살짝 매콤한 맛이 특징이다. 튀긴 음식은 느끼하다거나 몇 번 먹으면 물린다고 말하는 이들도 만석닭강정은 호불호 없이 잘 먹고, 급식 메뉴나 아이들의 밥반찬으로도 인기라고. 만석닭강정의 메뉴는 오리지널인 보통맛과 보통맛보다 조금 더 자극적인 맛을 원하는 고객을 위해 맵기 강도를 높여 출시한 핫끈한맛, 특제 소스를 바르지 않고 바삭하게 튀긴 후라이드가 있다.

㈜ 만석닭강정

> **MINI INTERVIEW** ▶ 김선엽 생산 총괄 부장
>
> **시중의 많은 카레 중에서 만석닭강정에 오뚜기 카레를 사용하는 이유는 무엇인가요?**
> 저희 제품을 만들 때 분말 카레가 다양하게 쓰이는데요. 먼저 닭고기의 잡내를 잡기 위해 채소를 우린 채수에 닭을 재워둘 때 오뚜기 카레를 넣습니다. 만석닭강정에서 개발한 특제 소스에도 카레가 들어가요. 소스를 바르지 않는 후라이드를 만들 때도 생강과 분말 카레를 넣어 잡내를 제거하기 때문에 만석닭강정의 모든 제품에 오뚜기 카레가 사용됩니다. 우리나라에서 카레를 대표하는 브랜드이자, 가장 유명한 제품이기에 오뚜기 카레를 사용했는데요. 만석닭강정이 동일한 맛을 유지하기 위해 연구 개발을 지속하듯이 오뚜기 카레도 변함없는 맛을 내고자 지속적인 연구 개발과 철저한 공정 과정을 지켰으리라 생각합니다. 이런 믿음이 바탕에 있기에 앞으로도 변함없이 오뚜기 카레를 사용할 예정입니다.
>
> **만석닭강정이 생각하는 오뚜기 카레의 장점과 매력은 무엇인가요?**
> 닭강정 하면 만석닭강정이 가장 먼저 떠오르듯이, 카레 하면 오뚜기가 머릿속에 떠오르지 않나요? 오랜 시간 국민의 사랑을 받아온 제품인 만큼, 오뚜기 카레는 우리의 일상에 스며든 카레를 대표하는 브랜드로 자리 잡았다는 상징성과 굳건한 신뢰가 있습니다.

닭강정 특제 소스에 빠질 수 없는 재료, 카레

만석닭강정은 브랜드의 최우선 가치로 '신선도'를 꼽는다. 전국의 팝업 스토어와 온라인 택배 주문을 열어두는 대신, 프랜차이즈 사업을 하지 않고 강원도 속초와 강릉에만 4곳의 직영점을 운영하는 이유도 동일한 맛과 신선도, 퀄리티를 유지하기 위함이다. 만석닭강정의 생산 총괄을 맡고 있는 김선엽 부장은 만석닭강정의 차별화된 강점으로 도계한 지 1~2일 이내의 신선육 사용을 고집하는 것, 180도로 일정하게 유지되는 대형 가마솥에서 닭고기를 튀기는 것, '오뚜기카레 매운맛'과 오뚜기 '토마토케챂'이 들어간 특제 소스를 사용하는 것을 꼽는다. 특히 특제 소스는 닭강정이라는 메뉴의 활성화를 위해 만석닭강정의 대표가 직접 개발한 만큼 자부심이 남다르다. 매일 현장에서 바로 끓여 만드는 수제 소스는 그 신선함과 감칠맛이 뛰어나다. 만석닭강정은 당일 생산, 당일 판매를 원칙으로 삼기에 구매한 날 먹는 게 가장 좋지만, 다 먹지 못했을 경우 서늘한 실온이나 냉장 보관을 권한다. 에어프라이어에 살짝 데우면 다음 날 먹어도, 식어도 맛있다는 만석닭강정의 진가를 맛볼 수 있다.

Restaurant

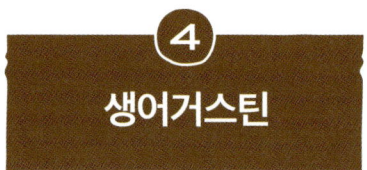

한국에서 즐기는 동남아 미식 여행

생어거스틴은 2009년 서래마을의 작은 매장에서 시작한 태국 요리 전문 프랜차이즈 레스토랑이다. 이곳의 대표 메뉴인 '푸팟퐁커리'는 껍질째 먹는 소프트크랩을 바삭하게 튀겨내고 오뚜기 카레로 만든 풍미 깊은 소스를 곁들인 음식이다. 2024년 기준 누적 판매량 4천만 개를 기록하고, 전체 메뉴 판매량의 70%를 차지하며 단순한 인기 메뉴를 넘어 생어거스틴의 정체성을 상징하는 메뉴가 되었다. 이 외에도 생어거스틴은 똠얌꿍, 팟타이, 나시고랭, 쏨땀 등 다양한 동남아 음식에 한국인의 입맛에 맞춘 조리법을 적용해, 현지에서 맛보는 요리 이상의 고급스러움까지도 함께 제공하고 있다.

MINI INTERVIEW ▶ 온라인 사업부 박지수 팀장, 조리팀 조서하 팀장

시중의 많은 카레 중에서 생어거스틴의 메뉴에 오뚜기 카레를 사용하는 이유는 무엇인가요?
2009년에 푸팟퐁커리 소스를 개발하면서 국내외 다양한 카레를 열 가지 이상 테스트했습니다. 그 과정에서 맛의 밸런스가 가장 뛰어나고, 맛의 깊이와 향, 조리의 편의성과 공급의 안정성, 일관된 품질 유지까지 모두 갖춘 제품은 오뚜기 카레였습니다. 조리팀뿐만 아니라 홀 직원이나 지인들에게도 맛을 보여주고 감상을 들었는데, 가장 반응이 좋았던 제품도 역시 오뚜기 카레였고요. 대중의 입맛을 염두에 두고, 친근하면서도 맛있다고 느낄 수 있어야 한다는 점이 중요했기에 오뚜기 카레를 쓰게 됐습니다.

생어거스틴이 생각하는 오뚜기 카레의 장점과 매력은 무엇인가요?
첫 번째는 '지속성'입니다. 생어거스틴 창립 후 16년 동안 저희가 사용한 오뚜기 제품이 단종되지 않았기에 저희 메뉴의 품질도 일정하게 유지할 수 있었어요. 두 번째로 '가격 안정성'을 말하고 싶은데요. 프랜차이즈로 여러 매장을 운영한다는 점에서 이 점을 언급하지 않을 수 없습니다. 물가 상승기에도 일정한 가격이 유지되었기에 매장 운영에 실질적인 도움을 받을 수 있었어요. 마지막은 '풍미'와 '대중성' 입니다. 카레 소스 개발 당시 여러 제품을 테스트해 보았지만, 오뚜기 카레는 단연 독보적인 맛과 향을 지니고 있었어요. 한국인의 입맛에 딱 맞는 맛이라는 점, 남녀노소 누구나 좋아하는 대중적이고 친숙한 맛을 지녔다는 게 가장 큰 매력이지 않을까요?

낯선 태국 음식이 친근하고 맛있게 느껴졌던 이유, 카레

껍질째 먹을 수 있는 소프트크랩의 고소함과 진한 카레의 풍미가 조화롭게 어우러지는 푸팟퐁커리, 소프트크랩의 섭취가 어렵거나 낯선 이들도 커리의 맛을 즐기며 먹을 수 있도록 크랩 대신 새우를 넣은 꿍팟퐁커리, 치아가 약한 어린이나 어르신도 걱정 없이 맛볼 수 있게 부드러운 게살을 사용한 게살커리덮밥, 과일의 상큼함과 은은한 카레 향이 매력적인 파인애플 볶음밥 등 생어거스틴의 인기 메뉴에는 '오뚜기카레 약간매운맛'이 빠지지 않고 들어가 있다. 생소하고 낯선 태국 요리가 맛있고, 친근하게 느껴졌던 이유는 우리에게 익숙한 오뚜기 카레가 비밀병기처럼 활약하고 있었기 때문이다. 각 메뉴에 맞춰 분말 카레의 비율과 재료 구성을 달리하고, 재료가 투입되는 타이밍과 온도, 순서에 맞춰 조리되는데, 특히 카레 소스는 공장에서 만드는 제품이 아닌 주문 즉시 현장에서 조리하는 방식을 고수하기에 더 맛있다고 한다. 그냥 먹어도 충분히 맛있지만, 카레의 풍미를 깊이 느끼면서 생어거스틴의 요리를 즐기는 방법은 무엇일까? 생어거스틴 온라인 사업부의 박지수 팀장은 "같은 카레 소스라도 어떤 재료, 어떤 음식과 먹느냐에 따라 풍미가 달라진다"라며, "푸팟퐁커리를 주문했다면 해산물 외에 쇠고기, 닭고기가 들어간 메뉴와의 조합을 추천하고, 카레에 볶음밥이나 라이스 대신 쏨땀, 나시고랭 등을 곁들이면 한층 입체적인 동남아 음식의 매력을 느낄 수 있다"라고 전했다.

Restaurant

냉장고 속 재료로 만든 다섯 가지 카레

카레만큼 넉넉한 품을 지닌 요리가 또 있을까. 카레는 그 자체로도 훌륭하지만, 무엇보다도 다양한 재료를 너그러이 품어주는 매력을 가진 요리다. 어디서나 쉽게 구할 수 있는 기본 채소부터 새콤달콤한 맛을 자랑하는 과일, 심지어 냉장고 속 자투리 채소와 남은 재료까지도 맛있게 녹여내는 카레. 오늘, 냉장고 문을 열어 카레와 어울릴 것 같은 재료를 골라본다. 손에 잡힌 건 토마토, 양파, 감자, 사과, 그리고 시금치. 냉장고 한켠에 제각각 자리하던 다섯 가지 재료는 어떤 모습의 카레로 다시 태어났을까.

Restaurant

풍미를 높이고 산뜻함을 더하는 토마토

토마토가 빨갛게 익으면 의사의 얼굴이 파래진다

시장에 가면 사시사철 볼 수 있는 토마토는 사실 여름이 제철인 식재료다. '토마토가 빨갛게 익으면 의사의 얼굴이 파래진다'는 말이 있을 정도로 건강에 좋은 토마토는 크기와 모양, 색깔에 따라 다양한 종류로 나뉘는데, 우리가 생각하는 보통의 크기를 가진 일반 토마토는 크게 짙은 붉은빛을 띠는 유럽계와 다홍빛을 띠는 동양계로 구분된다. 카레에서 토마토는 요리에 산뜻한 맛과 향을 더해주는 역할을 하므로 달고 무른 동양계 토마토보다는 산미가 강하고 풍미가 다채로운 유럽계 토마토 품종이 적합하다.

끝나지 않는 논쟁, 채소 vs 과일

토마토는 채소일까? 과일일까? 유럽계 토마토의 특징과 동양계 토마토의 특징을 잘 들여다보면, 답을 찾는 데 도움이 된다. 유럽계 토마토는 보통 과육이 단단하고 허브, 시트러스 등의 향이 풍부한 반면, 단맛은 동양계에 비해 떨어지는 편이다. 유럽에서는 토마토를 주로 요리에 넣어 먹는데, 이를 보면 채소로서의 역할에 가깝다는 것을 알 수 있다. 동양계 토마토는 과즙이 풍부하고 껍질이 얇고 부드러우며, 단맛이 높은 것이 특징이다. 토마토에 설탕을 뿌려 먹던 옛 추억을 떠올려 보면, 우리나라에서는 역시 과일로서의 토마토가 먼저 아니었을까.

건강에 좋은 토마토, 부위별 특징을 제대로 알고 먹으면 맛이 두 배!

한입 베어 물면 탱탱한 껍질이 톡 터지면서 과즙이 흘러넘치는 토마토. 예쁘게 반을 갈라 그 속을 들여다보면, 입안에 맴도는 새콤달콤함이 어디서 온 건지 호기심이 생긴다. 건강에 좋은 토마토는 그냥 먹어도 맛있지만, 부위별 특징을 제대로 알고 먹으면 그 감칠맛이 두 배가 되는 법! 토마토는 크게 껍질, 과육, 씨와 젤리 세 가지 부위로 나눌 수 있다. 먼저 토마토의 얇은 껍질에는 라이코펜, 베타카로틴, 폴리페놀, 식이섬유 등 건강에 유익한 성분이 집중되어 있어 껍질째 섭취하는 것이 가장 좋다. 껍질이 부담스럽다면 살짝 데치거나 주스 또는 샐러드로 만들어 먹는 것도 좋은 방법. 다음으로 껍질에 붙은 단단한 식감이 특징적인 과육 부위는 단맛을 내는 성분인 당류와 아미노산류가 다량 함유되어 있다. 토마토가 숙성될수록 과육의 단단함은 줄어들고 단맛이 증가하니 기호에 따라 토마토의 상태를 선택하면 된다. 마지막으로 씨와 젤리는 토마토 과육 사이의 물렁물렁한 부분으로 감칠맛과 신맛을 내는 성분이 풍부하다. 신맛 성분은 과육의 두 배가량인데, 토마토가 숙성될수록 신맛은 감소한다고 하니 참고할 것.

Restaurant

깊은 감칠맛을 더한
토마토 카레

'오뚜기카레 매운맛'을 활용한 기본 레시피에 제철 토마토를 곁들인 카레다. 토마토 특유의 새콤달콤한 맛이 음식에 더해지면 감칠맛이 한껏 살아난다. 덕분에 카레에 많이 들어가는 양파, 마늘 같은 향신 채소를 넣지 않고도, 토마토만으로도 풍부한 카레의 맛을 기대해 볼 수 있다. 토마토는 익을수록 당도가 상승하는 성질을 갖고 있어, 뭉근하게 오래 끓이는 카레와도 궁합이 잘 맞는다. 이번 요리에서는 카레의 노란 빛깔에 케찹의 붉은기를 더해 더욱 맛있어 보이는 카레의 색상을 완성했다. 토마토에서 수분이 많이 나오기 때문에, 토마토를 함께 넣고 끓일 때는 물 양 조절이 중요하다는 것을 기억하자!

재료 활용 팁

토마토의 얇은 껍질에 많이 들어있는 라이코펜 성분은 항산화 작용이 탁월하고 항암 효과가 있는 것으로 알려져 있다. 라이코펜은 기름으로 조리 시 활성화되므로 토마토를 볶아서 카레를 끓이면 더욱 영양가가 높다. 토마토가 없다면, 냉장고에 있는 케찹을 활용하는 것도 카레를 더욱 맛있게 만드는 방법! 케찹을 한 스푼 짜 넣으면 카레의 맛이 더욱 풍성해질 뿐만 아니라 색도 한층 선명해져 보기에도 좋다.

Curry & Ingredient

Restaurant

볶을수록 깊어지는 그 맛, 양파

단맛과 매운맛의 절묘한 조화

카레에서 빠질 수 없는 단 하나의 식재료를 고른다면 바로 양파가 아닐까? 카레를 맛있게 끓이는 핵심은 양파를 볶는 데 있다고 할 만큼 중요한 역할을 담당하는 양파는 기원전 6세기, 인도의 의학서에 기록으로 남아있을 정도로 역사가 오래된 식재료다. 매운맛과 단맛을 함께 가진 묘한 매력의 양파는 중세부터 단 양파Mild Onion와 매운 양파Strong Onion로 분리되어 요리에 따라 각기 다른 쓰임을 보였다고. 양파는 외피의 색상에 따라 황색, 백색, 적색으로 구분되고, 수확 시기에 따라 조생종, 중생종, 만생종으로 나뉜다. 모양에 따라서도 납작한 편평형, 기울어진 둥근 모양의 편원형, 원형, 타원형, 그리고 원뿔 모양의 원추형으로 나눌 수 있다.

색깔로 구분하는 양파 활용법

가장 쉬운 구분법인 외피의 색을 기준으로 조금 더 자세히 설명하면, 먼저 황색 양파는 우리가 흔히 접할 수 있는 종류로 단맛과 매운맛이 적절히 섞여서 다양한 요리에 자주 활용된다. 퀘르세틴이라는 성분이 풍부해 우리 몸의 항산화 작용을 돕는다고. 흰색 양파는 미국이나 유럽에서 많이 쓰는 양파로 수분 함량이 높고 매운맛에 비해 단맛이 강조되는 특징이 있다. 멕시칸 요리에 활용하거나 생으로 많이 먹는 흰색 양파에는 소화에 도움을 주는 효소도 다량 함유되어 있다. 마지막으로 껍질과 속이 붉은빛부터 보랏빛을 띠는 적양파는 특유의 색과 향은 물론 황색 양파에 비해 달콤한 맛이 강해 샐러드용으로 많이 활용된다. 적양파에는 안토시아닌이 많이 들어있어 피부 건강을 돕고 시력 보호에도 효과가 좋다. 한편, 양파를 썰 때면 눈이 매워 눈물을 흘렸던 경험이 다들 한 번쯤은 있을 것이다. 양파를 썰 때 눈물이 나는 이유는 양파에 들어있는 매운맛 성분인 이소알리신 때문인데, 조금이라도 눈물을 덜 흘리기 위해서는 칼에 물을 적신 후 양파를 썰거나 다지는 게 좋다. 화학물질이 눈에 들어가기 전에 칼에 묻은 물에 먼저 용해되면서 공기 중으로 날아가는 매운 향을 조금이나마 줄여준다고 한다.

국가별 카레마다 각기 다른 양파의 매력

인도 카레에서 양파는 맛의 중심과 깊이를 잡아주는 역할을 한다. 인도에서 카레를 요리할 때 홀 스파이스로는 향을 우리고 파우더 스파이스를 넣어 맛을 완성하는데 보통 그 사이에 양파를 부드럽게 볶아 달큰한 맛을 더한다. 한편, 동남아의 카레는 인도 카레보다 프레시한 향이 중요하다. 페이스트와 식재료의 향이 하나가 되면서도 섬세하게 살아있는 것이 포인트이기 때문. 이때 사용할 양파는 달큰한 맛보다는 산뜻한 향이 중요하다. 볶는 방법 또한 인도 카레보다는 가볍게 할 것. 마지막으로 한국 카레에서 양파는 매콤하면서도 달콤한 본연의 특징이 가장 잘 드러나는 편이다. 씹었을 때 "나 양파야!" 하고 외치는 격이랄까. 이처럼 카레에 따라 드러내야 하는 매력이 모두 다르니, 양파 품종에 따른 특성을 잘 파악한다면 더 섬세하고 맛있는 카레를 끓일 수 있다.

양파를 가득 넣은
키마카레

키마카레는 인도와 일본을 포함한 여러 아시아 국가에서 즐겨 먹는 다진 고기 카레를 뜻한다. 키마카레는 양파 등의 향신 채소와 당근과 같은 뿌리채소를 함께 사용하는데, 이때 다진 고기의 크기에 맞춰 다른 재료들도 잘게 다지는 것이 중요하다. 잘게 다진 양파를 천천히 볶아 충분히 캐러멜라이징하며 단맛을 끌어올리다 보면, 깊은 풍미를 가진 키마카레를 맛볼 수 있다. 여기에 셰프의 킥을 더한다면, '오뚜기카레 매운맛' 베이스에 오뚜기 '하이라이스소스' 분말을 살짝 섞는 것. 진한 브라운톤으로 색이 더 짙어지면서 카레의 매운맛은 중화되고, 남녀노소 누구나 즐기기 좋은 키마카레가 완성된다.

재료 활용 팁

양파는 특유의 매운맛이 있지만, 저온에 오래 볶으면 단맛이 응축되는 매력을 지녔다. 이렇게 양파를 캐러멜라이징할 때는 무엇보다 적절한 온도를 유지하는 것이 중요하다. 너무 센불에 볶으면 양파가 타버리고 쓴맛이 나며, 너무 약한 불에 볶으면 시간이 오래 걸릴 뿐만 아니라 캐러멜라이징이 제대로 이뤄지지 않기 때문. 처음에는 중불에 볶다가 양파가 투명해지기 시작하면 서서히 불을 줄여 볶는 것이 완벽한 캐러멜라이징을 완성하는 팁.

Curry & Ingredient

포만감 속에 가득 찬 고소함, 감자

세계 4대 식량 작물, 감자

감자는 벼, 밀, 옥수수와 함께 세계 4대 식량 작물로 손꼽힐 만큼 세계 여러 나라에서 사랑받는 식재료다. 가지, 토마토 등과 함께 가짓과에 속하며 뿌리같이 생긴 덩이줄기를 식용으로 쓴다. 감자는 익은 후 전분의 입자에 따라 분질, 점질, 중간질 감자로 구분된다. 분질 감자는 포슬포슬 분이 나는 감자, 점질 감자는 매끈하니 입자가 곱고 분이 나지 않는 감자, 중간질 감자는 말 그대로 분질과 점질의 중간 특성을 가진 감자를 이야기하며, 각각의 감자가 가지고 있는 전분량과 전분의 종류, 수분 함량에 따라 판단의 폭을 넓히기도 한다.

5월 30일은 국제 감자의 날

매년 5월 말에는 감자를 먹어야 할 이유가 하나 더 있다. 5월 30일이 유엔에서 정한 '국제 감자의 날'이기 때문. 국제 감자의 날은 2023년 지정된 국제 기념일로, 세계 4대 작물 가운데 하나인 감자의 영양적 가치와 경제적 기여, 환경적 지속 가능성 및 귀중한 식량 자원으로서의 역할을 공고히 하려는 의도를 담았다. 그도 그럴 것이 균형 잡힌 식재료로 영양이 풍부한 감자는 아시아와 아프리카, 남미 등 개발도상국의 식량 안보와 소득 창출에 핵심 역할을 해온 주요 작물이다. 해를 거듭할수록 기후 변화와 자원 고갈이 심각해지는 오늘날, 감자는 적은 양의 물과 비료로 재배할 수 있으며, 다른 주요 작물보다 온실가스 배출량이 낮은 기후 친화적 작물이기도 하다고. 한편, 감자는 '땅속의 사과'라는 별명이 있을 만큼 비타민C가 풍부하다. 품종이나 저장 기간에 따라 차이가 있지만, 껍질째 먹는 감자 한 알에는 사과의 세 배, 바나나의 다섯 배에 달하는 비타민C가 들어있다고 하니, 카레에 넣는 감자는 깨끗이 씻어 껍질째 조리해 보면 어떨까.

카레에 어울리는 감자 찾기

좋아하는 카레 스타일에 따라 감자 종류를 다르게 선택하면, 같은 레시피라도 카레를 더욱 맛있게 즐길 수 있다. 뭉근하게 오래 끓여 재료가 향신료와 깊이 어우러지는 것이 좋다면, 분질 감자를 선택해 카레에 녹아든 분질 감자의 녹진한 맛을 즐겨보자. 각각의 재료가 살아있으면서도 카레 소스와 잘 어우러지는 감자를 맛보고 싶다면, 분질 감자에 비해 단단하고 익혔을 때 잘 부서지지 않는 점질 감자를 사용하는 것이 좋다. 참고로 국내에 유통되는 감자의 70%는 분질과 점질의 특성을 골고루 갖추도록 개량한 수미 품종이라고. 한편, 감자가 딱딱하다 보니 카레를 만들 때 가장 먼저 볶아야 한다고 생각할 수 있지만, 감자는 보통 재료를 다 볶은 후 넣어주는 것이 좋다. 먼저 양파를 볶아 향을 내고 고기나 해산물을 더한 뒤, 감자를 넣어 모든 재료가 잘 섞이도록 할 것. 그래야 감자가 다른 재료의 맛을 흡수해 카레의 맛이 더욱 풍부해진다고 한다.

Restaurant

땅의 기운이 가득 담긴 맛깔스러운 한 그릇, 뿌리채소 카레

카레도 정성스럽게 플레이팅하면 더욱 훌륭한 요리로 거듭날 수 있다. 특히 감자를 비롯한 다양한 뿌리채소들의 단면을 활용하면 더욱 매력적인 비주얼 연출할 수 있으니, 근사한 카레 요리를 만들고 싶다면 모두 주목할 것. 이번에는 '3일숙성카레(고형)' 제품을 활용한 진한 색의 카레에 다양한 색깔과 모양의 뿌리채소를 얹어 알록달록한 색감이 입맛을 돋우는 카레 한 그릇을 완성했다. 새하얗고 포근한 감자, 붉은 당근, 노란 고구마와 구멍이 뿡뿡 뚫린 귀여운 단면의 연근까지… 각기 다른 색과 질감의 뿌리채소를 잘라 구운 뒤, 카레라이스 위를 장식해 보자. 냄비 안의 평범한 카레가 모두의 이목을 끄는 화려한 요리로 변신하는 건 시간 문제다.

재료 활용 팁

뿌리채소를 고명으로 활용한 음식을 떠올리면 텐동 같은 튀김 요리가 생각난다. 하얀 밥위로 깨끗한 기름에 튀겨낸 맛깔스런 채소 튀김이 소복이 쌓여있어 입맛을 당기는데, 꼭 재료를 번거롭게 튀기지 않더라도 충분히 맛깔스럽고 풍성한 한 접시의 요리를 완성할 수 있다. 색색의 뿌리채소를 단면이 잘 보이게 노릇노릇 굽는 것만으로도, 겉은 바삭하고 속은 부드러운 채소 고명을 만들 수 있다. 프라이팬에 재료를 구울 때는, 뿌리채소들을 너무 두껍지 않게 동일한 두께로 썰어야 균일하게 잘 익는다는 것을 잊지말자.

Curry & Ingredient

Restaurant

누구나 좋아하는 새콤달콤함, 사과

Curry & Ingredient

눈과 입, 기분까지도 산뜻해지는 과일

좋아하는 과일을 물으면 항상 상위권을 차지하는 한국인의 대표 과일 사과. 남녀노소 누구에게나 사랑받는 사과는 저장성이 좋아 사계절 내내 먹을 수 있지만, 햇사과가 나오는 제철은 바로 늦여름에서 가을이라고. 산뜻한 연둣빛으로 눈과 입을 모두 상큼하게 채워주는 아오리(8월)부터, 제수용 사과로 유명하며 아삭함과 단맛의 밸런스가 좋아 인기 있는 홍로(9~10월), 새콤한 맛에 단단한 식감과 갈변이 덜하다는 특징을 가진 양광(10~11월)과 색이 빨갛고 매끈하며 산미가 강해 마니아층이 확실한 홍옥(10~11월), 생김새와 달리 맛이 훌륭해 미식가들이 최고의 사과로 뽑는 감홍(10~11월), 자주 보여 친근한 품종이지만 단단한 과육과 균형 잡힌 단맛은 뒤지지 않는 부사(10~11월)까지 다양한 종류를 골라 먹는 재미가 있다.

꿀사과가 아니어도 괜찮아

사과를 반으로 쫙 갈랐을 때, 과육에 노랗고 투명한 액체가 스며들어 있으면 더욱 달콤한 사과를 고른 것 같아 기분이 좋아진다. 일명 '꿀사과'에 당첨된 것. 그런데 농촌진흥청 담당자의 말에 따르면, 꿀사과가 반드시 당도를 보장하는 것은 아니라고 한다. 과육에 배어든 노란빛의 액체는 당도보다는 사과의 품질과 더욱 관련이 있다고. 사과의 당도는 흔히 말하는 꿀의 유무가 아닌, 품종과 재배 지역, 일조량, 강수량 등에 따라 결정된다. 그중에서도 당도에 가장 큰 영향을 주는 것은 품종으로, 달콤한 사과를 선호한다면 감홍이나 부사와 같은 품종을 선택하고, 산미 있는 맛을 좋아한다면 아오리, 홍옥, 양광과 같은 품종을 고르는 게 좋다. 다른 과일도 마찬가지겠지만, 맛을 평가하는 기준이 '단맛'으로만 한정된다면 그것은 다채로운 맛의 스펙트럼을 놓치는 결과를 가져오게 될지도 모른다. 단맛과 신맛의 조화, 아삭아삭한 식감, 눈을 즐겁게 하는 가지각색의 색감까지. 각 시기에 따라 다양한 모습으로 우리를 찾아오는 사과의 모습에 오롯이 집중해 보는 것은 어떨까.

카레에 빠진 사과, 한층 맛있게 되살아나다

아무리 맛있는 사과라고 해도 시간이 오래 지나면 과육이 메말라 단단해지고 단맛 대신 신맛이 강해지면서 품질이 떨어지는 걸 피할 수 없다. 그럴 때는 사과를 카레에 활용하는 것도 방법이다. 물론 어떤 요리든 신선한 식재료를 쓰는 게 가장 좋겠지만, 맛이 없어진 사과라도 카레와 만나면 제 매력을 한껏 발휘하기 때문. 단단해진 과육은 끓으면서 부드러워지고, 사과의 신맛은 카레의 매콤함을 중화시키며 특별한 풍미를 더해준다. 아삭아삭한 사과의 식감이 혹여라도 다른 재료들과 어울리지 않을까 걱정된다면, 사과를 즙으로 갈아 넣는 것도 하나의 해결책이다. 카레 속에 스며든 사과의 달콤한 맛에 익숙해진 뒤, 조금 더 적극적으로 사과 카레에 도전해 봐도 늦지 않다.

Restaurant

달큰한 향과 녹진한 맛을 품은
사과 카레

늘 먹던 카레라이스가 익숙하게 느껴져 변화를 주고 싶다면, 녹진하게 스며든 단맛이 입맛을 돋우는 새로운 카레에 도전해 보면 어떨까. 이번에는 '오뚜기카레 매운맛'을 사용해 만든 카레에 상큼한 사과를 더해 색다른 요리를 만들었다. 여느 때와 같이 카레를 끓이다, 채소가 완전히 익을 때쯤 사과를 넣고 딱 1분 정도만 더 끓이면 달큰한 사과 향을 한껏 살린 새콤달콤한 카레가 완성된다. 사과의 은은한 단맛이 카레에 녹아들어 절묘하게 어울리는 맛을 느낄 수 있을 것. 단맛을 더하는 재료는 많지만, 조미료가 아닌 사과를 넣으면 자연스러운 단맛과 과일이 주는 상큼한 향이 퍼지면서 맛의 균형이 고르게 잡힌다.

재료 활용 팁

카레에 과일을 더하는 것이 다소 부담스럽다면 사과를 갈아 넣는 것을 추천한다. 사과의 아삭한 식감이나 과일의 단맛이 주는 이질감 없이, 맛있는 사과 카레를 즐길 수 있을 것. 사과 본연의 맛을 좀 더 느끼고 싶다면, 사과를 양파, 당근, 감자와 비슷한 크기로 잘라 넣으면 된다. 숟가락 위에 옹기종기 올라간 모양이 보기에도 좋고, 입안에서 전해지는 어우러짐도 훌륭하다. 몸에 좋은 항산화 성분인 폴리페놀은 사과 과육에 비해 껍질에 3~8배 이상 많이 들어있다고 한다. 그 외에도 사과 껍질에는 비만 억제 효과가 있는 우르솔산 성분도 함유되어 있으니, 사과를 요리할 땐 껍질째 넣는 것이 영양으로 보나 간편함으로 보나 이득인 셈이다.

Curry & Ingredient

신선하고 부드러운 초록빛 영양, 시금치

추위를 견디며 더욱 달큰해진 겨울 채소 시금치

모두가 움츠러드는 겨울, 오히려 제철인 채소가 있으니 바로 선명한 초록빛을 자랑하는 시금치다. 쌍떡잎식물 중심자목 명아주과의 한해살이 또는 두해살이식물인 시금치는 겨울에 얼었다 녹았다 반복하면서 천천히 자라는 채소다. 오늘날에는 계절에 상관없이 시금치를 맛볼 수 있지만, 겨울 시금치가 유독 더 달고 맛있는 이유는 추운 환경에서 얼지 않기 위해 잎사귀의 당도를 높여 어는점을 낮추기 때문이라고. 특히 남부 지방에서 겨우내 얼었다 녹기를 반복하며 단맛을 축적한 노지 시금치는 매년 11월부터 3월까지만 맛볼 수 있는 귀한 특산품이다. 참고로 이른 봄부터 재빨리 꽃대를 올린 여름 시금치는 성장이 매우 빠르지만, 그 대신 맛은 겨울철 시금치에 비해 떨어지며 식감도 거칠다고.

영양과 효능을 한 번에 담은, 슈퍼푸드 시금치

시금치를 먹으면 강해지는 캐릭터 '뽀빠이' 때문일까. 시금치는 특별히 더 건강한 채소라는 인상이 강하다. 미국 <타임>지가 선정한 세계 10대 슈퍼푸드에도 속해있으니, 시금치가 몸에 좋다는 건 분명한 사실일 터. 그렇다면 시금치는 구체적으로 어떤 효과가 있을까? 시금치는 3대 영양소뿐 아니라 수분, 비타민, 무기질 등을 다량 함유한 완전 영양식품이다. 철분과 엽산, 베타카로틴, 비타민C가 풍부해 빈혈 예방 및 뇌 기능 개선에 효과적이며, 항산화 작용을 도와 면역력 강화에도 좋다. 시금치에 함유된 틸라코이드 성분은 뇌에 포만감을 느끼는 호르몬을 촉진시켜 주고 식욕을 억제해 다이어트에 도움을 줄 뿐 아니라 식이섬유가 많아 소화 기능 개선과 변비 예방에도 도움된다고. 또한, 눈 건강에 이로운 비타민A, 루테인, 제아크산틴이 함유돼 있어 눈의 피로도 해소해 준다니 말 그대로 슈퍼푸드의 역할을 톡톡히 해내고 있는 셈이다.

다양한 모습으로 변신할 시금치를 꿈꾸며

이렇게 다양한 효능을 가진 재료임에도 불구하고, 한식에서 시금치를 활용하는 방법은 그만큼 다양하지 않은 것 같아 아쉬움이 들기도 한다. 고소한 참기름 향이 입맛을 돋우는 시금치 무침이나 구수한 국물이 일품인 시금치 된장국이 자주 식탁에 오르지만, 이를 제외하고는 잡채나 김밥 정도밖에 떠오르지 않는다. 반면, 상대적으로 다른 문화권에서는 시금치 조리법의 폭이 훨씬 넓다. 시금치를 생으로 먹지 않는 우리와 달리, 서양에서는 신선한 시금치잎을 샐러드로 즐기기도 한다. 대표적인 서양 요리로는 시금치를 푹 찐 뒤 크림소스와 버터로 버무려 만든 '크림드 스피니치 Creamed Spinach'가 있다. 또한 시금치와 페타 치즈를 반죽에 싸서 구운 파이인 '스파나코피타 Spanakopita'처럼 시금치는 그리스 요리에서도 중요하게 사용되는 재료 중 하나다. 시금치를 파스타나 피자, 스무디 등 다양한 요리에 활용하는 다른 나라들처럼 우리도 우리 입맛에 맞는 시금치 요리를 새롭게 찾아보면 어떨까?

Restaurant

고소한 맛을 담은
시금치 카레

채소를 피하기만 하던 어린 시절, 잘게 잘라 음식 속에 숨겨 주시던 엄마의 마음을 떠올리며 스스로를 위한 건강 메뉴로 시금치 카레에 도전해 보는건 어떨까? 생각보다 만드는 방법은 간단하지만, 한 숟가락 뜨는 순간 입안에 은은하게 번지는 고소함이 매력적인 메뉴다. 이번 시금치 카레는 '3일숙성카레(고형) 약간매운맛'을 활용한 기본 레시피에 시금치를 곁들였다. 평소처럼 만든 카레에 한 번 데친 시금치를 갈아 잘 섞어주며 살짝 끓여주면 완성. 낯선 초록색 카레에 호기심이 생겨 얼른 맛보고 싶은 마음이 생길 것이다. 제철의 싱싱한 시금치를 활용 한다면 가장 맛있겠지만, 냉장고에서 시들어가는 시금치를 몽땅 소진하기에도 좋은 메뉴다.

재료 활용 팁

카레에 넣는 시금치의 양은 원하는 맛과 색감에 따라 조절이 가능하다. 시금치의 식감을 살리고 싶다면 덜 곱게 가는 것도 팁. 시금치를 갈 때 견과류나 버터에 볶은 마늘을 더하거나, 조리 마지막 단계에 생크림 또는 우유를 섞으면 고소함이 배가된다. 토핑으로는 치즈 또는 노릇하게 구운 새우가 잘 어울리니 참고할 것. 한편, 시금치의 식감과 초록색 색감을 살리기 위해서는 무엇보다 데치는 방법이 중요하다. 끓는 물에 소금을 풀고, 시금치를 넣을 땐 비교적 단단한 부위인 뿌리부터 넣으면 고른 식감을 느낄 수 있다. 끓는 물 기준으로 삶는 시간은 30초면 충분하니, 시간을 잘 지키자.

Curry & Ingredient

Spot. 4
PLAY GROUND

만드는 방법이 쉬운 것에 비해 요리의 완성도는 높고, 기본 레시피에 무얼 더하고 빼느냐에 따라 나만의 개성이 담기는 요리로 카레만 한 게 없다. 게다가 몇 가지 토핑만 올려줘도 꽤 근사한 플레이팅까지 가능하다. 누군가 나에게 '카레가 어떤 의미인지' 물어본다면, 초라한 요리 실력도 그럴듯해 보이게 만들어 준 든든하고 고마운 메뉴라고 말할 것이다. 내 답을 고르다 문득, 다른 사람들은 카레를 어떻게 생각하고, 즐기고 있는지 궁금해졌다. 카레 마을의 네 번째 스팟 플레이그라운드에서는 카레를 즐기는 일곱 명의 인터뷰이를 만난다. '카레'라는 공통 재료 하나로 이들이 만들어 낸 일곱 가지 카레 요리와 레시피를 소개하고, 카레를 만들 때 활용하기 좋은 소소한 팁까지 물어보았다. 먹음직스러운 카레 사진과 함께 카레에 얽힌 추억, 그리고 어떤 카레를 좋아하는지까지 찬찬히 듣다 보면, 당신만의 추억이 담긴 카레 한 그릇이 만들고 싶어져 어느새 부엌으로 발걸음을 옮기고 있을지도 모르겠다.

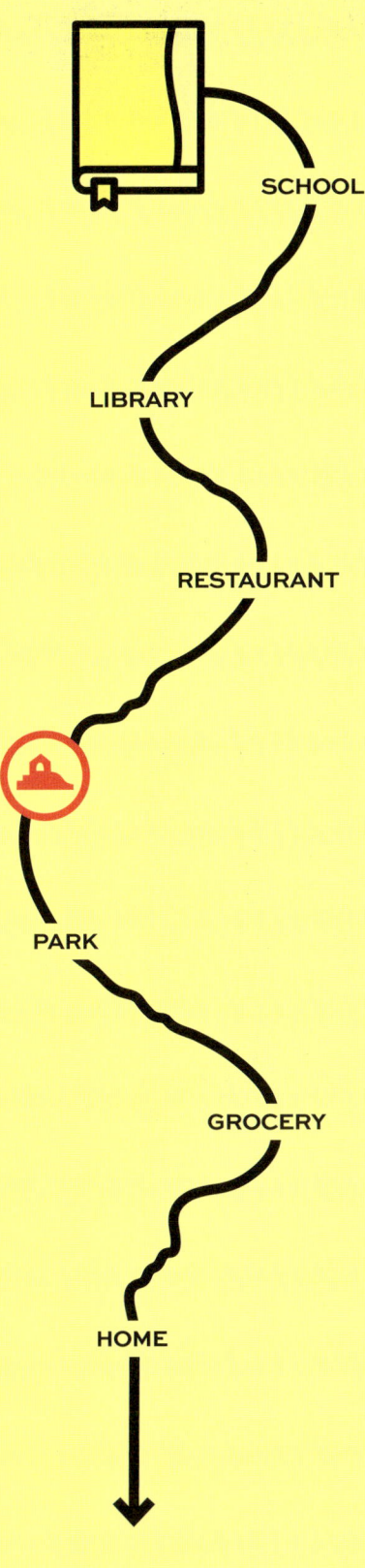

SCHOOL

LIBRARY

RESTAURANT

PARK

GROCERY

HOME

Play Ground

누구나의 카레, 누군가의 카레

Enjoy Curry

남녀노소 누구에게나 사랑받는 카레는 저마다 즐기는 방식도 다양하다. 오랜 시간 요리를 업으로 삼아온 셰프와 지속 가능한 요리를 실천하는 미식 탐구자는 카레를 어떤 식재료로 바라보고 있을까? 직장 생활과 집안일을 병행하는 슈퍼 워킹맘과 365일 매번 다른 균형 잡힌 식단을 제공해야 하는 영양사는 카레를 어떤 메뉴로 생각할까? 매일 한 끼는 꼭 카레를 먹어온 카레 마니아가 말하는 카레의 매력과 고된 수행 중 별식으로 카레를 먹는다는 스님이 생각하는 카레의 매력은 무엇일까? 음식의 담음새를 고민하며 그릇을 빚어내는 도예가는 카레에서 어떤 이야기를 읽어낼까? 각자의 방식대로 카레를 즐기는 일곱 명의 인터뷰이에게 '당신에게 카레란 어떤 의미인가요?'라는 질문을 던졌다. 인도에는 어머니의 수만큼 가람마살라가 존재한다는 말이 있다고 하던데… 일곱 명의 인터뷰이에게 대답을 들은 지금, 이 말을 조금 바꿔서 다시 말하고 싶다. 카레에는 카레를 먹는 사람들의 수만큼 다양한 레시피와 즐기는 방법이 존재한다고.

Play Ground

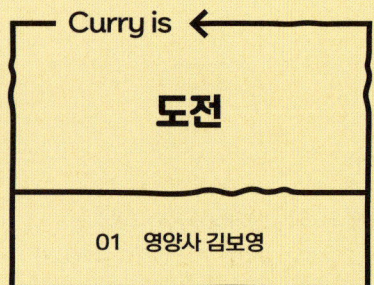

Curry is
도전
01 영양사 김보영

학창 시절, 급식 식판에 김이 모락모락 피어나는 노란 카레를 한가득 받아 들고 자리에 앉아 친구들과 웃고 떠들며 카레를 비벼 먹었던 기억은 누구나 가지고 있을 것이다. 집에서 먹는 카레도 맛있지만, 왁자지껄한 분위기 속에서 여러 사람과 함께 먹는 카레는 또 다른 추억의 맛이 있었다. 급식에서만 맛볼 수 있었던 카레의 맛이 그리워질 무렵, 어느 사내 식당을 방문할 기회가 생겼다. 아산에 있는 한 기업에서 하루에만 수백 인분의 식사를 준비하는 영양사 김보영 님을 만나 급식 메뉴로서 카레의 매력을 물었다. 오랜만에 식판에 한가득 담긴 추억의 급식 카레를 맛보면서.

Enjoy Curry

안녕하세요, 보영 님. 자기소개 부탁드립니다.
안녕하세요. 영양사 김보영입니다. 저는 대학교에서 식품 영양학을 전공하고, 식품 조리학을 부전공했어요. 10년 동안 산업체 현장에서 영양사로 근무해 왔고요. 현재는 충남 아산에 위치한 기업 〈경동원〉에서 4년째 근무하며 구내식당의 급식을 총괄하고 있습니다.

보영 님은 '화제의 구내식당 영양사'로 예능 프로그램 〈유 퀴즈 온 더 블럭〉에도 출연하셨는데요. 구내식당에서 쉽게 볼 수 없는 고퀄리티 메뉴와 푸짐한 양, 그리고 맛깔스러운 플레이팅으로 세간의 주목을 받으셨죠. 보통 하루에 총 몇 인분의 급식을 준비하시나요?
조식, 중식, 석식, 야식 총 네 끼를 준비하고요. 가장 많은 양을 준비하는 점심은 360인분을 만듭니다. 조식과 석식, 야식까지 포함하면 매일 590인분의 급식을 조리하고 있어요.

매일 네 번의 식단을 다르게 짜는 것도 고민일 것 같아요. 카레를 메인으로 식단을 구성할 때 영양 밸런스 측면에서 고려하시는 점은 무엇인가요?
아무래도 나트륨 함량을 가장 신경 쓰게 돼요. 분말 카레만 넣는 게 아니라 토마토 홀 베이스나 하이라이스 소스 등을 섞을 경우, 나트륨 함량이 조금 올라갈 수 있거든요. 그럴 때 나트륨 함량은 낮추고 식이섬유를 보충하기 위해 감자, 호박, 당근, 양파 등의 채소를 풍부하게 넣습니다. 다양한 종류의 버섯이나 그린빈 등 새로운 식재료를 활용하기도 하고요. 또, 부족한 단백질을 더하기 위해 닭고기, 돼지고기, 쇠고기 등의 육류나 해산물을 재료에 넣고, 으깬 두부를 활용해서 다채로운 식감을 즐기면서 한 끼 영양 섭취에 필요한 단백질을 보충할 수 있도록 식단을 구성하고 있어요.

카레는 집에서 한 번 만들 때에도 2~3일은 충분히 먹을 분량으로 많이 만드는 편인데요. 360인분의 초대용량 카레를 조리할 때는 특히 어떤 점에 유의하시나요?
직원 수가 많은 만큼 정말 많은 양의 재료 손질이 필요해요. 무엇보다 감자, 당근, 양파, 호박 등의 다양한 채소를 가능한 한 균일한 크기로 자르려고 합니다. 또, 조리 시간의 효율성을 높이기 위해 배식 한 시간 전부터 카레를 만들어요. 너무 일찍 만들면 카레의 점도가 되직해지기 쉽고, 채소가 푹 익어서 물러질 수 있거든요. 마지막으로 그냥 두면 재료들이 바닥에 가라앉으면서 쉽게 눌어붙기 때문에 계속 저어줘야 해요.

펄펄 끓는 솥 앞에서 쉴 새 없이 카레를 젓고 계셨던 이유가 여기 있었군요. 급식에서 대용량으로 카레를 만들 때 사용하는 도구는 일반 가정집 주방에서 쓰는 것과는 다를 것 같은데요.
카레가 눌어붙지 않게 계속 저어주려면 큰 솥과 긴 주걱이 필요해요. 주걱은 스테인리스로 만든 주방용 삽인데, 군대에서 취사병분들이 사용하는 것과 같습니다. 나무로 된 조리 도구는 가정에서는 많이 쓰이지만, 급식에서는 위생상 염려되는 것들이 있기 때문에 주로 스테인리스 제품을 사용해요. 또, 채반이 필요합니다. 요즘에는 과립형 카레 제품이 워낙 잘 나와서 가루가 물에 잘 풀어지지만, 아무래도 대용량 급식은 불가피하게 가루가 뭉쳐질 때도 있어서요. 카레와 물을 섞은 다음 채반에 한 번 더 걸러야 덩어리 없이 골고루 풀어지면서 더 부드러운 카레를 만들 수 있습니다.

채반까지 사용하실 줄은 몰랐어요. 그러고 보니 학창 시절 급식에서 카레를 먹을 때, 당근의 흐물흐물한 식감이 싫어서 당근만 쏙 빼고 먹기도 했는데요. 채소가 맛있게 익으려면 어떤 순서로 조리하는 게 좋을까요?

가장 먼저 단단한 당근을 기름에 볶아요. 당근은 기름에 볶으면 베타카로틴과 비타민A의 체내 흡수율이 높아져서 영양 섭취에도 더 좋습니다. 그다음 감자, 호박, 양파순으로 볶아주고, 고기를 더해서 육즙을 낸 다음, 물과 분말 카레를 넣습니다. 가끔 고기를 먼저 볶은 후 채소를 넣을 때도 있고, 채소 중에 양파를 먼저 기름에 볶아서 캐러멜라이징 후 푹 익은 양파의 단맛을 사용한 카레를 만들 때도 있는데요. 저희는 보통 당근, 감자, 호박, 양파순으로 채소를 볶아서 만드는 편이에요. 흐물흐물한 식감 대신 재료 본연의 식감을 좀 더 살리고 싶을 땐, 채소만 따로 볶아서 익혀놓고, 카레를 다 만든 다음에 한 솥에 넣을 때도 있어요. 이렇게 만들면, 자른 모양의 형태도 그대로 살리고, 채소 고유의 식감도 즐길 수 있습니다. 어떤 재료를 어느 타이밍에 넣느냐에 따라서 채소가 푹 익은 맛있는 카레를 즐길 수도, 채소의 식감이 살아있는 카레를 만들 수도 있어요.

같은 재료를 사용하는데도 어떤 순서로 만드느냐에 따라 여러 가지 맛을 낼 수 있다는 게 카레의 또 다른 매력인 것 같아요. 토핑으로 무얼 더할지에 따라서도 카레의 맛이 확확 달라지고요.

맞아요. 저도 그래서 다양한 카레를 제공하기 위해 감자, 당근, 양파 같은 익숙한 재료를 사용하기도 하지만, 평소에 접하기 힘든 콜리플라워나 브로콜리, 그린빈, 양송이, 뿌리채소 등을 넣을 때도 있어요. 단백질 제공을 위해 닭고기를 곁들일 때도 그냥 넣을지, 튀겨 넣을지, 조려서 덮밥처럼 토핑할지를 고민하고요.

닭고기 이야기가 나와서 말인데, 오늘은 카레에 닭장각 튀김이 1인당 하나씩 토핑으로 올라갔어요. 한눈에 보기에도 푸짐했던 오늘의 급식 메뉴를 소개해 주실까요?

오늘은 '오뚜기카레 매운맛'을 사용해서 고기는 넣지 않고, 당근, 감자, 호박, 양파가 들어간 카레를 만들었습니다. 평소에 튀긴 닭 요리를 카레에 토핑으로 사용할 때 가라아게를 많이 제공했는데요. 오늘은 카레가 평범한 메뉴라는 인식에서 벗어나고 싶고, 저희 직원분들이 푸짐한 걸 좋아하시기도 해서 요새 살이 오른 닭장각 튀김을 제공했습니다. 닭장각 튀김과 카레가 같이 나와서 자칫 느끼하다고 느낄 수도 있기 때문에, 김치를 넣은 칼칼한 김치 우동을 국 대신 제공해서 맛의 밸런스를 맞췄어요.

Enjoy Curry

맛도 맛이지만, 보영 님의 식단이 화제가 된 이유는 먹음직스러운 플레이팅도 한몫한다고 생각해요. 배식 대기 줄에 서계신 분들도 샘플 식판을 많이 찍으시더라고요. 카레를 제공할 때 보영 님이 자주 활용하시는 플레이팅 팁이나 노하우가 있을까요?

그릇의 넓은 면적에 카레를 담아서 카레가 돋보일 수 있도록 베이스를 만들고요. 그 위에 밥을 올리는데, 그냥 주걱으로 퍼 담아도 괜찮지만, 밥공기를 활용해서 동그랗게 성형한 다음 정갈한 모양새로 올려요. 모양 틀을 활용해서 밥을 캐릭터 얼굴로 만들기도 하고요. 또, 노란 카레에 잘 어울리는 초록색 재료를 토핑으로 쓰는데요. 파슬리나 대파를 카레 위에 올리거나 카레에 넣는 재료 중 하나로 브로콜리를 사용하면 색 조합이 어우러져서 더 먹음직스럽게 보입니다. 다양한 분들의 입맛을 맞춰야 하는 급식인 만큼 럭비공 모양의 형태로 밥을 만든 다음, 그릇 중앙에 밥을 놓고 색깔이 다른 오뚜기 카레 두 가지를 양옆에 배치해서 하나의 그릇에서 두 가지 카레를 즐길 수 있도록 플레이팅하기도 해요.

한 달 식단을 짠다고 생각했을 때, 보통 카레가 들어간 메뉴는 어느 정도 주기로 등장하나요? 카레라이스 외에도 카레가 들어간 급식 메뉴에 어떤 것들이 있는지 소개해 주세요.

보통 2주에 한 번 나오는 것 같아요. 카레라이스뿐만 아니라 어떨 때는 면과 함께 제공하기도 하고, 카레볶음밥이 나올 때도 있죠. 생선구이를 만들 때도 분말 카레를 겉에 살짝 뿌려주면, 와사비 장이나 다른 소스를 곁들이지 않아도 카레 향이 생선에 은은하게 배서 비린 맛은 사라지고 더 맛있어져요. 분말 카레를 넣은 채소 튀김도 인기고요. 봄에는 냉이나 달래를 넣은 봄나물 채소 튀김을 제공하는데, 살짝 배어 나오는 카레 향과 봄나물 향을 즐길 수 있어서 맛있습니다.

이만하면 카레는 급식 재료에 꼭 필요한 만능 가루 같은데요? 보영 님이 생각하셨을 때 급식 메뉴로서 카레의 매력은 무엇인가요?

카레는 언제 어떻게 내놓아도 호불호가 거의 없어요. 가능한 한 많은 분의 입맛을 맞춰야 하는 게 급식이잖아요. 제가 생각했을 때 오뚜기 카레에 배합된 향신료가 부담스럽지 않고, 자극적이지 않아서 대중적인 입맛에 잘 맞는 것 같아요. 오늘도 '오뚜기카레 매운맛'을 사용했지만, 매운맛을 썼다고 해서 입이 얼얼할 만큼 맵지도 않잖아요. 저희 직원분들 중에 외국인 근로자들도 많은데, 맛과 향에 민감한 분들도 거부감 없이 잘 드시고요. 아까도 잠시 이야기했지만, 카레는 어떤 재료를 넣느냐에 따라서 새로운 메뉴로 달라지는 유연함도 있는 것 같아요. 식단을 구성하고 요리하는 사람으로서 폭넓은 메뉴를 생각해 볼 수 있다는 장점이 있죠. 카레가 메인인 요리뿐만 아니라 다양한 요리에도 활용할 수 있고요. 생크림과 분말 카레를 섞어서 걸쭉한 디핑 소스를 만들기도 하고, 생선구이에 뿌려 비린 맛을 잡기도 하죠. 또 튀김에 넣으면 감칠맛이 살아나고요. 분말 카레를 넣은 부리토를 만들거나 햄버거를 만드는 등 여러 요리와 결합해서 창의적인 메뉴를 시도해 볼 수 있다는 점도 좋습니다.

이번에는 집에서 카레를 어떻게 즐기시는지 묻고 싶어요. 보영 님은 9살 자녀분도 있으시다고요. 가족을 위한 카레를 만들 때는 어떻게 요리하시나요?

급식에서는 아무래도 단백질, 식이섬유 함량 등을 고려해서 식단을 짜지만, 집에서는 간단하면서도 카레 본연의 맛을 즐길 수 있는 방식을 선호하는 것 같아요. 건더기 없는 일반 카레에 치즈 하나만 올리거나 반숙 달걀 하나를 더하는 식으로 먹는데요. 마늘 칩이나 튀긴 대파를 곁들이기도 합니다. 바쁘다 보니 간단한 레시피를 추구하는 게 아닐까 싶기도 해요(웃음). 아이에게는 오뚜기 '어린이카레'를 사용하거나 사과즙을 조금 넣어서 달달하면서도 사과 향이 나는 카레를 만들어 주기도 해요. 그 외에 카레 요리는 아니지만, 고등어구이를 할 때 분말 카레를 조금 뿌려서 간을 맞추기도 하고요.

이 외에도 카레를 활용한 다양한 요리법을 알려주세요.

저는 부침 두부를 으깨서 카레에 넣는 편이에요. 그러면 순두부와는 또 다른 몽글몽글한 식감을 즐길 수 있어요. 카레에 두부를 넣음으로써 밥 양은 줄이고, 단백질 함량을 높인 건강한 식사도 가능하고요. 달걀찜이나 달걀말이에 카레를 조금 넣어도 맛있답니다.

Enjoy Curry

보영 님이 개인적으로 선호하시는 카레는 어떤 맛인가요?
저는 '오뚜기카레 약간매운맛'을 좋아해요. 너무 맵지도 너무 순하지도 않아서, 다른 재료를 추가해 제가 원하는 맵기로 매운맛을 조절할 수 있어요. 약간매운맛 카레에 마늘이나 고추 같은 재료를 더하면 부드러운 감칠맛이 올라오는데, 그게 제 입맛에 맞더라고요. 그리고 글루텐 프리 제품인 '비밀카레'도 좋아합니다. 요즘 밀가루를 못 드시는 분도 많고, 건강을 생각해서 쌀가루를 활용한 음식을 선호하는 분들도 많아졌는데요. 저 역시 아이의 건강을 고려해서 밀가루를 조금 줄여볼 생각으로 먹어봤는데, 확실히 지금까지 먹어온 카레보다 덜 자극적이면서도 좀 더 고소하고 부드러운 맛이더라고요.

카레를 먹을 때 꼭 곁들이는 반찬은 무엇인지도 궁금해요. 역시나 한국인의 밥반찬인 김치인가요?
김치, 빠질 수 없죠(웃음). 아무래도 한국인들은 음식의 색감 자체가 딱 봤을 때, 빨갛고 얼큰해 보이면 김치 생각이 안 나는데, 카레처럼 노랗고 삼삼한 색깔의 음식을 보면 김치를 떠올리는 것 같아요. 카레는 색깔부터 김치가 먹고 싶어지게 만드는 요소가 있지 않나 생각합니다. 저는 감태 김이랑 카레를 같이 먹기도 하는데요. 은은한 바다 향을 즐기면서 먹을 수 있어서 추천하는 반찬입니다.

시중에 많은 카레 중에서 특히나 김치와 잘 어울리는 카레는 단연 오뚜기 카레같아요. 보영 님이 생각하시는 오뚜기 카레의 매력은 무엇인가요?
재료의 조화, 소스의 배합, 다양한 토핑 아이디어, 이 세 가지를 말할 수 있어요. 기본 중의 기본이 되니까, 오뚜기 카레를 활용하면 수백 가지 음식이 나올 정도로 다양한 메뉴를 만들 수 있습니다. 급식 식단을 작성하는 데 큰 도움이 되고요.

> **김보영 영양사의 카레 비법**
>
> **부침 두부**를 으깨서 카레에 넣으면, 순두부와는 또 다른 몽글몽글한 식감을 즐길 수 있고, 밥 섭취량을 줄여 저탄고지 식단을 완성할 수 있어요.

Play Ground

마지막 질문이에요. 보영 님에게 카레는 어떤 음식인가요?
도전과 위로요. 카레는 언제 어디서 먹어도 맛있는, 편안하고 익숙한 요리지만, 다양한 재료와 소스를 조합하고, 토핑을 곁들이는 것만으로도 무궁무진한 아이디어를 얻을 수 있다는 점에서 영양사로서 끊임없이 도전하게 만드는 음식 같아요.

위로는 어떤 의미인가요?
제가 어릴 때 부모님께서 맞벌이를 하셨는데, 그래서 방학이면 동생과 온종일 집에 있었어요. 어머니가 일 나가시면서 솥에 한가득 오뚜기 카레를 끓여놓고 동생이랑 데워 먹으라고 하셨죠. 처음에는 며칠간 똑같은 카레를 먹는 게 싫었는데요. 계속 먹다 보니 오늘 먹은 카레, 내일 먹은 카레, 다음 날 먹은 카레의 맛이 다 다른 거예요. 소스가 꾸덕꾸덕해지고 깊은 풍미가 우러나면서 더 맛있어졌죠. 급식은 그날 만들어서 그날 소진해야 하니까 어릴 때 먹었던 꾸덕꾸덕한 카레를 맛볼 수 없는데, 지금도 가끔 어머니가 만들어 주셨던 그 카레가 생각나서 집에서는 일부러 큰 솥에 끓여놓고 며칠 동안 다시 데워 먹기도 해요(웃음). 그때를 생각하면, 일하러 가신 부모님이 곁에 있지 않아도 카레를 먹으면서 정서적 안정감을 느꼈던 것 같아요. 어머니가 해놓고 가신 카레 덕분에 빈 자리를 못 느꼈다고 할까요? 그래서인지 지금도 카레를 먹으면 편안한 느낌을 받는 것 같습니다. 그래서 저에게 카레는 도전이자 위로의 음식이에요.

> **김보영 영양사의 오뚜기 카레 Pick**
>
> 너무 맵지도 너무 순하지도 않은 맛으로 원하는 재료를 더해 맵기를 조절할 수 있는 '**오뚜기카레 약간매운맛**'
>
> 밀가루를 못 먹거나 덜 자극적인, 고소하고 부드러운 맛을 선호하는 분들에게 추천하는 글루텐 프리 카레 '**비밀카레**'

"카레는 다양한 재료와 소스를 조합하고, 토핑을 곁들이는 것만으로도 무궁무진한 아이디어를 얻을 수 있다는 점에서 영양사로서 끊임없이 도전하게 만드는 음식이에요."

Play Ground

Curry is ←

**따뜻하고 맛있는
소중한 한 끼**

02   도예가 천욱환, 김수연

식기를 만드는 도예가들은 그릇을 단순히 음식을 담는 도구로만
보지 않는다. 음식의 맛과 향, 식감을 살리는 중요한 요소로 생각하며
그릇을 제작한다. 강원도 양구의 백자 연구소에서 선임 연구원으로
있는 천욱환, 김수연 도예가는 오뚜기 잇 프로젝트에 참여해
'카레'를 생각하며 그릇을 만들었다. 이들이 만든 카레 그릇은 어떤
모양과 빛깔을 띠고 있었을까? 음식과 그릇 사이에 있다는 궁합을
생각하며, 이들의 카레 그릇 제작기를 들어보았다.

Enjoy Curry

안녕하세요. 욱환 님, 수연 님, 자기소개 부탁드립니다.
천욱환 안녕하세요. 서울대학교에서 도예 전공 석사 과정을 마치고 작년 2월 말에 양구 백자 연구소에 와서 선임 연구원으로 있는 천욱환입니다.
김수연 안녕하세요. 욱환 작가와 마찬가지로 서울대 도예 전공 석사 과정을 졸업하고, 양구 백자 연구소에서 선임 연구원으로 지내고 있는 김수연입니다.

두 분은 결혼하신 지 아직 1년이 안 되셨다고요. 신혼 생활을 양구에서 시작하셨는데요. 최근에는 이곳에서 주로 어떤 작업을 하고 계시나요?
천욱환 강원도 양구는 조선시대 백토가 나온 역사적 맥락을 가진 지역이에요. 이곳에서 백토와 백색에 대해 연구하며 도예 작업을 하고 있습니다. 요즘에는 양구 백토를 활용한 유약과 다양한 번조 방식을 통해 여러 가지 백색을 만드는 일에 몰두하고 있고요. 백색이 충분한 양감으로 표현될 수 있도록 백자대호 작업을 주로 하며, 쓰임이 있는 식기도 만들고 있습니다.
김수연 저는 양구 백토를 활용해 유약과 도예 재료가 되는 흙(소지)을 연구하고, 물레를 기반으로 한 개인 작업을 병행하고 있습니다. 또, 셰프님들이 의뢰하시는 내용을 바탕으로 그에 맞는 테이블 웨어도 제작하고요.

두 분은 오뚜기 잇 프로젝트에 2회 연속 참여하셨는데요. 잇 프로젝트에 참여하신 계기는 무엇이었나요?
천욱환 대학원에 있을 때 오뚜기에서 먼저 제안을 주셨어요. 선한 브랜드와 협업해서 무언가 할 수 있다는 생각에 설렜던 기억이 납니다. 평소에 자주 먹는 오뚜기 제품을 떠올리며 음식이 담길 그릇의 형태를 상상하고 제작하는 과정도 즐거웠어요. '오뚜기'라는 기업이 단순히 식료품을 만들고 판매하는 것을 넘어서 음식을 먹는 시간과 식문화에 대한 가치를 진심으로 전하고자 노력하는 브랜드라는 것을 알 수 있었습니다.
김수연 식기류를 만드는 사람의 입장에서 생각했을 때, 식품을 만드는 기업이 음식과 그릇의 연관성에 주목하며 작가들과 협업하는 프로젝트를 만들었다는 점도 신기했어요. 1회 때는 라면 그릇을, 2회 때는 카레 그릇을 만들었는데, 1회 때 오뚜기 라면 공장을 견학했거든요. 오뚜기 라면이 어떻게 만들어지는지 공정을 직접 보면서 물과 불을 사용해 재료를 익히고 제품을 만드는 과정이 테이블 웨어의 제작 과정과 유사하다는 생각을 했습니다. 많은 것을 보고 배우며 생각할 수 있었던 좋은 경험이었죠.

> **오뚜기 잇 프로젝트**
>
> '오뚜기 잇'은 식문화 향상을 위해 노력하는 오뚜기의 진심을 전하기 위해 2023년부터 시작된 오뚜기의 식문화 도구 개발 프로젝트다. 오뚜기의 식품을 지칭하는 'eat(잇)'과 식사 도구를 뜻하는 'it(잇)', 두 가지 개념을 잇는다는 의미로 지은 프로젝트명으로 1회 때는 라면 그릇을, 2회 때는 오뚜기 카레 출시 55주년을 맞아 카레 그릇을 제작했다.

식품과 그릇의 제작 과정에서 공통점을 발견하셨네요. 두 분이 만드신 그릇이 더 궁금해지는데요. 작년에 만든 카레 그릇을 소개해 주세요.

<u>천욱환</u> 제 작품은 '한라산'과 '오뚜'기'''입니다. 카레 그릇을 만들면서 제가 생각한 것보다 오뚜기에서 판매하는 카레 종류가 훨씬 많다는 사실에 놀랐어요. 그중에서 '제주담음 제주흑돼지카레(이하 흑돼지카레)'가 눈에 띄었는데요. 그 제품을 보고 아이디어를 얻어서 제주의 시그니처이자 상징인 한라산 형태를 띤 그릇을 만들었습니다. 그 그릇에 흑돼지카레를 넣으면 음식과 그릇이 전달하고자 하는 메시지가 일맥상통하겠더라고요. 두 번째 작품인 '오뚜'기'는 오뚜기의 시그니처 컬러인 노랑이 돋보이는 그릇이에요. 저는 채도가 너무 높거나 독특한 모양의 그릇은 그릇에 담기는 음식을 해친다고 생각해서 그동안 다양한 색의 그릇은 자주 만들지 않았어요. 그런데 오뚜기 그릇을 만들려고 생각하니까 기존에 해왔던 작업과 다르게 오뚜기의 시그니처 컬러를 활용하면 좋겠더라고요. 완성된 그릇을 보니 생각보다 노란빛이 산뜻하고, 카레를 담았을 때 빛깔도 잘 어우러져서 만족스러웠습니다. 누가 봐도 오뚜기 컬러고, 오뚜기와 작업한 그릇임을 알 수 있어서 그릇명은 '오뚜'기'로 지었습니다.

'한라산'은 오뚜기 제품에서, '오뚜'기'는 오뚜기 카레의 시그니처 컬러에서 아이디어를 얻으셨네요. 수연 님의 '조약돌'과 '들녘'은 어떻게 만드셨나요?

<u>김수연</u> 제가 만들던 식기류 시리즈 중에 '조약돌'이 있었어요. 둥글둥글하면서도 에지^{Edge}가 살아있는 형태의 작업을 계속해 왔는데, 그 시리즈의 연장선에서 형태를 생각했고요. 카레가 어떤 색상의 그릇에 담겨야 따뜻한 노란색이 돋보일지를 가장 많이 고민했어요. 저희 연구소에서는 각자 재료부터 유약의 농도까지 저마다 다른, 고유의 색상을 연구하는데요. 마침, 제가 연구하는 유약 색조 중에 따뜻한 담색의 은은한 노란빛이 있어서 그 유약을 적용했습니다. '들녘'은 그릇의 테두리에 에지 있는 포인트를 줬어요. '조약돌'에 쓴 유약을 동일하게 적용했는데, 유약의 표면을 보면 잔잔하게 반짝이는 결정이 피어있죠. 그 모습이 마치 가을 햇살에 반짝이는 들녘 같다는 생각이 들더라고요. 그래서 이름은 '들녘'으로 지었습니다. 테두리에 유약을 중점적으로 묻혀서 그 부분에 결정이 더 많이 피어나도록 디자인했고요.

평소 작업 시 유념하시는 점은 무엇인가요? 이번에 카레 그릇을 만들면서 요리의 특성이나 오뚜기 그릇이라는 점을 고려하며 기존과 다르게 작업한 점은 무엇인지도 궁금해요.

천욱환 저희는 그릇의 본질적인 기능은, 요리를 담았을 때 그릇의 여백이 담긴 내용물을 더 돋보이게 만드는 것이라고 생각해요. 저희의 오브제 작품과 테이블 웨어 시리즈를 선보이는 <여백사물>에서도 그렇고, 오뚜기 잇 프로젝트에서도 이 점을 유념하며 작업했고요. 다른 점이라면 오뚜기 제품의 특성과 제품마다 가지고 있는 고유의 이야기가 잘 어우러지는 그릇을 만들려고 노력했어요. 어떤 음식이 담길지 정해진 상태에서 제작하다 보니 디테일한 포인트를 잡아서 만들 수 있다는 점이 흥미로웠고요. 오뚜기 제품은 패키지 뒷면에 용량이나 조리법이 자세히 나와 있잖아요. 음식의 적정 용량에 맞는 그릇을 제작하기 위해 치수를 정밀하게 작업하기도 했습니다. 무엇보다 똑같은 카레 제품이라도 이 그릇에 담겼을 때 더 푸짐하고 고급스럽게 보일 수 있도록, 소중히 대접받는 느낌이 전해지길 바라며 작업했고요.

치수를 정밀하게 작업했다는 것은 예를 들면, '3분 카레' 조리법에 나와있는 것처럼 밥 한 공기에 카레 200g이 담겼을 때를 상상하며 음식이 가장 맛있게 보일 수 있는 크기를 만드셨다는 거죠?

김수연 카레는 만드는 방식에 따라 점도가 조금씩 다른 만큼, 그릇의 깊이가 적절해야 어떤 카레를 담아도 편하게 먹을 수 있겠더라고요. 카레와 밥을 비벼서 숟가락으로 퍼 먹든, 면 요리로 만들어서 포크나 젓가락으로 집어 먹든, 언제든 편하게 쓸 수 있도록 그릇의 움푹한 정도와 적합한 깊이감을 찾아 사용하기 편한 형태를 만들었습니다.

네 종류의 그릇에 각각 어떤 카레를 담아 먹으면 좋을지 추천해 주실 수 있을까요?

천욱환 '한라산'은 '흑돼지카레'를 생각하며 만들었기 때문에 그 카레를 담아 드신다면, 그릇의 형태를 보는 즐거움과 먹는 즐거움을 동시에 누릴 수 있을 것 같고요. '오뚜'기"는 전반적인 오뚜기 카레의 이미지를 생각하며 만든 만큼, 어떤 카레를 담아도 좋을 것 같아요.

김수연 개인적으로 제가 좋아하는 제품을 추천하고 싶은데요. '조약돌'은 분말 카레를 섞은 크림 뇨끼를 담아서 드시면 어떨까요? 뇨끼도 동글동글하고, '조약돌'도 동그란 형태의 그릇이라서 뇨끼를 담으면 잘 어울릴 것 같아요. '들녘'은 카레와 그릇의 색의 조화를 생각해서, 그리고 역시나 제가 좋아하는 제품이기도 한 '오즈키친 비프코르마'를 추천합니다.

카레 그릇을 사용하는 분들에게 작업자로서 알려주고 싶은 플레이팅 팁도 있을까요?

천욱환 '한라산'은 카레를 담는 부분과 밥이나 채소를 올리는 부분이 그릇 안에서 나누어져 있기 때문에 각 구역에 좋아하는 재료와 토핑을 올리는 것만으로도 푸짐하게 대접받는 기분을 느낄 수 있어요. 그릇 안의 파티션을 잘 활용하시면 좋겠습니다.

김수연 저는 카레에 스위트콘을 넣어 먹는 걸 좋아하는데요. '조약돌'과 '들녘'이 은은한 노란빛을 띠잖아요. 카레에 넣는 재료 중에 하나로 스위트콘을 사용하면, 카레를 담았을 때 그릇과 색깔이 잘 어우러지고, 노란 덩어리가 중간중간에 섞여서 포인트도 되면서 귀엽게 보일 것 같아요.

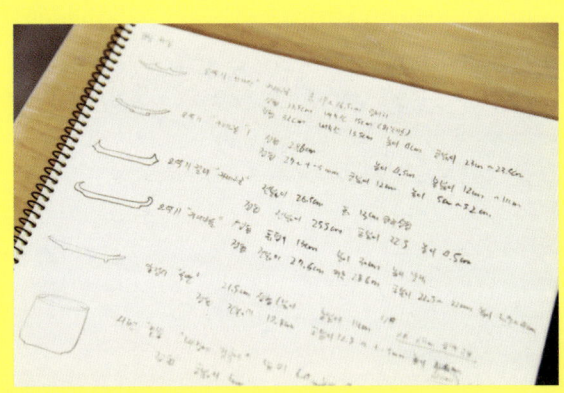

151

Play Ground

두 분이 실제로 집에서 가장 자주 사용하시는 그릇은 무엇인가요? 완성된 그릇에 카레를 담아 먹었을 때 기분이 어땠는지도 궁금해요.

김수연 보통 밥에 카레를 붓고 비벼서 먹잖아요. 그런데 '한라산'은 저희가 흔히 볼 수 있는 그릇의 형태는 아니라서 만들면서도 '이게 과연 쓰기 편할까?' 걱정했거든요. 그런데 카레와 밥, 곁들이는 채소 등을 떨어트려 놓고 보니 카레를 조금씩 덜어 먹거나 채소나 밥, 빵 등을 카레에 찍어 먹게 되더라고요. 써보니까 오히려 이게 더 편한 것 같기도 하고요. 자연스럽게 새롭고 재밌는 경험을 하게 만드는 그릇 같아요.

천욱환 '한라산'은 걱정 반 설렘 반으로 만든 그릇이었는데, 카레를 처음 담아서 먹는 순간 '어? 이거 생각보다 괜찮은데?' 하고 안심했어요. 사실 쓰기 좋은 그릇과 음식을 돋보이게 만드는 그릇은 조금 다른 것 같아요. 집에서는 수연 작가가 만든 '들녘'을 자주 사용해요. 깊이가 적절해서 어떤 요리를 담아 쓰기에도 좋더라고요. 또, 표면에 바른 유약은 수연 작가가 개인적으로 연구한 유약인 만큼 다른 곳에서 볼 수 없다는 유니크함도 있고요. 그릇을 사용하면서 빛깔을 관찰하거나 들여다보게 되고, 만든 이의 생각도 자연스럽게 자주 떠올리게 돼요.

도예가로서 생각하는, 음식을 먹을 때 식기가 중요한 이유는 무엇인가요?

천욱환 하나의 그릇이 완성되기까지 정성 어린 시간이 참 많이 들어가요. 흙으로 빚고 건조하고 불필요한 살을 걷어내는 정형을 거쳐서 초벌 후 유약을 입혀 재벌하는 등 무수한 과정을 지나야 완성되죠. 그릇을 사용하시는 분들도 이러한 시간을 느끼면서 애정을 갖고 사물을 대할 때, 그 사물을 곁에 두고 소중히 여기면서 더 오래 쓸 수 있다고 생각해요. 요리에도 정성이 들어가듯이 그 요리가 담긴 그릇도 정성스럽게 만들어졌다는 걸 느낀다면, 식사 시간이 더 풍요롭고 소중한 시간이 되지 않을까요? 그래서 저희도 정성과 시간을 담아 고민한 흔적이 전해질 수 있도록 그릇을 만들려고 노력합니다.

만약, 카레를 주제로 또 다른 식기류를 만든다면 어떤 작품을 만들고 싶으신가요?

천욱환 카레는 밥뿐만 아니라 면이나 빵과도 같이 먹잖아요. 이번엔 밥이 아닌 다른 음식을 진한 농도의 카레에 찍어서 먹을 수 있도록 그릇 세트로 만들어 보고 싶어요.

김수연 저는 카레용 포트요. 포트는 몸통, 주구, 손잡이 세 부분으로 구성되니까, 세 가지 요소의 결합을 고려하면 재밌는 변주를 줄 수 있을 것 같아요.

다음에 또 기회가 닿아서 두 분이 말씀하신 카레 그릇을 볼 수 있으면 좋겠어요. 두 분은 평소에도 카레를 즐겨 드시나요? 요리는 주로 어떤 분이 하시나요?

천욱환 먹고 싶은 요리가 있는 사람이 만들거나 번갈아 가면서 해요. 카레의 경우 보통은 냉장고에 남아있는 채소를 골고루 사용해서 만드는데, 한 달에 두 번 정도 먹는 것 같고요. 사실 카레 그릇을 만들 때는 '카레가 간편식처럼 보이지 않게 만들자'는 마음으로 임했지만, 부담 없이 간편하게, 또 영양까지 챙기면서 먹을 수 있는 음식이 카레잖아요. 저희도 바빠서 간단하게 끼니를 챙겨야 할 때 카레를 자주 먹어요. 저는 고명을 조금만 신경 써서 만들면 더 보기 좋은 것 같더라고요. 예를 들어 스크램블 에그를 카레 위에 올리거나 다진 고기를 볶아서 올리면 평범한 카레도 조금 더 특별해지고 훨씬 맛있어지는 것 같아요.

Enjoy Curry

오늘 만든 카레는 어떤 분의 솜씨인가요? 레시피도 알고 싶어요.

천욱환 오늘은 '이렇게 하면 더 맛있지 않을까?'를 상상하면서 제가 조금 도전적인 카레를 만들었습니다. 레시피를 설명하자면, 먼저 다진 양파를 캐러멜라이징이 될 때까지 볶아요. 그 후에 다진 고기를 넣고 최대한 수분을 날리면서 기름에 볶은 다음, 저희가 좋아하는 오뚜기 '바몬드카레 골드 매운맛'에 페페론치노와 껍질을 깐 토마토를 넣었어요. 매콤하면서도 산뜻한 맛이 나길 기대하면서요.

김수연 욱환 작가가 양파가 많이 들어간 카레를 좋아해요. 집에 양파가 좀 쌓였다 하면, 양파를 처리하기 위해 양파를 잔뜩 넣은 카레를 만들곤 합니다(웃음).

오늘의 요리사는 욱환 님이었군요. 개인적으로 두 분은 어떤 카레를 좋아하시나요?

김수연 저는 욱환 작가가 오늘 사용한 '바몬드카레 골드 매운맛'이요. 약간의 산미와 달콤함이 좋아서 가장 즐겨 먹어요. 둘 다 매콤한 음식을 좋아해서 카레도 매운맛을 선호하는데, 매운맛 카레에 페페론치노를 갈아 넣으면 저희가 좋아하는 맵기를 맞출 수 있어요. 또, 버섯이 들어간 카레를 좋아해서 재료에 넣거나 구운 버섯을 토핑처럼 올리는 편이에요.

천욱환 오뚜기 카레는 다 맛있어서 잘 먹는 편인데, 특히 요즘에는 '오즈키친' 시리즈가 맛있더라고요. 종류도 다양하고 간편하게 먹을 수 있어서 만약 제가 맛집이 많은 도심에 살았더라도 거의 매일 먹었을 것 같아요(웃음).

두 분이 생각하시는 오뚜기 카레만의 매력은 무엇인가요?

김수연 오뚜기 카레는 '추억의 맛'이라는 강점이 있어요. 어릴 때부터 부모님이 카레에 여러 가지 재료를 넣고 푹 끓여주시면 잘 먹었던 기억이 있어서 일까요? 뭘 먹을지 고민할 때 자주 떠올리는 것 같아요.

천욱환 우리에게 익숙하고 친근한 만큼 기본에 수렴하는 것 같아요. 가끔 인도나 일본의 다른 스타일의 카레를 먹을 때도 있지만, 오뚜기 카레가 언제나 기본이에요.

> **천욱환, 김수연 도예가의 카레 비법**
>
> 매운 음식을 좋아하거나 잘 드시는 분이라면, 매운맛 카레에 **페페론치노**를 갈아 넣어보세요. 더 맛있는 매운맛을 즐길 수 있습니다. 또, **스크램블 에그**나 **다진 고기**를 올리는 등 고명을 조금만 신경 쓰면 더 특별하고 맛있는 카레를 즐길 수 있어요.

Play Ground

오뚜기 카레와 얽힌 두 분만의 추억이나 에피소드도 있을까요?

천욱환 저희가 대학원에 들어가기 전에 둘이 같이 도자기 스승님 밑에서 2~3년 정도 일했는데요. 도자기 스승님의 어머님께서 종종 카레를 만들어 주셨어요. 다양한 해산물을 넣은 카레였는데, 많은 해산물을 종류별로 넣어서 먹으니까 더 맛있더라고요. 스승님은 기본 맛을 좋아하셔서 어머님이 다양한 재료를 넣는 걸 싫어하셨지만, 저희는 모두 맛있게 먹었던 기억이 납니다.

김수연 요즘도 '그때 그 카레 참 맛있었는데…' 하면서 떠올리곤 해요. 스승님 댁이랑 작업실이 붙어있어서 어머님이 "밥 먹어라" 하고 부르시면 다 같이 올라가서 카레를 먹었는데, 해산물은 물론이고 소시지, 햄 등 건더기가 가득 있어서 정말 맛있었어요.

재료는 물론, 두 분의 추억까지 가득 담긴 카레네요. 이제 마지막 질문이에요. 두 분에게 카레는 어떤 음식인가요?

천욱환 항상 익숙하고, 잘 먹을 수 있는, 부담스럽지 않은 소중한 한 끼요. 양구에서 작업하는 만큼, 장을 보러 나가기가 여의치 않은데요. 집에서도 간단하고 맛있게 소중한 한 끼를 채워주는 음식이 카레 같아요.

김수연 저는 따뜻함이요. 실제로 카레는 언제나 따뜻했고, 따뜻한 밥 위에 올려 먹으면 더 맛있었고, 따뜻한 기억도 담겨있어요. 그래서 카레를 생각하면 따뜻한 느낌이 들어요.

천욱환, 김수연 도예가의 오뚜기 카레 Pick

간편한 조리로 맛있게 먹을 수 있고, 다양한 종류 덕분에 골라 먹는 재미까지 있는 **'오즈키친'** 시리즈
새콤달콤한 맛이 매력적인 **'바몬드카레 골드 매운맛'**

Enjoy Curry

"카레는 언제나 따뜻했고, 따뜻한 밥 위에 올려 먹으면 더 맛있었고, 그 안에는 따뜻한 기억도 담겨있어요. 그래서 카레를 생각하면 따뜻한 느낌이 들어요."

Curry is

숨은 영웅

03 주부 & 워킹맘 추영화

직장에서 일하고 돌아와 요리, 청소, 세탁, 육아까지 도맡아 하는 이 시대의 워킹맘들은 가히 슈퍼맨이라 불러도 과언이 아니다. 그런데 이런 슈퍼 워킹맘이 '영웅'이라고 부르는 식재료가 있다. 그것은 바로 카레. 17년 차 주부이자 워킹맘인 추영화 님에게 '없어선 안 될 주방의 구원 투수' 같은 존재라는 카레! 대체 무엇이 그녀로 하여금 이토록 카레를 찬양하게 만들었을까? 입이 짧은 아이와 남편의 건강한 식단을 위해 이리저리 메뉴를 궁리하고, 때로는 카레의 도움을 받아 살림을 척척 해내는 그녀에서 카레의 매력을 들어보았다.

안녕하세요, 영화 님. 자기소개 부탁드립니다.
안녕하세요. 입이 짧은 초등학생 딸아이를 키우고 있는 17년 차 주부이자 워킹맘 추영화입니다. 직장에서는 시민과 언론을 대상으로 지역 사업이나 행사, 정책 등을 소개하는 일을 하고 있어요.

자녀분 입이 짧다고 하셨는데요. 성장기 아이에게 균형 잡힌 식단을 제공하기 위해 신경 쓰는 점이 많을 것 같아요.
평생을 동글동글하게 살아온 저와 달리 아이는 다소 마른 체질인데요. 먹는 것에 까다로워서 그런 것 같아요. 식감이 낯설거나 향이 조금이라도 강하게 느껴지는 식재료는 아예 먹기를 거부해서 제 속을 정말 많이 태웠어요. 어르고 달래보기도 하고, 안 먹으면 키가 안 큰다고 협박도 해봤는데 효과는 잠시일 뿐, 오히려 음식에 대한 거부감만 커지더라고요. 그래서 아이가 좋아하는 음식에 안 먹는 재료를 몰래 섞어서 엉겁결에 먹게 하거나 원형을 알 수 없도록 식재료의 형태를 아예 갈거나 다지는 방식으로 요리하곤 합니다. 그런 의미에서 카레는 여러 가지 식재료의 영양소를 골고루 섭취할 수 있게 도와주는 정말 좋은 메뉴예요.

아이가 클 때는 밥만 잘 먹어도 엄마들이 행복하다고 하던데, 밥을 잘 안 먹는 아이 때문에 여러모로 고민이 많으셨겠어요.
엄마로서 제 소원은 아이가 잘 먹는 것 하나뿐이에요(웃음). 뭐든지 좀 먹었으면 좋겠어요. 아이가 한식파라서 그나마 잘 먹는 게 김치인데요. 맨밥에 김치만 먹으려고 하니까 저는 속이 타는 거죠. 그런데 카레는 좋아하더라고요. 카레가 우리나라 전통 음식은 아니지만, 어릴 때부터 김치, 밥과 함께 먹어온 메뉴라서 그런지 카레를 한식으로 생각하는 것 같아요. 입 짧은 우리 아이도 잘 먹는 메뉴라서 한 달에 한두 번은 꼭 카레를 만들어 먹어요.

집에서 카레를 만들면 보통 2~3일 치 분량으로 만들잖아요. 영화 님은 어떠신가요?
저는 사실 어떤 음식이든 많이 하기보다 '먹을 만큼'만 적당히 만들려고 노력하는데요. 이것저것 몸에 좋다는 걸 넣고 보면 매번 양이 많아지더라고요(웃음). 특히 카레의 경우, 데우기 위해 다시 끓일 때 바닥이 눌어붙지 않게 물을 넣어줘야 하는데, 물을 넣으면서 새로운 재료를 추가하다 보면 또다시 한 냄비가 되어있어요. 그래서 저 역시도 카레를 한 번 하면 '본의 아니게' 2~3일은 먹는 것 같아요.

안 그래도 잘 안 먹는 편인데, 같은 메뉴가 반복되면 아이가 더 안 먹으려고 하지 않나요? 그럴 때 엄마로서 어떤 대책을 내놓으실지 궁금한데요.
가족들이 안 먹으면 결국 제가 다 먹어야 하잖아요. 똑같은 걸 먹는 건 저도 싫으니까 조금씩 변화를 줘서 이왕이면 어제 먹은 카레와 다른 느낌을 내려고 해요. 예를 들어 달걀을 반숙으로 삶거나 수란을 만들어서 카레와 섞어 부드럽게 만들기도 하고요. 카레에 치즈를 얹고 오븐에 구워내 그라탕처럼 떠먹기도 해요. 물 대신 우유나 코코넛 밀크를 넣어 크림 카레처럼 색다르게 만들기도 합니다. 그래도 남았을 때는, 양을 봐서 루가 많으면 카레우동을, 건더기가 많으면 밥을 넣어서 카레볶음밥을 만들어요.

2일 차, 3일 차부터는 카레가 새로운 요리로 변신하는군요. 카레를 먹을 때 곁들이는 반찬에는 무엇이 있나요?
아이가 좋아하는 김치 겉절이를 주거나 당근 라페, 러시아 당근 김치 같은 반찬을 곁들여요. 당근 라페도 맛있지만, 러시아 당근 김치라고 불리는 '마르코프차'도 카레와 잘 어울립니다. 마르코프차는 고려인들이 무 대신 채 썬 당근으로 만들었다고 전해지는데요. 당근 라페를 만들 때 당근을 채 썰게 되잖아요. 그걸 응용해서 한번 만들어 봤는데, 아삭아삭한 식감은 물론, 고춧가루와 마늘이 들어가서 느끼한 맛을 잡아주니까 카레랑 먹을 때 맛있더라고요. 카레에 들어가는 익힌 당근은 아이가 식감을 싫어해서 거의 가는 수준으로 잘게 잘라서 넣는데, 당근 라페나 마르코프차는 식감이 좋아서 그런지 카레를 먹을 때도 잘 먹어요.

영화 님 댁의 카레가 가진 특징은 있는 듯 없는 듯한 당근의 존재감이네요. 오늘 만들어 주신 영화 님 댁의 카레 레시피를 들어볼까요?

저는 카레 제품 패키지에 쓰여있는 레시피 그대로 만들어요. 박사님들이 연구한 게 최고라고 생각하거든요(웃음). 보통 재료는 양파, 감자, 고기, 당근 외에 그때그때 냉장고에 있는 채소를 활용하는데요. 오늘은 양파, 감자, 닭고기, 당근, 단호박, 병아리콩을 넣었습니다. 누구나 쉽게 만들 수 있는 기본적인 카레예요. 제가 요즘 다이어트와 함께 건강을 생각해서 병아리콩을 삶아 먹고 있는데, 이걸 푹 익혀서 카레에 넣어도 고소하고 맛있더라고요.

카레를 만들 때 주의하는 점이 있다면 무엇인가요?

누구나 쉽게 만들 수 있는 요리인 만큼 크게 주의할 점은 없는 것 같아요. 다만 저는 가족들의 취향을 고려해서 재료 손질에 신경 쓰는 편이에요. 예를 들어 저희 가족은 익으면서 물렁물렁해지는 당근의 식감을 싫어해서 당근은 최대한 작게 잘라서 넣고, 그 대신 좋아하는 감자는 큼직하게 자릅니다. 덩어리가 크면 익은 후에도 덜 부서져서 2, 3일 차에 먹기도 좋더라고요. 또 고기를 사용할 때는 담백하고 잡내가 덜 나는, 다이어트에도 좋은 닭 안심이나 닭가슴살을 넣는 편이에요.

기본 재료로 꼽히는 양파, 감자, 당근 외에 이색적인 식재료를 카레에 넣어보신 경험도 있나요?

버섯, 호박, 토마토, 사과, 바나나, 아보카도 정도를 넣었던 기억이 나요. 특히 바나나 카레는 호평이었어요. 저희 남편도 입이 짧은 편인데요. 남편이 유일하게 잘 먹는 음식이 바나나예요. 그래서 바나나를 인터넷으로 대량 구입해서 사두는데, 이것도 너무 많이 사놓으니까 소진할 방법을 찾아야 하더라고요. 냉동 바나나를 우유랑 갈아서 먹어보기도 했는데, 그래도 안 되겠다 싶어서 '카레에 한번 넣어볼까?' 하고 넣었어요. 그런데 너무 달콤하고 맛있는 거예요. 레시피도 별다른 건 없고 블렌더로 간 바나나를 루에 추가해서 끓이는 것뿐이었는데, 달콤한 맛에 아이가 정말 좋아했어요. 오래되어 슈가 스팟이 잔뜩 생긴 바나나를 처리할 때 유용한 방법이니 꼭 한번 만들어 보세요.

추영화 주부의 카레 비법

슈가 스팟이 잔뜩 생긴 **바나나**를 블렌더에 갈아 카레에 넣으면, 아이도 어른도 좋아하는 달콤한 맛의 카레를 맛볼 수 있습니다.

바나나 카레라니! 정말 기발해요. 이런 레시피 아이디어는 어떻게 얻으시나요?

재료를 살 때 조금씩 사는 게 가장 바람직하겠지만, 주부 입장에서는 대량으로 사는 게 훨씬 싸니까 한 번 살 때 10kg씩 사게 돼요. 문제는 입이 짧은 식구가 2명이나 있는 3인 가구에서 제때 소비하지 못한다는 거죠. 그래서 남는 재료를 김치화하거나 뭔가 만들어 보려고 생각하고, 어떻게든 먹이기 위해 궁리하다 보니 이렇게 여러 레시피가 나오게 됐어요. 따로 시간 내서 연구한다거나 레시피를 찾아보는 게 아니라 냉장고 안에 있는 재료들을 빠르게 처리하기 위한 생존과 관련된 문제예요(웃음).

워킹맘의 찐 고민에서 탄생한 레시피였네요(웃음). 영화 님은 오뚜기에서 진행하는 '푸드 에세이 공모전'에도 참여하셨는데요. 카레를 '영웅'이라고 표현하신 점이 인상 깊었어요.

카레를 '영웅'이라고 표현한 이유는, 너무 독특한 나머지 가족들에게 외면받은 음식이라도 카레에 넣으면 드라마틱하게 다시 살아나서 가족들의 사랑과 관심을 받는 요리로 거듭나기 때문이에요. 푸드 에세이에 쓴 내용이지만, 제가 가족들의 건강을 생각해서 낫또를 직접 만든 적이 있어요. 인터넷에서 낫또 만드는 방법을 찾아내고, 무려 48시간이나 걸려서 회심의 역작을 만들었죠. 그런데 가족들이 미끈거리는 식감과 특유의 냄새 때문에 다 피하는 거예요. 웬만하면 사랑으로 극복해 주는 남편도 이건 도저히 못 먹겠다고 하더라고요. 가족들의 건강을 생각해서 재료도 좋은 걸 사용하고, 만드는 시간이 오래 걸리는 만큼 한 번에 양도 많이 만들었는데 말이에요. 혼자 다 먹을 수도 없고 버릴 수도 없는 상황에서 어떻게 해야 하나 정말 난감했어요.

그때 카레가 영웅처럼 등장했군요.
카레는 향도 강하고 걸쭉해서 낫또의 단점을 다 가려줄 수 있을 것 같았어요. 바로 카레를 만들어서 낫또를 넣어봤는데 이게 괜찮은 정도를 넘어서 정말 맛있었어요. 마침 다이어트하겠다고 탄수화물을 줄이는 차였는데, 밥 대신이라고 생각하면서 낫또를 넉넉하게 넣은 카레를 먹으니까 정말 든든했습니다. 그전까지는 카레에 콩을 넣어서 먹어본 적이 없었는데, 의외로 맛도 잘 어울려서 놀랐던 기억이 나요. 이후로 카레에 이것저것 더 넣어보게 됐고, 가족들이 어떤 음식을 외면한다 싶으면 무조건 카레에 넣게 됐어요(웃음).

정성 들여 만든 낫또를 다 버릴 뻔한 위기에서 구해냈으니 카레가 영웅이 맞네요. 오뚜기 카레와 관련된 영화 님만의 또 다른 에피소드가 있을까요?
집에서 향신료의 역할로도 카레를 사용할 때가 있는데요. 제 친정이 춘천이라서 친정 엄마의 레시피로 양념 닭갈비를 만들어 먹곤 해요. 그때도 오뚜기 카레를 사용하는데, 닭갈비에 분말 카레를 넣으면 닭 냄새도 잡아주고 양념이 훨씬 맛있어진답니다. 에피소드라면 신혼 때 집들이하면서 만들었던 닭갈비가 생각나요. 지금이야 밀키트로 양념 닭갈비가 잘 나오는 시대지만, 제가 신혼일 때만 해도 그런 게 흔하지 않았거든요. 게다가 '춘천 출신'이라는 지역 부심까지 더해져서, 엄마의 필승 레시피로 손님들에게 춘천댁의 손맛을 보여줘야겠다는 열정이 있었어요. 그런데 문제는 닭고기의 신선도에 있었죠. 춘천에서는 시장에 가면 신선한 닭 다리살을 구할 수 있는데, 제가 마트에서 산 닭은 닭볶음탕용이었고 그마저도 신선하지 않았는지 살짝 냄새가 났거든요.

저라면 식은땀이 났을 것 같아요.
손님들이 오실 시간은 다 되어가는데, 맛술이나 생강으로도 냄새가 안 잡혀서 춘천 사람으로서 체면이 구겨질 위기였죠. 그때 친정엄마에게 전화해서 상황을 설명하고 어떻게 해야 하는지 여쭤봤는데, 카레를 넣어보라고 하시는 거예요. 엄마의 조언대로 카레를 넣는 순간, 냄새가 바로 잡혔어요. 덕분에 양념 닭갈비도 잘 만들어서 그날의 집들이는 대성공으로 끝났고요. 벌써 17년 전 일인데도 기억이 생생하네요. 지금도 집에서 양념 닭갈비를 만들어 먹을 때면 꼭 카레를 넣어요.

저도 다음에 닭갈비를 만들 기회가 생기면 잊지 않고 분말 카레를 넣어야겠어요. 영화 님이 카레를 만들 때 꼭 사용하시는 조리 도구도 있나요?
일반적으로 속이 깊은 웍을 사용하는데요. 간혹 닭고기 대신 쇠고기 부챗살이나 사태 같은 단단한 고기를 쓸 때면, 보온 냄비를 사용해요. 제가 가지고 있는 보온 냄비는 결혼할 때 일본에 있는 친구에게 선물 받은 냄비인데요. 직접 가열할 수 있는 내솥과 보온 기능이 있는 외솥으로 구성되어 있어요. 내솥에 물과 고기를 넣고 푹 끓인 다음 보온 기능이 있는 외솥에 밤새 넣어두기만 하면, 열이 보존되면서 저온으로 고기가 속까지 부드럽게 익어요. 보통 카레를 만들기 전날 밤에 고기를 넣어서 끓여놓고, 다음 날 잘 익은 고기와 육수를 사용해서 카레를 만들면 전문가가 만든 것처럼 진하고 고급스러운 맛을 낼 수 있어요.

푹 삶은 고기와 육수로 맛을 낸 카레는 맛있을 수밖에요. 영화 님이 카레 요리로 플레이팅하실 때 자주 활용하는 방법이나 노하우도 있을까요?
저는 보통 파스타 볼이나 면기를 사용하는데요. 밥과 카레를 얹어서 비벼 먹기에는 사이즈가 조금 크고 약간 깊이감이 있는 그릇이 좋더라고요. 플레이팅 노하우라고 할 만한 것은 사실 없지만, 아이가 지금보다 더 어렸을 때는 조금이라도 재밌어하면서 먹을 수 있도록 모양 틀에 밥을 찍어서 줬어요. 지금도 가끔 귀여운 모양 틀에 찍어달라고 요청해서 얼마 전에는 고양이 모양 틀을 하나 장만했습니다(웃음).

Enjoy Curry

여전히 따님을 잘 먹이기 위해 고군분투하는 엄마이시군요. 영화 님이 만든 카레 요리 중에 바나나 카레 말고도 가족들의 반응이 좋았던 메뉴가 또 있을까요? 영화 님만의 카레 비법이 궁금해요.

가장 인기 있었던 건 크림 카레였어요. 크림 카레는 기본 카레를 만들고 셋째 날 정도에 만드는 카레인데요. 우유나 크림을 추가하면 돼요. 맛이 고소하고 부드러워서 가족들이 다 좋아해요. 다만, 자칫 느끼해질 수 있기 때문에 느끼함을 잡기 위해 청양고추를 한두 조각 넣어주면 더 맛있어요. 그 외에 낫또나 삶은 콩, 옥수수 등의 재료를 넣으면 가족들이 좋아하는 것 같아요. 편으로 썬 마늘을 구워 넣거나 캐슈너트를 썰어 넣어도 식감을 더해줄 수 있어서 좋고요.

가족을 위해서가 아니라 영화 님이 개인적으로 좋아하시는 카레는 무엇인지도 궁금해요.

튜닝의 끝은 순정이라고 하죠. 저는 카레는 역시 기본 카레인 것 같아요. '오뚜기카레'에 당근, 양파, 고기만 들어간 노란 카레를 제일 좋아합니다. 오랫동안 먹어와서 그럴까요? 어쩐지 카레는 '오뚜기카레 약간매운맛'이 기본이라는 생각이 있는 것 같아요. '카레' 하면 바로 떠오르는 그 맛은 오뚜기 카레로만 낼 수 있다고 생각하고요. 독특한 토핑을 추가하거나 새로운 맛을 내는 것도 좋지만, 사실 그건 맛보다는 평소에 잘 안 먹는 음식을 가족에게 먹이기 위한 목적이 더 커요.

그럼 역시 가장 좋아하는 오뚜기 카레 제품은 '오뚜기카레 약간매운맛'일까요?

'오뚜기카레 약간매운맛'과 '오뚜기카레 매운맛'을 자주 사용해요. 아마 어렸을 때부터 엄마가 만들어 주셨던 카레라서 이 맛에 익숙해지지 않았나 싶어요. 냉장고에 늘 큰 봉지째로 들어있었거든요. 저 역시 항상 떨어지지 않게 집에 사놓고 있습니다(웃음). '오뚜기카레 약간매운맛'에 '오뚜기카레 매운맛'이나 '백세카레 약간매운맛'을 섞어 맵기를 조절하는 편이에요. 바나나, 사과 등의 달콤한 재료와도 잘 어울리는 카레라서 맛있고요. 너무 달달할 때는 청양고추를 살짝 추가하면 맛이 깔끔해진답니다.

영화 님이 생각하시는 카레의 매력은 무엇인가요?
가족에게 다양한 영양소를 먹일 수 있다는 점이 가장 큰 것 같아요. 그냥 재료 자체만 요리해서 먹을 때는 아이가 한두 젓가락 먹고 말 텐데, 카레로 만들면 싫어하는 식재료라도 그냥 카레를 먹는다고 생각하고 받아들이는 것 같거든요. 그리고 쉽고 빠르게 만들 수 있다는 점도 카레의 장점이에요. 가끔 퇴근하고 오면 손가락 하나 까딱하고 싶지 않은 날도 있는데요. 그럴 때 카레를 만들면 실패 없는 한 끼 식사를 완성할 수 있어요. 아이와 같이 요리하기에도 더할 나위 없이 좋은 메뉴이고요. 자르고 볶고 끓이기만 하면 만들어지는 쉬운 요리지만, 완성도가 높아서 그런지 아이의 성취감도 높고, 자기가 만든 음식이라서 더 잘 먹는 것 같아요.

마지막 질문이에요. 영화 님에게 카레는 어떤 의미인가요?
저는 어디에나 있을 법한 흔하고 평범한 사람이에요. 인생에 대단한 업적을 남기기 보다 그냥 두루두루 주변을 돕고 사람들과 트러블 없이 지내는 게 좋아요. 그런데 카레도 그런 재료인 것 같아요. 흔하고, 평범하죠. 어느 집에서나 해 먹을 수 있는 요리이고요. 제아무리 많은 재료를 넣는다고 해도 화려한 고급 요리로 떠올릴 수 있는 메뉴는 아니잖아요. 그렇지만 또, 너무나 유용한 메뉴라고 생각해요. 다른 식자재와 잘 어울리고, '불호'로 여겨지기 쉬운 재료도 카레는 무던히 받아주고 품어줘요. 가족들이 골고루 영양을 섭취할 수 있게 도와주고, 다 죽어가는 요리도 소생시키고요(웃음). 그야말로 '숨은 영웅'입니다. 푸드 에세이에 카레처럼 살고 싶다고 쓴 이유도 마찬가지예요. 흔하고 평범하지만 주방엔 꼭 필요하거든요. 저는 지극히 평범한 사람이지만, 직장에서나 가정에서나 다른 사람들의 장점은 이끌어 주고 단점은 덮어주는 카레 같은 사람이 되고 싶어요. 카레는 저에게 그런 의미입니다.

추영화 주부의 오뚜기 카레 Pick
'오뚜기카레 매운맛'이나 '백세카레 약간매운맛'과 섞어서 맛있게 맵기를 조절할 수 있는, 카레의 정석 **'오뚜기카레 약간매운맛'**

Enjoy Curry

"카레는 쉽고 빠르게 만들 수 있고, 다른 식자재와 잘 어울리고, '불호'로 여겨지기 쉬운 재료도 무던히 받아주고 품어줘요. 가족들이 골고루 영양을 섭취할 수 있게 도와주고, 다 죽어가는 요리도 소생시키는, 그야말로 숨은 영웅입니다."

Play Ground

```
┌─ Curry is ←──────┐
│  한식과 조화를 이룰  │
│  건강한 식재료      │
│                  │
│   04   셰프 조희숙  │
└──────────────────┘
```

밥, 김치와 함께 먹는 음식이라서 그럴까? 카레는 엄연히 따지면 한식이 아니지만 왠지 한식 같다는 이미지가 있다. 해외에서 온 식재료가 분명한데, 한국인의 밥상에 자연스레 스며들어 한식처럼 둔갑한 친화력 만점의 요리인 셈이다. 40년 이상 한식을 만들어 온 한식 대가는 카레를 어떤 음식으로 보고 있을까? 2020년 '아시아 50 베스트 레스토랑 어워드 아시아 최고 여성 셰프'로 선정, 2021년 '미쉐린 서울 멘토 셰프 어워드' 수상, 2022년 《포브스》가 선정한 '50세 이상 성공한 아시아 여성 50인'에 뽑히는 등 명실공히 '한식의 대가'로 불리는 조희숙 셰프를 만나 카레에 대한 생각을 들어보았다.

안녕하세요, 셰프님. 자기소개 부탁드립니다.
안녕하세요. 40년 이상 한식 요리를 해온 조희숙입니다. 세종호텔, 그랜드 인터컨티넨탈, 서울 신라호텔 등 호텔 주방에서 일해왔고요. 2017년에 <한식공간>이라는 레스토랑을 열어 운영하기도 했습니다. 2021년 8월을 끝으로 레스토랑은 영업을 종료했지만, 지금은 제 요리를 배우거나 먹어보고 싶은 사람들에게 그동안의 경험과 노하우를 공유하는 목적으로 컨설팅, 클래스 중심의 한식공간을 운영하고 있어요.

미쉐린 1스타를 받았던 <한식공간>이 레스토랑으로 운영될 때 가보지 못한 게 무척 아쉽네요. 셰프님의 한식공간은 어떤 메시지를 전하기 위해 운영되었나요?
옛날에는 궁중 음식과 사대부 밥상이 특별한 계층만 맛볼 수 있는 요리였는데, 현대 사회는 계층의 구별 없이 누구나 좋은 음식을 먹을 수 있잖아요. 한식공간이 있던 자리가 창덕궁 옆이라서 식사하면서 궁궐을 내다볼 수 있었어요. 특별한 장소에서 일반인들도 부담 없이 대접받는 느낌으로 궁중 음식을 맛보게 하자는 생각으로 운영했습니다. 또, 우리가 일반적으로 생각하는 것보다 한식이 훨씬 다양하다는 것도 보여주고 싶었고요.

셰프님의 요리와 멋진 뷰가 함께해서 더욱 근사했을 것 같아요. 오늘 셰프님께서 카레를 사용한 한식 메뉴를 선보이시는데요. 평소에 셰프님은 카레에 대해 어떤 생각을 갖고 계셨나요?
카레의 주성분인 강황은 건강에 좋은 식재료로 알려져 있잖아요. 우리나라에서도 남쪽 지방이나 전남 진도에서는 강황을 밥에 넣어 먹고, 다양한 요리로 활용하고 있어요. 강황 이외에도 몸에 좋은 향신료나 영양 성분이 많이 포함되어 있다 보니, 저에게 카레는 '건강한 음식'이라는 인식이 있었어요.

건강에 좋은 카레를 사용해서 오늘 만들어 주실 메뉴는 무엇인가요?
인터뷰할 때 어떤 음식을 가장 좋아하냐는 질문을 종종 받는데요. 제가 '떡볶이'라고 대답하면, 다들 의외라고 생각하더라고요. 오늘은 좋아하는 음식인 떡볶이에 카레를 넣어서 카레떡볶이를 만들어 보려고 합니다. 제가 1남 1녀를 낳았는데, 임신했을 때 입덧을 떡볶이로 달랬어요. 보통 임산부들한테 입덧 달래는 음식이 하나쯤은 있기 마련인데, 저는 이상하게도 아들, 딸 똑같이 떡볶이가 입덧을 잡아주더라고요.

Play Ground

전복이나 더덕같이 귀하게 여겨지는 식재료를 사용한 음식을 좋아하실 줄 알았는데, 떡볶이는 정말 의외예요.
좋은 재료를 가지고 다양한 요리를 하니까 셰프들은 항상 대단한 요리를 먹거나 좋아할 거라고 생각하는데요. 사실 아이러니하게도 자기 밥을 가장 못 챙겨 먹는 사람들이 바로 셰프예요. 손님들에게 음식을 제공하면서 바쁘게 움직이다 보면, 밥때를 놓쳐서 제대로 된 식사를 못 하는 게 셰프들의 일상이죠.

저도 떡볶이가 소울푸드인 사람으로서 오늘 만들어 주실 카레떡볶이가 무척 기대되는데요. 이 메뉴를 생각하신 특별한 이유가 또 있을까요?
개인적으로 좋아하고 지향하는 한식 요리를 하고 있지만, 궁극적으로는 글로벌 시장에서의 한식의 위치와 역할을 생각하며 요리해야 한다는 일종의 사명감이 있어요. 카레는 전 세계에 널리 퍼진 글로벌 음식이잖아요. 예를 들어, 피자나 스시도 카레와 마찬가지로 전 세계인이 먹는 음식이지만, 피자는 이탈리안, 스시는 일식이라는 생각이 확고하게 자리잡혀 있죠. 다른 나라에 가서 아무리 그 음식의 형태나 조리법, 사용하는 재료가 달라지더라도 피자의 근본은 이탈리아, 스시의 근본은 일본이라는 인식이 있듯이, 한식도 그 나라에 맞게 현지화되고 달라지더라도 '이건 한식을 바탕으로 만든 요리야'라고 말할 수 있는 음식이 많아졌으면 해요. 카레를 활용한 요리로 무얼 할지 고민하다가 자주 먹을 수 있는 카레라이스가 아닌, 한식 메뉴인 떡볶이에 응용해 보기로 했습니다. 전 세계인 모두가 좋아하는 소스인 카레를 사용해서 우리에게 익숙한 고추장떡볶이나 짜장떡볶이만큼이나 맛있는 카레떡볶이를 만들어 봐야겠다고요.

카레떡볶이에 들어가는 재료나 레시피는 어떻게 되나요?
저는 쌀떡을 사용했지만, 시중에 다양한 형태의 떡볶이 떡이 있으니 취향대로 골라서 사용하면 되고요. 한식은 여러 재료가 복합적으로 들어가는데, 카레떡볶이에서도 이 점을 고려해서 탄수화물인 떡뿐만 아니라 우리 주변에서 흔하게 볼 수 있는 당근, 표고, 애호박, 숙주 네 가지 채소를 넣었습니다. 핏물을 뺀 우둔살도 잘게 다져 넣어서 영양 균형을 맞췄고요. 한식은 시각적인 측면에서 음식을 오방색으로 표현하는 것을 지향하는데요. 자연의 식재료를 활용해서 전통적인 색깔과 재료가 조화롭게 균형을 이루면, 그것이 한국적이라는 생각이 있어요. 카레떡볶이에서도 각 재료로 오방색을 맞춰보았습니다. 오방색 중 노란색은 카레가 확실하게 담당하고 있으니 노란색을 표현할 다른 재료는 사용하지 않았고요. 붉은색은 당근, 검은색은 표고, 파란색은 애호박, 하얀색은 숙주를 활용해서 다섯 가지 색깔을 구성했습니다.

오늘의 카레떡볶이는 한식이 지향하는 오방색을 품고 있는 특별한 떡볶이군요. 혹시 셰프님께서 생각하시는 카레와 한식의 닮은 점이 있을까요?
우리나라 정부에서 한식의 글로벌화를 선포한 게 거의 15년 전 일인데요. 전 세계인에게 어필할 수 있는 한식의 다양한 가치 중에서도 저는 '건강한 음식'이라는 점이 가장 중요한 것 같아요. 우리가 먹는 여러 가지 나물이나 밥과 함께 먹는 반찬 중에는 건강한 식재료와 조리법을 활용한 음식이 정말 많잖아요. 외국 사람들이 한국에 오면 고기구이 집으로 많이 가서, 한식은 그런 메뉴만 있는 줄 아는데요. 진짜 한식을 맛보면 이런 게 있었냐고 놀라는 경우가 많아요. 그건 한국인들도 마찬가지고요. 그만큼 우리가 한식에 대해 잘 모르고 있다는 거죠. 일상에서 자주 접하고 먹는 한식만 생각하게 되는데, 그 이면에는 훨씬 다양하고, 건강하고, 고급스러운, 귀하게 여겨지는 음식과 메뉴가 많답니다. 음식을 먹는 이유에는 먹는 행위를 통해 즐거움을 느끼는 것도 있지만, 그보다 더 중요한 건 우리 몸의 건강을 위해서라고 생각해요. 저 또한 건강한 음식을 지향하고 건강하게 만들기 위해 고민하는 사람이라서 그런지, 카레와 한식은 건강한 음식이라는 점이 닮은 것 같아요.

우리가 알고 있는 일반적인 한식 외에도 다양한 요리가 많다고 하셨는데요. 카레도 카레라이스만 있는 게 아니라 카레를 활용한 무수히 많은 요리가 있는 만큼, 카레와 한식의 공통점은 다양성을 지닌 음식이라는 점도 말할 수 있을 것 같아요. 그런데, 사실 카레는 고유의 맛과 향이 강한 식재료이잖아요. 카레를 한식 메뉴로 구상하면서 맛을 조화롭게 내기 위해 어떤 점을 고민하셨나요?
카레는 나라별로 맛이 다 다르지만, 우리가 한국에서 자주 먹는 카레는 한국인의 입맛에 맞게 현지화되었다고 생각해요. 우리의 식생활과 입맛을 연구해서 출시한 제품인 만큼, 한국인에게 최적화된 맛이라고요. 또, 카레에 들어가는 향신료 중 하나인 강황은 우리나라에서 오래전부터 활용해 온 식재료예요. 이전부터 자주 사용해 왔기 때문에 우리나라의 전통 장과도 이미 조화롭게 어우러지고 있다고 생각합니다. 카레 맛이 확 드러나지 않아도 알게 모르게 우리가 먹는 많은 음식에 카레가 기본 소스로 활용되는 경우도 많고요.

셰프님께서 생각하시는 카레와 잘 어울리는 한국의 식재료는 무엇인가요?
우리나라 국토의 70%가 산이잖아요. 산에서 얻을 수 있는 작물이나 계절별로 나오는 제철 채소들, 나물 반찬 등에 적용해 보면 어떨까요? 저도 아직 만들어 본 적은 없지만, 봄나물로 나물 반찬을 만들 때 보통 들깨에 무쳐 먹곤 하는데, 여기에 카레를 적용해 보면 어떤 느낌이 날지, 손님들은 어떻게 받아들일지 셰프끼리 연구하면서 새롭게 시도해 보고 싶다는 생각이 들었어요.

봄나물과 카레의 만남도 기대되네요. 카레는 집에서 자주 먹는 가정 요리이기도 한데요. 셰프님께서도 종종 집에서 카레를 만드시나요?
요즘에는 바쁜 아침에 손녀들에게 볶음밥을 만들어 줄 때 카레를 사용해요. 고기나 해물, 채소볶음에도 카레를 넣고요. 소금 대신 카레로 간을 맞추는 건데, 카레의 풍미가 더해져서 좋습니다. 오래 끓여 걸쭉한 카레는 아니지만, 재료 본연의 맛과 카레가 어우러져서 포슬포슬한 느낌의 카레를 맛볼 수 있어요.

지금은 손녀분들을 위한 카레 요리를 하시는군요. 셰프님의 자녀분들이 어렸을 때 카레를 대용량으로 끓이기도 하셨나요?
국내외 출장이 많으니까 며칠 자리를 비울 때면 카레를 만들어 놓을 때도 있었죠. 카레는 채소와 고기 등 다양한 재료가 들어가니까, 반찬의 가짓수가 적어도 카레만 있으면 걱정이 덜했어요. 다양한 영양소를 섭취할 수 있으니 가족들에게 미안한 마음도 덜 수 있었고요. 카레는 많이 만들어야 맛의 상승효과를 볼 수 있으니까 양껏 만들어서 먹을 만큼만 덜어놓고 나머지는 냉동시켰다가 다시 해동해서 먹곤 했어요. 해동해도 카레의 맛이나 음식 상태가 크게 바뀌지 않는다는 점도 좋았죠. 그래서 저는 카레가 효자 메뉴라고 생각해요. 한 번 만들 때 많이 만들어서 며칠은 먹을 수 있고, 오래 끓일수록 맛있는 데다가, 다양한 식재료를 넣어서 영양까지 챙길 수 있으니 여러모로 바쁜 직장인이나 주부들의 걱정을 덜어주는 효자 품목이죠.

효자 메뉴인 카레를 먹을 때 셰프님께서 꼭 곁들이는 반찬은 무엇인가요?
대표적인 건 김치죠. 그 외에는 생채나 샐러드 종류를 많이 먹고요. 손녀들이 아직 어려서 매운 김치를 잘 못 먹기 때문에 손녀들에게 줄 때는 토마토 절임을 반찬으로 곁들여요. 작은 방울토마토를 절여서 담가놓았다가 카레와 함께 내어주면 새콤달콤한 맛에 잘 먹더라고요.

이번에는 오뚜기 카레와 셰프님의 인연에 대해 여쭤보려고 해요. 셰프님은 오뚜기 함태호 재단이 제작 지원하여 만든 책 《K FOOD : 한식의 비밀》에 요리 자문 위원으로 참여하셨는데요. 한국 음식의 특질을 탐구한 책이라고요.
《K FOOD : 한식의 비밀》에 참여한 것을 계기로 지난해에는 오뚜기 중앙 연구소에 있는 한식 연구원들에게 1년 동안 한식에 대한 총체적인 개념을 소개하는 강의를 진행했습니다. 올해는 격월로 하고 있고요. 한식에 관심을 갖고 연구한다는 자체가 달라진 한식의 위상을 보여주는 거라고 생각해요. 제가 2000년도에 대학에서 전임 교수를 했는데, 같은 과 교수 중 한 분이 오뚜기 중앙연구소에서 연구원으로 20년 이상 근무한 분이었어요. 그분으로부터 오뚜기의 경영 철학이나 사내 문화에 관한 이야기를 많이 들었죠. 아무래도 대기업의 경영 철학이나 브랜드 메시지는 대중에게 미치는 파급효과가 큰데, 오뚜기는 좋은 일을 많이 하고 경영 철학도 꼿꼿하게 지켜나가는 모습이 보기 좋다고 생각했습니다.

오뚜기의 창립 제품이자 대표 제품인 카레 중에서 셰프님이 가장 즐겨 쓰시는 제품은 무엇일지 궁금해요. 셰프님께서 생각하시는 오뚜기 카레의 장점이나 매력도 듣고 싶고요.
저는 매운 음식을 잘 못 먹어서 '오뚜기카레 순한맛'을 가장 좋아해요. 제 입맛에는 순한맛이 제일 낫더라고요. 근데 그냥 순한맛만 먹는 건 아니고 매운맛이랑 조금 섞어서 사용해요. 제가 생각하는 오뚜기 카레의 장점은 한국인의 입맛에 최적화되어 있다는 거예요. 요즘에는 외국 생활을 경험해 본 젊은 세대가 많고, 외국에서 먹었던 카레 맛을 좋아하는 사람도 많아서 다양한 제품이 나오고 있지만, 제 또래를 보면 외국 카레를 먹었을 때 맡게 되는 이국적인 향이나 맛을 받아들이기 어려워하는 경우가 많더라고요. 자꾸 먹으면 어떻게 될지 모르겠지만, 아무래도 저로서는 조금 익숙해지지 않아요(웃음). 그래서 오뚜기 카레는 한국인의 입맛에 맞춰진 제품이라는 점이 가장 큰 장점이지 않을까 생각합니다.

Enjoy Curry

문득 셰프님께서 오뚜기 카레를 처음 맛보셨을 때가 언제였는지 궁금해졌어요. 오뚜기 카레와 관련된 셰프님의 특별한 에피소드나 추억이 있을까요?

제 기억에 첫 카레는 어렸을 때 친구네 집에서 먹은 카레예요. 제가 초등학교를 다닐 무렵에는 집안이 어려워서 여유 있게 먹지 못했거든요. 그런데, 어느 날 친구 집에 갔는데 친구 어머니가 카레를 해주셨어요. 어린 마음에도 '왜 우리 엄마는 이런 걸 안 해주지? 왜 우리 집은 이런 걸 못 먹을까?' 생각했죠. 우리 집에서 먹어보지 못한 음식을 친구들은 먹고 있다는 생각에 부러웠어요. 처음 먹어본 카레는 정말 생경하고 낯설었지만 그래도 큰 거부감 없이 맛있게 먹었던 기억이 있습니다.

셰프님의 기억 속 첫 카레는 친구 집에서 맛본 카레였군요! 셰프님에게 카레란 어떤 의미인가요?

사실 한식을 주로 하다 보니, 카레는 손님들에게 요리할 때 자주 사용하지 않았던 식재료예요. 이번 인터뷰를 계기로 카레에 대해 다시 생각해 보게 됐어요. 그동안 분말 카레를 소스로 사용하거나 강황을 밥에 넣어서 먹긴 했지만, 조금 더 다양하게 한식에 적용하고 풀어내 보면 좋겠다고 생각했고요. 외국에서 온 식재료라는 것을 떠나서 카레가 지닌 건강한 성분에 초점을 맞춰 한식에 접목해 보고 싶어요. 세계인의 입맛에 맞으면서 오래도록 사랑받을 수 있는, 그러면서도 한국 음식에 근본을 두고 있다는 인식을 줄 수 있는 한식이 무엇인지, 스스로도 자주 생각해 보고 종종 질문을 받는데요. 그것을 찾기 위해선 이렇게 계속 새롭게 시도하고 찾아봐야겠다는 생각이 들어요.

— 조희숙 셰프의 카레 비법 —
채소, 육류, 해물 등 볶음 요리에 **분말 카레**를 사용하면 소금 대신 간을 맞출 수 있고 카레의 향과 풍미가 더해져 맛있는 볶음 요리를 만들 수 있습니다.

Play Ground

앞으로 셰프님께서 선보이실 한식에 접목한 카레 요리도 기대해 보겠습니다. 마지막으로 셰프님의 계획과 목표를 듣고 싶어요.

누군가에게 음식을 제공했을 때, 그 음식을 먹는 사람이 맛있다고 느끼고, 먹고 나서 건강해져야 한다는 것을 요리 철학으로 삼고 한식에 임해왔는데요. 마지막까지 제가 지켜나가야 하는 것은 누구에게나 맛있는, 건강에 좋은 재료를 사용해서 정직하게 요리하는 것이에요. 아무리 오랜 시간 해왔어도 내가 다 이뤘다고 생각하는 게 아니라, 마지막까지 이 마음을 견지해 나가려고 노력하고 지향하는 자세가 중요하다고 생각하고요. 젊었을 때는 눈에 보이는 것을 목표로 삼았지만, 나이가 들고 보니 제가 만드는 음식의 역할이라는 게 궁극적으로는 '음식을 통해 힐링하는 것' 같아요. 한식공간을 운영할 때 손님들로부터 몇 번이나 '이 음식을 먹고 힐링이 되었다'는 이야기를 들었는데, 그럴 때마다 '내 음식의 역할은 이것이구나!' 싶었어요. 음식에 대한 셰프의 생각과 가치는 연령에 따라 달라지는데, 지금은 제 음식을 통해 육체적인 만족보다도 정신적인 만족을 느낄 수 있으면 좋겠습니다. 그게 내가 만든 음식과 셰프로서의 역할에서 가장 최선이 아닐까 해요. 누군가에게 건강한 음식을 제공하는 일이 계속해 나가기 어려운 사명과 같다는 생각이 들지만, 그럼에도 소명 의식을 갖고 끊임없이 고민하면서 새롭게 시도하고 노력하고 싶습니다.

조희숙 셰프의 오뚜기 카레 Pick

매운 음식을 잘 못 먹는 사람들에게 적극 추천하는 오리지널의 맛! 매운맛과 적절히 섞어서 사용하면 더 맛있는 **'오뚜기카레 순한맛'**

Enjoy Curry

"외국에서 온 식재료라는 것을 떠나서 카레가 지닌 건강한 성분에 초점을 맞춰 한식에 접목해 보고 싶어요."

Play Ground

Curry is
내가 좋아하는 것

05 카레 마니아 카레머신

매일 한 끼는 똑같은 음식을 먹어야 한다면, 어떤 음식을 고르는 게 가장 현명한 선택일까? 2019년 12월부터 X(구 트위터) 계정(@currymachine_)에 카레 먹는 사진을 올려온 카레 마니아 '카레머신'은 어쩌면 이 질문에 대한 답을 알고 있을지도 모른다. 4.4만 팔로워를 보유한 그녀가 X 계정을 운영한 지도 어느덧 6년째. 더 이상 새로운 카레는 없을 것 같지만, 오늘도 여전히 카레 사진을 올리는 그녀에게 카레는 과연 어떤 의미일까? "아직은 카레가 질리지 않았다"라며 카레를 향한 깊은 애정을 드러내는 그녀의 대답을 듣고 나니, 문득 오래 끓여 깊고 진한 맛이 우러나는 카레가 먹고 싶어졌다.

Enjoy Curry

안녕하세요, 카레머신 님. 자기소개 부탁드립니다.
안녕하세요. 음식과는 아무 상관 없이 사무직으로 근무하고 있는, 집에서 카레 끓이는 사람 '카레머신'입니다.

카레머신 님은 X 계정에 꾸준히 오늘 먹은 카레 사진을 올리는 카레 마니아인데요. '카레머신'이라는 X 계정을 운영하게 된 계기는 무엇이었나요?
정확히 언제였는지 기억나진 않지만, 제가 고등학생 때 일본어 자격증을 따기 위해 일본어 학원에 다녔어요. 그 학원 근처에 일식 카레집이 있었죠. 거기서 맛본 카레가 너무 맛있어서 끼니를 때우러 자주 갔는데, 계속 먹다 보니 카레에 빠져버렸어요. 카레를 너무 많이 먹으니까 어느 순간부터는 이걸 기록하고 싶더라고요. 그렇게 X를 시작한 게 지금에 이르렀습니다. 거의 매일 카레 사진을 올리니까 닉네임에 '카레'는 꼭 넣고 싶었는데, 그 뒤에 '머신'을 붙인 건 정말 아무 이유 없었어요. 닉네임을 짓는 데 3분도 채 걸리지 않을 거예요. 카레 다음에 생각난 단어가 머신이어서 '그냥 러닝머신처럼 머신을 붙여야겠다'고 생각하고 지은 이름입니다(웃음).

별다른 의미 없이 지었지만, 어떻게 보면 딱 맞아떨어지는 것 같아요. 정말 카레만 먹는 로봇처럼 카레 마니아가 되었으니까요(웃음). 지금까지 얼마나 많은 카레를 먹었는지 어림잡아 세어볼 수 있나요?
X 게시물 기준으로 카레 사진이 1,600개가 넘더라고요. 최소 1,500그릇은 넘게 먹지 않았을까요? 작년에는 거의 매일 카레를 먹었는데, 요즘은 건강을 위해 다른 음식도 골고루 챙겨 먹으면서 전보다 조금 덜 먹고 있습니다(웃음). 사실 처음에는 이 계정 운영에 큰 뜻을 둔 게 아니라서, 제가 먹는 카레 사진을 다 올리지 않고 그냥 마음 가는 대로 올렸어요. 초창기에는 아카이브 용도였다면, 점점 팔로워가 늘어나면서 알게 모르게 보이는 걸 의식하게 되더라고요. 요즘에는 제가 만들었지만, 맛이 없거나 플레이팅이 맘에 들지 않으면 굳이 사진을 올리지 않아요. 그러니까 어쩌면 1,500그릇보다 더 먹었을지도 모르겠어요.

5년 동안 매일 한 끼 카레를 먹으면 1,825그릇인데요. 카레머신 님이 업로드하지 않은 사진까지 고려하면 정말로 거의 매일 먹은 셈이네요. 집에서 만들어 먹는 카레와 외식으로 먹는 카레의 비율은 어느 정도인가요?
집에서 먹는 게 7, 외식이 3인 것 같아요. 아무래도 집에서 만들면 제 입맛에 맞게 원하는 재료를 사용할 수 있다는 게 장점이에요. 밖에서 맛보는 카레는 같은 재료를 사용해도 '남들은 저렇게 만드는구나' 새롭게 배우고 깨달을 수 있어서 좋고요. 카레는 약간의 향신료 양 차이로도 맛이 크게 달라지는데요. 예를 들어 버터 치킨 카레도 '나는 이렇게 만드는데, 같은 재료를 사용해서 다른 사람은 저런 맛을 내는구나!' 하고 차이를 발견하는 재미가 있어요.

Play Ground

향신료를 얼마나 넣었는지 감지할 수 있을 정도로 미각이 단련된 건가요(웃음)? 새로운 카레 맛집은 어떻게 찾는지 궁금해요.

어떤 향신료가 더 들어갔는지 미세한 차이까지는 모르고요(웃음). 그냥 이 집은 카레의 '단맛을 더 내는구나', '짠맛을 더 강조하는구나' 정도로 맛에서 어떤 포인트를 주는지 정도는 알 수 있어요. 새로운 카레 맛집을 찾는 건 다른 분들과 비슷해요. 인스타그램이나 X, 유튜브에 업로드되는 맛집 정보를 저장하기도 하고, 친구들이랑 약속이 있어서 낯선 동네나 지역을 방문하면, 그 지역의 카레 맛집을 검색해 보기도 하고요.

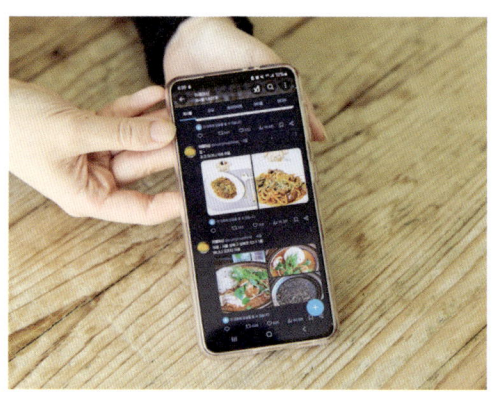

카레머신 님이 저장해 놓은 전국의 카레 맛집이 총 몇 개일지 궁금한데요. 지금까지 맛본 카레 중에서 가장 맛있었던 카레 맛집은 어디인가요.

현재 저장된 맛집은 159개네요. 최고의 카레 맛집은 이곳저곳에서 좀 많이 말하긴 했는데… 성북동에 있는 〈카레〉요. 가게 이름이 '카레'예요. 이곳의 카레는 우리가 일반적으로 생각하는 카레 맛과 확연히 달라요. 향신료 카레라고 말할 수 있는데, 처음 맛보는 분들은 오히려 이 맛이 낯설다고 싫어할 수도 있을 것 같아요. 하지만 인도 카레나 일본 카레, 한국 카레와는 또 다른 매력이 있어서, 한번 그 맛을 보면 향신료 카레의 매력에 금방 빠져들 거예요. 제 생각에는 〈카레〉가 국내에서 향신료를 가장 잘 쓰는 집인 것 같아요. 한국에는 정말 다양한 카레 맛집이 있지만, 〈카레〉는 향신료에 대해 깊이 공부하고 연구했다는 걸 느낄 수 있어서 특히나 애정하는 가게입니다.

〈카레〉에서 맛본 카레 중에는 어떤 카레가 가장 맛있었나요?

'화이트 치킨 카레'가 이색적이라서 기억에 남아요. 보통 카레 하면, 노란색이나 갈색을 떠올리잖아요. 화이트 치킨 카레는 메뉴명에서 알 수 있듯이 색깔이 흰색이에요. 강황처럼 노란빛을 내는 향신료를 사용하지 않고, 다른 향신료들을 배합해서 만든 카레였죠. 일반적인 카레 색상에서 벗어났다는 것도 인상적이었지만, 카레를 먹다가 레몬즙을 뿌리면 산미가 더해져서 그런지 요거트 맛이 난다는 점도 신기했어요. 시즌 한정 메뉴라서 아마 겨울에 가야 맛볼 수 있을 거예요.

이번엔 직접 만드는 카레에 대해 여쭤볼게요. 집에서 만들어 먹는 카레가 더 많다고 하셨는데, 집에서 다양한 카레 요리를 만들기 시작한 이유는 무엇이었나요?

자취 경력이 3~4년 정도 되는데요. 혼자 살다 보니 집에서 뭔가 해 먹긴 해 먹어야 하는데, 뭘 해야 할지 모르겠더라고요. 그때 처음 먹은 음식이 버터 치킨 카레 레토르트 제품이었어요. 쉽고 간편하고 맛있어서 자주 사 먹었는데, 어느 날 문득 내가 원하는 카레를 직접 만들어 보면 좋겠다는 생각이 들었어요. 그래서 갑자기 향신료를 열다섯 종류나 사고 각 향신료에 대해 공부하면서 카레 요리를 하나씩 만들어 먹기 시작했어요. 제가 뭔가 하나에 빠지면 깊이 파고드는 경향이 있는데, 음식에 꽂힌 건 카레가 처음이었어요. 저도 이렇게 오래도록 질리지 않고 먹을 줄은 몰랐고요(웃음). 아직은 안 질렸는데, 아마 질릴 정도로 매일 똑같은 카레를 먹는 게 아니라서 계속 먹게 되는 것 같아요.

Enjoy Curry

카레라이스뿐만 아니라 카레를 주제로 한 다양한 요리도 하시더라고요. 보통 레시피 아이디어는 어떻게 얻으시나요?
그때그때 먹고 싶은 음식에 카레를 접목하는 것 같아요. 예를 들면, 예전에 제가 '카레 마제소바'를 올린 적이 있는데요. 구독 중인 유튜브 채널 〈해쭈〉에서 해쭈님이 마제소바 레시피를 올린 걸 보고 아이디어를 얻었어요. 마제소바에 다진 고기를 사용하시는데, 그게 키마카레랑 거의 똑같더라고요. 이런 식으로 어떤 레시피에 카레를 섞어도 맛있겠다는 생각이 들면 시도해요. '카레 감자 팝콘'도 만든 적이 있는데, 감자 팝콘은 매시 포테이토로 만든 팝콘 모양의 과자예요. 어느 날 유튜브에 뜬 감자 팝콘을 보고 카레로 만들어도 맛있겠다 싶었는데, 만들어 보니 역시나 맛있었어요.

최근에 또 이렇게 만들어 봤는데, 팔로워분들의 반응이 좋았던 메뉴는 무엇인가요?
'카레 라멘'이요. 일본식 돈코츠 라멘에 오뚜기 고형 카레를 넣어서 같이 끓이면 돼요. 삶은 달걀이나 토핑을 추가하면 더 맛있고요. 제가 생각해 낸 아이디어지만, 오뚜기 카레로 집에서 간단하게 요리할 수 있으니 한번 만들어 보세요.

카레머신 님이 집에서 가장 자주 만들어 먹는 카레는 무엇인가요? 그 레시피도 알고 싶어요.
앞서 말했던 버터 치킨 카레예요. 제가 만든 레시피보다 《인도커리 50》이라는 책에서 본 레시피가 더 맛있어서 그 방식으로 자주 만들어요. 버터 치킨 카레는 워낙 기본 중의 기본 메뉴라서 카레 레시피북이라면 빠지지 않고 수록되어 있는데요. 여러 책에 있는 레시피를 다 해봤지만, 《인도커리 50》에 소개된 레시피가 제일 맛있더라고요. 만드는 방법을 가볍게 말씀드리면, 먼저 가루 형태가 아닌 씨나 알갱이 형태의 향신료를 버터에 볶아요. 향신료의 향이 올라오면 풋고추나 꽈리고추를 더해 고추 향이 날 때까지 볶은 다음, 토마토를 넣고 다시 볶습니다. 이렇게 볶은 걸 한 번 갈아주고, 거름망에 걸러요. 찰랑찰랑할 정도로 걸러낸 소스에 닭고기와 생크림과 버터를 넣고 끓이면 완성됩니다.

Play Ground

보통 카레에 꼭 들어가는 재료인 양파를 사용하지 않는 게 신기해요. 이 외에 카레를 만들 때 꼭 사용하는 카레머신 님만의 비법 재료도 있을까요?
꿀이랑 버터가 들어가서 충분히 단맛을 내기 때문에 저는 버터 치킨 카레에는 양파를 넣지 않아요. 하지만 그 외의 모든 카레에는 양파를 꼭 넣습니다. 카레를 만들 때 꼭 사용하는 재료라면 향신료, 그다음이 양파일 것 같아요. 제가 굉장히 진하고 찐득한 느낌의 카레를 좋아하는데, 이런 맛을 내려면 고형 카레나 루를 쓰고, 양파를 엄청 오래 볶아야 해요. 양파는 카레 맛의 핵심이라고 말할 정도로 중요한 존재예요. 그래서 맛있는 카레를 만들기 위해서는 양파가 진한 갈색이 될 때까지 오래 볶으라고 말하고 싶어요. 그 외에는 인도 카레를 만들 때 '호로파잎'을 넣는 것 정도일까요? 호로파잎을 넣으면 이국적인 맛과 향이 확 살아나거든요.

오늘 만든 '폼폼푸린 돼지고기 카레'에도 채소는 양파가 유일하게 사용됐죠. 오늘의 레시피도 들어 볼까요?
레시피는 3~4인분 분량이고요. 먼저 양파 한 개를 얇게 썹니다. 프라이팬에 기름을 두르고 다진 마늘을 조금 넣고 볶다가 마늘 향이 올라오면, 썰어둔 양파를 넣고 오래 볶아요. 양파가 캐러멜라이징이 되면, 돼지고기를 넣고 다시 볶은 후에 오뚜기 '3일숙성카레(고형)' 제품을 넣으면 끝입니다. 아, 달걀지단이나 치즈로 폼폼푸린 얼굴을 만들고, 김으로 눈, 코, 입을 그린 후 가라아게로 폼폼푸린 모자를 씌워주면 진짜 끝이에요(웃음).

> **카레머신의 카레 비법**
>
> 양파가 진한 갈색이 될 때까지 오래 볶는 게 가장 중요해요. 인도 카레를 만들 때는 **'호로파잎'**을 넣으면 이국적인 맛과 향이 확 살아납니다.

그러고 보니 카레머신 님은 산리오 캐릭터인 '폼폼푸린'을 좋아하시잖아요. 카레에 폼폼푸린을 활용한 플레이팅도 자주 하시던데, 이 캐릭터를 플레이팅에 활용하는 이유는 무엇인가요?

폼폼푸린이 카레와 같은 노란색이라서 좋아하냐고 물어보시는 분들도 종종 있는데요. 그건 아니고요(웃음). 그냥 캐릭터가 귀여워서 좋아요. 이렇게 캐릭터를 더하면 플레이팅하는 데 시간은 오래 걸리지만, 먹을 때 뿌듯함이 있어서 계속하는 것 같아요. 또 제가 캐릭터 도시락을 좋아해서 일본의 캐릭터 도시락 만드는 영상을 자주 찾아보곤 했는데요. 카레를 직접 만들게 되면서 플레이팅에 캐릭터를 적용해 보면 좋겠다는 생각이 들더라고요. 그래서 좋아하는 캐릭터인 폼폼푸린을 활용하게 됐어요. 집에 친구가 놀러 오면 그 친구가 좋아하는 다른 캐릭터로 플레이팅해 주기도 해요.

또 다른 캐릭터를 활용한 카레머신 님의 플레이팅도 궁금해지네요. 요리하거나 플레이팅할 때 자주 사용하는 조리 도구는 무엇인가요?

플레이팅할 때는 아무래도 그릇에 신경을 써요. '이 그릇에 카레를 올렸을 때 카레가 맛있어 보일까?', '색상 대비는 괜찮을까?'를 따져보고요. 어제 올린 카레 사진과 그릇이 겹치지 않도록 최대한 다양한 그릇을 보여드리려고 해요. 조리 도구 중에는 실리콘 주걱을 자주 사용합니다. 양파를 볶거나 토마토를 으깰 때도 편하고, 냄비 구석까지 잘 긁어낼 수 있어서 다용도로 쓰기 좋아요.

팔로워분들이 보는 것을 고려해서 그릇도 매일 바꾸시는군요. 카레머신 계정을 운영하면서 기억에 남는 순간이나 뿌듯했던 경험도 있을 것 같아요.

제가 올린 레시피를 따라 해보시고, 맛있었다고 후기를 남겨주실 때가 가장 뿌듯하죠. 작년에 메티즌, 오뚜기와 협업하면서 카레 피자랑 카레 유부초밥 레시피를 만들었는데요. 집에서 레시피를 따라 해보셨다는 분들의 댓글을 보면서 올리길 잘했다는 생각이 들었어요. 오뚜기에서 제 레시피를 재연해서 직접 사진을 올려주시기도 했는데요. 어릴 때부터 제가 익숙하게 먹고 자라온 식품 브랜드와 인연이 닿아 협업한다는 게 무척 신기하고 좋은 경험이었습니다.

Play Ground

이쯤에서 카레머신 님이 생각하는 오뚜기 카레의 장점과 가장 좋아하는 오뚜기 카레 제품을 들어보면 좋겠어요.
과립형 카레도 써보고, '바몬드카레', '백세카레' 시리즈도 다 맛봤는데 제 입맛에는 오늘 사용한 '3일숙성카레'가 가장 맛있었어요. 진하고 깊은 맛을 내기 좋아서 즐겨 쓰고요. 오뚜기 카레가 특별한 이유는 다양한 제품 라인업에 있다고 생각해요. 분말 카레는 물론 고형 카레도 있고, 세계 각국의 카레를 재현한 '오즈키친' 시리즈도 있고… 정말 끝없이 제품이 출시되더라고요. '이렇게 많은 카레 중에 하나쯤은 입맛에 맞겠지' 싶을 정도로 다양한 시도를 꾸준히 한다는 게 가장 큰 장점이자 매력이라고 생각해요. 어린 시절부터 우리가 먹어온 카레가 오뚜기 카레다 보니 친근하고 익숙한 맛이라는 것도 강점이고요.

카레머신 님이 생각하는 카레의 매력은 무엇인가요?
카레는 종류도 다양하지만, 향신료의 배합으로 어제와 다른 새로운 맛을 낼 수 있어서 매일 먹어도 질리지 않는다는 게 가장 큰 매력인 것 같아요. 김치찌개 끓이듯 볶고 끓이면 되니까 만드는 방법도 쉽고요. 제가 잘해서라기보다, 카레는 정말이지 재료만 준비되면 누구라도 쉽게 만들 수 있는 요리예요.

어느덧 마지막 질문이에요. 카레머신 님에게 카레란 무엇인가요?
거창한 표현을 하려고 하는 건 아니지만, 제가 지금 제일 좋아하는 것이요. 그리고 앞으로도 그럴 것이라고 생각되는 존재가 아닐까요.

> 카레머신의 오뚜기 카레 Pick
> 진하고 깊은 맛을 내기 좋은 **'3일숙성카레'**

Enjoy Curry

"카레는 종류가 다양할 뿐만 아니라, 향신료의 배합으로 어제와 다른 새로운 맛을 낼 수 있어서 매일 먹어도 질리지 않는 것 같아요. 카레는 제가 지금 제일 좋아하는 것이자 앞으로도 그럴 것이라고 생각되는 존재예요."

Play Ground

Curry is
익숙한 듯 낯선 미지의 요리

06　미식 탐구가 김태윤

매일 먹는 식사가 지구 환경에 미치는 부정적인 영향을 줄이도록, 우리가 실천할 수 있는 일에는 무엇이 있을까? 〈아워플래닛〉의 김태윤 셰프는 이 물음에 대한 답을 찾기 위해 지속 가능성을 최우선 가치로 두고 나를 위한 한 끼, 지구를 위한 한 끼를 생각하며 식탁 위의 변화를 만드는 미식 탐구자다. 전국 방방곡곡을 다니며 친환경적인 방식으로 농수산물을 재배하는 생산자들을 만나고, 제철에 나는 식재료를 탐구하며 생산자와 소비자 사이의 가교 역할을 하는 그에게 지속 가능성의 측면에서 '카레'의 가치에 대해 물었다.

Enjoy Curry

안녕하세요, 셰프님. 자기소개 부탁드립니다.
안녕하세요. 〈아워플래닛〉에서 요리사로 일하고 있는 김태윤입니다. 저는 이전에 지속 가능성을 테마로 한 레스토랑을 운영했는데요. 모든 재료들이 하나같이 누군가의 애정과 정성으로 기른 작물인데, 제가 그걸 제대로 소화하지 못한 채 음식을 만든다는 게 생산자에게 누가 된다고 생각했어요. 요리를 먹는 고객에게도 생산물의 가치를 온전히 전하기엔 부족하다는 느낌이 들었고요. 이런 고민을 하는 동시에, 우리가 음식을 먹는 행위만으로도 환경 오염에 미치는 영향이 큰데, '어떻게 하면 식탁 위의 작은 변화를 통해 내 몸과 지구 환경을 생각하고, 사람과 자연이 어우러져 살아가는 데 도움이 될 수 있을까?' 고민하다가 아워플래닛을 열게 되었습니다.

좀 더 구체적으로 아워플래닛은 어떤 공간이라고 말할 수 있을까요? 이곳에서 펼쳐지는 활동을 소개해 주세요.
아워플래닛은 한마디로 정의하면 '지속 가능한 미식연구소'예요. 보통 한 달에 2~3일, 길게는 일주일 정도 다이닝과 워크숍을 엽니다. 지방 출장을 통해 만난 전국의 농수산물 생산자들을 모셔서 일반 소비자와 만나는 자리를 기획하고요. 보통 생산자와 소비자는 제품이나 상품으로만 간접적으로 연결되지, 직접 만나서 이야기할 기회는 거의 없잖아요. 이 자리를 통해 생산자는 일반 소비자들에게 작물이 어떻게 지속 가능한 방식으로 재배되는지 알려주고, 소비자들은 평소에 궁금했던 점을 물어보며 소통하는 시간을 갖습니다. 또, 여러 셰프님들과 협업해서 생산자들이 재배한 작물을 사용한 요리를 선보여요. 예를 들어, 지난 6월 초에는 '우리가 사랑한 바다'라는 타이틀로 바다와 인간이 어우러져 살아가는 지속 가능한 방법에 대해 제안하는 미식 경험 캠페인을 열었어요. 이때 생산자 포럼에는 김, 다시마, 감태, 소금, 명란을 생산하는 분들이 오셨고요. 조희숙 셰프님의 〈한식공간〉에서 지속 가능한 수산물을 사용한 한식 다이닝을 제공했습니다.

셰프님은 지난해 '제철 식재료와 함께 떠나는 워크숍&다이닝'을 콘셉트로 오뚜기와 '카레플래닛'을 진행하셨는데요. 이 프로그램은 어떤 취지를 담고 있었나요?
카레플래닛은 2024년 5월부터 11월까지 여섯 차례 진행했어요. 매회 그 계절에 나는 식재료 중에서 카레에 들어가거나 카레와 관련이 있는 재료를 선정해, 해당 식재료의 기원과 역사, 카레와의 연결 고리에 대해 살펴보는 시간을 가졌습니다. 여섯 개의 작물로는 토마토, 양파, 감자, 햇밀, 토종 쌀, 콩을 소개했는데요. 하나의 식재료에도 다양한 품종이 있으니까 여러 품종을 맛보면서 맛과 향의 차이를 느껴볼 수 있는 기회를 제공했어요. 마지막엔, 해당 식재료와 오뚜기 카레 제품을 사용한 요리를 식사로 내어드렸고요. 하나의 식재료를 깊이 탐구해 보고, 그 식재료가 들어간 카레를 음미하며 서로의 의견을 공유하는 워크숍이었죠.

카레에 자주 쓰이는 식재료인 당근이 없어서 의외라고 생각했는데요. 제철이 아니라서 빠졌던 거네요.
카레플래닛이 초여름부터 가을에 걸쳐 진행되다 보니, 아쉽지만 겨울과 초봄에 나오는 작물은 소개할 수 없었어요. 또, 가을은 워낙 많은 작물이 수확되는 시기라 그중 무엇을 골라 소개할지도 고민됐고요. 카레플래닛에서 진행하는 중요한 프로그램 중 하나가 품종 테이스팅이었는데요. 참가자들이 품종이 다르다는 것을 확실하게 느낄 수 있도록 품종별 차이가 뚜렷해야 한다는 것도 작물을 선정하는 하나의 기준이었습니다.

카레플래닛 자료를 보면서 하나의 작물에도 이렇게 다양한 품종이 있다는 사실에 새삼 놀랐어요. 참가자분들의 반응은 어땠나요?
실제로 '이렇게 많은 품종과 맛이 있는 줄 몰랐다'는 반응이 가장 많았어요. 카레플래닛을 준비하며 제가 기대한 반응이라 더 뿌듯했습니다. 다양성은 지속 가능성의 관점에서 정말 중요한 화두예요. 예를 들어 어떤 병충해가 발생했을 때, 한두 가지 품종만 있으면 그 병충해에 당하는 순간, 작물 자체가 지구상에서 사라질 위험에 놓여요. 그런데 특정 병균이나 기후, 지형에 강한 품종이 지역마다 다르게 있으면 멸종 가능성은 줄어들겠죠. 다양한 작물이 재배된다는 건, 그만큼 다양한 요리를 할 수 있다는 뜻이고, 이는 곧 요리의 다양한 맛으로도 연결돼요. 우리나라는 미식 수준이 높은 것에 비해 품종의 다양화는 도외시하는 경향이 있는데요. 이 기회를 통해 사람들에게 품종의 다양성이 얼마나 중요한지 알릴 수 있어서 좋았습니다. 또, 오뚜기 카레를 사용한 메뉴를 제공할 때마다 '어떻게 내가 아는 오뚜기 카레에서 이렇게 새로운 맛이 나지?' 하면서 놀라는 분들이 많았어요. 우리에게 익숙한 제품 이외에도 오뚜기 카레에는 다양한 제품군이 있다는 걸 알려주는 동시에, 오뚜기 카레의 새로운 면모를 참가자들이 스스로 발견하는 기회가 되지 않았나 생각합니다.

우리에게 익숙한 식재료와 오뚜기 카레의 재발견이라고 말할 수 있겠네요. 셰프님은 카레플래닛을 진행하며 무엇을 느끼셨나요?

참가자분들에게 제공할 메뉴를 구상할 때마다 제가 외국 생활을 하며 먹은 카레들이 떠올랐어요. 저는 일본에서 요리를 배웠는데요. 일본 유학 시절 밀로 직접 면을 뽑아서 카레 국수를 만들어 먹었거든요. 그때 먹은 메뉴를 생각하며 4회 차 햇밀 편에서 카레우동을 만들었고요. 1회 차 토마토 편에서 제공한 버터 치킨마살라는 실제로 두바이에서 일할 때 제가 많이 먹고, 만들기도 한 음식이었습니다. 카레플래닛을 진행하며 돌아보니, 제 인생 곳곳에 늘 카레가 있었더라고요. 이렇게 깊은 연을 맺고 있는 줄은 몰랐는데, 어렸을 때 먹은 카레, 군대에서 먹은 카레, 여행하며 먹은 카레, 레스토랑을 운영하며 스탭밀Staff meal로 먹은 다양한 카레들이 생각났어요. 한편으로는 셰프로서도 특별하고 의미 있는 작업을 했다고 생각합니다. 특정 재료와 카레를 매칭해서 연구해 보는 기회가 오뚜기 카레 연구원이 아닌 이상 흔하진 않을 테니까요(웃음). 원래도 카레를 좋아했는데, 카레플래닛을 통해 카레를 자세히 들여다보며 더 깊은 애정을 갖게 됐어요.

셰프님은 지속 가능성을 최우선 가치로 두고 요리하시잖아요. 지속 가능성의 측면에서 보았을 때 카레는 어떤 요리라고 말할 수 있을까요?

인도에서 살 때 느꼈는데요. 우리나라에서 거의 모든 재료가 김치가 될 수 있듯이 인도에서도 거의 모든 재료로 카레를 만들 수 있어요. 예를 들어 '파파야 카레가 있을까?' 하면 있고요. '오이 카레가 있을까?' 하면 있어요. 아까도 말씀드렸지만, 지속 가능성의 관점에서 품종의 다양화는 무척 중요하기 때문에 재료 사용에 제한이 없고 어떤 재료든지 품을 수 있다는 건 카레가 가진 정말 큰 장점이에요. 두 번째는 제로 웨이스트 관점에서 접근해 보는 건데요. 보통 냉장고에는 항상 요리하고 애매하게 남은 식재료들이 있잖아요. 그걸 활용해서 카레를 만들 때가 많고요. 냉장고에 남아 있는 자투리 재료를 모아서 하나도 버리지 않고 또 다른 요리로 만들 수 있다는 건, 불필요한 음식물 쓰레기를 줄일 수 있으니까 환경에 이롭죠. 그런 요리로 카레만 한 게 없는 것 같아요.

이렇게 듣고 보니 카레는 지속 가능성이라는 주제와 잘 어울리는 요리네요. 오늘 셰프님께서 만들어 주실 카레가 더욱 기대되는데요. '북인도풍 달걀 카레'를 선보이신다고요.

인도는 방대한 대륙이라서 지역에 따라 카레에 들어가는 향신료의 조합과 맛이 달라요. 오늘 제가 만드는 북인도풍 달걀 카레는 좀 더 정확히 말하면, 펀자브 지방의 방식을 따른 거예요. 펀자브 지방은 인도 사람들이 '맛의 고장'이라고 부르는 미식이 발달한 지역인데요. 그 지방 스타일의 달걀 카레를 준비했습니다. 이 메뉴는 카레플래닛 5회 차 토종 쌀 편에서 '비리야니'라는 볶음밥과 함께 사이드로 제공했었는데, 오늘은 메인 메뉴로 준비했어요.

Play Ground

메뉴명에 유일하게 언급된 식재료 '달걀'이 어떤 생산자로부터 구한 식재료일지 궁금해요.
작년에 경남 하동으로 이사했는데요. 이 달걀은 지리산 깊은 곳에서 자연 방사해서 키운 닭이 낳은 유정란이에요. 제가 살고 있는 동네에서 오랫동안 인연을 쌓아온 생산자로부터 얻은 달걀이죠. 자연 속에서 풀도, 곤충도, 사료도 열심히 먹고 모래 목욕도 실컷 하는 닭이 낳아서 그런지 신선해요. 무엇보다 훨씬 깊이 있고, 건강한 맛이 나고요. 어떤 달걀 요리를 해 먹어도 맛있습니다.

그런데 셰프님은 전부터 카레를 좋아했다고 말씀하셨잖아요. 집에서 만드는 카레는 인도에서 살았던 시절의 영향을 받은 인도 카레일까요? 셰프님께서 가장 선호하시는 향신료 조합은 무엇인지도 궁금합니다.
인도 카레는 대부분 일정한 공식에 따라 만들어져요. 버터나 식용유에 양파, 생강, 마늘 등 향신 채소를 넣고 충분히 볶은 다음 코리안더, 가람마살라, 쿠민, 고춧가루 등 파우더로 된 스파이스를 넣죠. 그다음 산미를 더해 주는 토마토 페이스트나 토마토 과육을 넣고 수분을 날려줍니다. 여기에 육수나 물을 넣으면 인도 카레의 기본적인 베이스가 완성돼요. 향신료 조합은 너무나 무궁무진해서 제가 좋아하는 카레를 한두 가지만 꼽긴 어렵고요. 향신료 조합 대신 다른 관점에서 제가 좋아하는 카레를 말해본다면, 인도에서 맛본 채식 카레가 될 것 같아요. 인도에서 정말 많은 채식 카레를 먹었는데요. 한동안 고기를 먹지 않고 콩카레나 채소카레만 먹었는데도 이대로 살 수 있겠다는 생각이 들었어요. 동물성 지방 대신 식물성 지방인 코코넛 밀크나 코코넛 크림을 사용한 덕분에 고기의 빈자리가 느껴지지 않을 만큼 카레의 무게감이나 풍미가 있었죠. '도대체 무슨 조합으로 만들었길래 이런 맛이 날까?' 궁금해서 카레에 대해 더 알고 싶어지는 계기가 됐어요.

Enjoy Curry

셰프님께서 카레를 만드실 때 손이 자주 가거나 꼭 사용하는 도구는 무엇인가요?
저는 파우더 스파이스를 쓰는 것도 있지만, 보통은 원형 그대로인 홀 스파이스를 빻아서 쓸 때가 많아요. 홀 스파이스가 향을 더 많이 간직하고 있고 신선하기 때문이죠. 그래서 제일 자주 쓰는 도구이자 카레를 만들 때 가장 중요하다고 생각하는 도구는 돌절구와 절구통이에요. 요즘은 요리할 때 절구로 무언가 빻아서 만드는 경우가 별로 없을 텐데, 저는 향신료를 사용한 요리를 할 때는 늘 사용하고 있어요.

오뚜기 카레 중에서 셰프님의 입맛에 가장 잘 맞는 카레는 무엇인가요?
가장 자주 먹는 제품은 '백세카레 약간매운맛'이에요. 제품 패키지에도 쓰여있지만, 다른 제품보다 강황이 많이 들어가서 그런지 조금 더 본토의 카레 향과 뉘앙스가 강조된 것 같아요. 제 입맛에는 기본 '오뚜기카레'보다 더 개성 있게 느껴지는 제품이고요. 요리할 때도 다양하게 응용할 수 있어서 '백세카레'를 자주 사용합니다. 맵기의 단계가 나뉘어 있는 제품의 경우, 저는 약간매운맛이 가장 좋더라고요.

셰프님만의 카레 레시피 비법도 있을까요?
비법이라고 말할 정도는 아니지만, 카레를 만들 때 마지막에 버터나 우유를 살짝 넣어요. 그러면 고소하고 부드러운 유제품의 풍미가 올라오면서 뾰족하게 날 서있는 매운 향신료들을 둥글게 감싸주는 느낌이 듭니다. 그래서 소량의 버터나 우유를 마지막에 한 스푼 넣어보시길 추천하고요. 고수를 드실 수 있는 분이라면 카레에 올려 드시는 것도 좋아요. 인도 카레와 고수는 잘 어울린다는 걸 알고 계실 테지만, 한국 카레와도 잘 맞거든요. "나는 고수를 못 먹는데?"라고 말하는 분들도 있는데, 사실 분말 카레 자체에 고수 씨앗을 갈아서 만든 코리안더 파우더가 많이 들어가요. 이미 분말 카레에 들어가 있는 셈이니, 그 위에 신선한 고수잎을 올리는 것도 잘 어울리죠. 또 저는 과일도 많이 넣습니다. 파인애플, 파파야 등의 열대 과일이 특히 카레와 잘 어울려요. 인도 현지에서는 지금 언급한 과일들이 개별 카레로 다 있습니다. 잘 안 어울릴 것 같지만, 열대 과일도 그렇고 카레도 그렇고 태생이 더운 나라로 같아서인지 서로 아주 잘 어울리는 식재료예요.

얼핏 생각해 보면 주저하게 되는 조합인데요. 셰프님의 말을 믿고 언젠가는 열대 과일을 넣은 카레도 만들어 보겠습니다(웃음). 셰프님이 생각하시는 오뚜기 카레의 장점은 무엇인가요?
이 질문을 받고 나서야 제가 오뚜기 카레 이외에 다른 국내 제품을 안 먹어봤다는 사실을 깨달았어요. 그냥 오뚜기 카레라는 그 하나만 믿고, 줄곧 오뚜기 카레만 먹어온 것 같아요. 카레플래닛을 비롯해서 오뚜기와 다양한 협업을 하는 동안 오뚜기의 많은 직원분들을 만났는데요. 좀 더 나은 재료를 찾고 지속 가능한 식재료를 사용하기 위해 노력하고 실천하는 기업이라는 확신을 얻었어요. 카레를 향한 깊은 애정과 진정성도 느꼈고요. 오뚜기 카레는 제품군이 다양하니까 선택지가 많다는 점에서도 다른 회사 제품은 굳이 찾아보지 않았던 것 같아요.

마지막 질문이에요. 셰프님에게 카레는 어떤 의미인가요?
일단 제 삶 곳곳의 추억이 있는 음식이에요. 오늘만 해도 군대 시절, 유학생 때, 여행 갈 때 먹은 카레 이야기를 했잖아요. 또 하나는 셰프들이 자기 밥을 못 챙겨 먹는 경우가 흔한데요. 그럴 때 쉽고 빠르게 만들 수 있고, 호불호가 나뉘지 않는 요리로 카레만 한 것도 없어요. 지금까지 셰프로 일하는 동안 제가 스탭밀로 먹은 카레가 아마 몇백 그릇은 될 거예요. 그날의 스탭밀 담당이 아이디어를 내서 색다른 재료를 카레에 넣으며 맛있는 조합을 찾기도 하고, 펜네 같은 숏 파스타 면을 삶아서 카레에 넣어 먹기도 했죠. 스탭밀로도 훌륭하지만, 요리하는 사람의 입장에서 보았을 때, 카레는 끝없는 가능성을 가졌어요. 그동안 정말 많은 종류의 카레를 만들어 보고 먹어봤음에도 아직도 안 해본 카레 요리가 너무 많아요. 듣도 보도 못한 생소한 카레도 수두룩하고요. 카레는 인도에서 태어났지만, 아시아를 넘어 전 세계인이 먹는 음식이잖아요. 우리에게 익숙한 요리임에도 여전히 안 먹어본 미지의 카레가 많다는 게 참 신기합니다. 이 궁금증과 매력 덕분에 앞으로도 새로운 카레를 많이 만들어 보지 않을까 생각해요.

김태윤 셰프의 카레 비법

카레를 만들고 마지막에 **버터**나 **우유**를 살짝 넣어주세요. 고소하고 부드러운 유제품의 풍미가 뾰족하게 날 서있는 매운 향신료를 둥글게 감싸면서 맛을 중화합니다.

김태윤 셰프의 오뚜기 카레 Pick

강황이 많이 들어가 향신료의 맛을 한껏 살린
'**백세카레 약간매운맛**'

"우리에게 익숙한 요리임에도 여전히 안 먹어본 미지의 카레가 많다는 게 참 신기합니다. 이 궁금증과 매력 덕분에 앞으로도 새로운 카레를 많이 만들어 보지 않을까 생각해요."

Play Ground

Curry is
따뜻한 기운

07 사찰음식 전문가 정관 스님

자연에서 구한 식재료를 사용해 간결하게 요리하고, 음식을 탐내는
마음을 경계하며 욕심 없이 수행에 필요한 최소한의 에너지만
섭취하며 살아가는 삶. 불교의 식문화와 음식을 대하는 스님들의
자세를 들여다보면 맑은 정신과 평온한 마음을 유지하기 위해
음식을 먹는 일 또한 수행의 하나로 삼고 있음을 알 수 있다.
그런데 이렇게 절제하는 식습관을 유지하는 스님들이 별식으로,
특별한 날에 먹는 음식이 다름 아닌 카레라고 한다. 넷플릭스의
푸드 다큐멘터리 <셰프의 테이블>에 출연해 사찰음식의 대가로
전 세계에 널리 알려진, 백양사 천진암의 정관 스님을 만나 스님과
카레의 깊은 인연에 대해 들었다. 그가 정성껏 담아내는 '아름다운'
요리와 함께.

안녕하세요, 스님. 자기소개 부탁드립니다.
전라남도 장성군에 있는 백암산 백양사의 천진암에서 사찰음식을
공유하며 인연이 있는 여러 사람들과 소통하고 있는 정관 스님입니다.

**스님의 법명은 바를 정正에 너그러울 관寬으로 '바름으로
모든 인연을 너그러이 대하라'는 뜻이라고 들었어요. 저도
인연이 닿아 이렇게 만나 뵙게 되어 반갑습니다. 스님은
세계적인 사찰음식의 대가로 눈코 뜰 새 없이 바쁜 국내외
스케줄을 소화하고 계시는데요. 요즘은 어떻게
지내셨나요?**
수행은 누군가에게 자랑할 것이 아니라 그저 나 자신을 알아가는
과정입니다. 저는 매일 아침 5시에 일어나서 한 시간 정도
요가하거나 몸을 풀고, 부처님께 삼배하고 10분 정도 명상을 해요.
그러면 아침 7시가 되는데요. 그때부터 본격적인 일과가
시작됩니다. 음식을 하며 보내는 시간이 많은데, 제철에 나오는
식재료를 관리하고, 장아찌나 청을 만들어서 담가놓아요. 물론
그러는 중간중간 절 밖에서 진행하는 국내외 스케줄도 있고요.
매주 토요일에는 백양사 템플스테이를 통해 인연이 있는 사람들을
만나 사찰음식으로 제가 수행해 온 것을 공유합니다. 직접 만나지
못하는 인연들은 책이나 매체를 통해 소통하고 있는데, 얼마
전에는 뜻하지 않게 요리 에세이 《정관스님 나의 음식》이 세상에
나왔어요. 이렇게 다양한 방식으로 인연이 있는 사람 및 대중과
함께하면서, 음식을 통해 자신의 건강을 지키고, 나를 찾아가며,
행복하고 바른길로 걸어갈 수 있도록 사찰음식을 공유하고
있습니다.

**백양사 템플스테이는 정관 스님의 사찰음식을 맛볼 수 있어
유명하죠. 템플스테이 프로그램은 어떻게 짜여있나요?**
토요일 오후 4시가 되면 템플스테이를 하러 국적을 불문하고,
30~40명의 참가자가 백양사 큰절에 와서 입방합니다. 간단한
사찰 예절을 배운 후 이튿날 아침 10시 30분까지 공양간으로 와요.
보통 오후 2~3시까지 사찰음식 프로그램이 진행되는데요. 제가
음식을 만드는 과정을 참가자들이 지켜보며 자연에서 난 식재료는
어떤 의미가 있는지, 자연에 기대어 살아가는 생명체들은 어떤
인연을 맺는지, 그리하여 나의 위치는 어디이며 나는 누구인지
등을 주제로 이야기 나눕니다. 제철 식재료를 사용해서 보통
9~11가지 반찬을 만드는데, 발우공양을 한 후에는 음식을 먹었으니
이제 우리가 해야 할 일은 '나를 찾는 일'이라고 여기며 음식 명상을
진행합니다.

**음식을 맛보고 끝나는 게 아니라 음식을 먹은 소감을
나누고, 식재료와 나의 인연에 대해 생각해 보는 거네요.**
팬데믹을 겪으면서 '스스로 건강을 챙기고 돌봐야 한다'는 인식이
보편화되었어요. 그러려면 우리가 먹는 음식, 자연에서 나온
식재료가 어디서 왔는지 알아야 하죠. 언제 잎이 나고, 꽃이 피고,
열매를 맺는지 자연과 나의 인연을 알아가는 것이 나를 알아가는
것과 똑같기 때문에 이 마음을 수행의 덕목으로 삼고 있어요.

스님의 수행 정신이 담긴 사찰음식이 더욱더 궁금해집니다. 그런데 스님은 언제부터 요리에 관심을 가지셨나요?

저는 시골에서 태어나 자랐어요. 아버지가 지게를 짊어지고 밭에 가서 근처에 저를 앉혀두면, 혼자서 흙 먹고 물 먹고 하면서 자연과 함께 컸죠. 어린 시절 기억을 떠올려 보면, 어머니나 언니들이 해주는 밥, 가족들이 먹는 음식을 보는 것이 좋았습니다. 그냥 지켜보는데도 나도 만들어 보고 싶다는 의욕이 생겼죠. 아마 어릴 때부터 요리에 관심이 있었던 것 같아요. 산에 나물을 뜯으러 가면, 언제 어느 철에 어떤 식재료가 나오는지 자연 속에서 자연스레 몸으로 익힐 수 있었고요. 절에 와서는 제 생각이나 뜻과 상관없이 채식을 시작했는데, 먼저 오신 스님들이 6개월에서 1년 동안 음식을 만드시면, 행자로서 어깨 너머 그걸 지켜보며 요리를 배웠습니다. 절에는 전국에서 오신 스님들이 계셨기에 각자 집에서 만들던 방식대로, 각 지방의 요리법을 볼 수 있었어요. 그래서인지 실제로 사찰음식의 조리법은 굉장히 발달해 있습니다. 긴 시간 보고 배우며 체득한 것을 바탕으로 음식을 만드니 '이렇게 맛있는 음식이 있느냐?'며 스님들이 칭찬해 주셨고, 그 말씀에 기뻐서 더 열심히 음식을 만들었어요. '내가 만드는 음식을 먹고 스님들이 수행해서 깨달음에 이른다면, 나도 덩달아 깨달음으로 향하지 않을까?' 하는 마음으로요.

정식으로 요리 교육을 받아본 적이 없는데, 지금 이렇게 사찰음식의 대가가 되셨다는 게 놀랍습니다. 그런데 정확히 사찰음식이란 무엇인가요? 한식과 어떤 점이 다르나요?

사찰음식은 자연을 의지해서 살아가는 모든 생명을 존중하기 때문에 식재료에 육류와 어류, 젓갈류를 사용하지 않습니다. 또, '오신채'라 부르는 마늘, 파, 부추, 달래, 흥거를 먹지 않는데요. 오신채처럼 매운 향이 강한 식재료는 먹고 나면 몸에서 뜨거운 열을 발생시켜 수행에 방해가 되고, 독성이 강한 식재료는 탐하는 마음을 일으킨다 하여 피합니다. 또 다른 이유로는 대부분의 절이 산에 있잖아요. 스님들은 밤에도 수행하는데, 산짐승들이 마늘 냄새를 좋아하기 때문에 육신을 보호하는 차원에서도 예로부터 마늘을 먹지 않았습니다.

사용하는 식재료가 제한되어 있으니 조리법에도 다른 점이 있을 것 같아요.

기름에 튀기지 않고, 나물도 푹 삶아서 아주 간결하게 몇 가지 양념만 사용해서 무칩니다. 소금, 간장, 된장, 고추장, 깨소금, 들기름, 참기름 등의 양념을 주로 쓰고요. 순하고 건강에 좋은 제철 식재료와 간단한 조리법만큼이나 중요한 건 사찰음식을 먹는 정신이에요. 사찰음식은 맛을 향유하지 않습니다. '맛있다, 맛없다' 하는 판단이 없어요. 음식은 수행에 필요한 에너지만 얻으면 됩니다. 맛있는 것만 먹으려고 하거나 많이 먹고자 하면, 배타심과 이기심을 만들고 욕심을 불러일으키기에 이러한 마음을 경계합니다.

Enjoy Curry

식탐을 경계해야 하는데, 스님의 요리를 보면 한눈에도 먹음직스러워서 절제하기가 더 어려울 것 같아요(웃음). 사찰음식도 눈에 보이는 아름다움이나 음식의 플레이팅을 중요시하나요?

불교에서는 사람의 육신이나 일체 만물을 구성하는 네 가지 기본 요소인 지수화풍地水火風을 사대四大라고 불러요. 자연은 근본이라 할 수 있는 땅地이 있고, 물水과 태양열火, 바람風이 있듯이 사람도 마찬가지예요. 우리 몸뚱아리가 땅地, 체내의 70% 이상을 차지하는 것은 물水, 몸에서 나는 열은 체온火, 그리고 사람의 에너지이자 파동을 뜻하는 바람風이 있죠. 이를 바탕으로 오감을 느낄 수 있는 감정이 있어야 '나'라고 할 수 있습니다. 오감을 느끼려면 단맛, 짠맛, 쓴맛, 매운맛, 신맛을 뜻하는 오미五味와 흰색, 빨간색, 청색, 녹색, 검은색을 뜻하는 오색五色이 조화를 이뤄야 하고요. 24절기를 보내며 각 시기에 맞는 감수성을 키워 온 동양인의 의식에 맞게 음식의 색이 조화를 이뤄야 먹고 싶어지고, 오감을 통해 아름다움도 느낄 수 있습니다.

Play Ground

넷플릭스 시리즈인 〈셰프의 테이블〉에서 스님의 플레이팅을 보며 감탄했는데, 오미와 오색이 조화를 이루는 사찰음식의 지향점이 반영되어 있었네요. 이번에는 카레에 대해 여쭤보려고 합니다. 카레는 사실 맛과 향이 강한 음식이잖아요. 아까 사찰음식에서는 향이 강한 오신채는 피한다고 하셨는데, 의외로 스님들이 카레를 자주 드신다고요. 카레와 사찰음식이 잘 맞나요?

절에서 스님들은 보통 아침은 간단하게 죽을 먹고, 점심은 밥과 국, 장아찌, 김치와 나물 두 가지로 간소하게 먹습니다. 오후에는 오후 불식이라 하여 거의 먹지 않아요. 직접 재배한 채소를 주식으로 삼는데, 스님들도 수행 중에 필요한 에너지는 음식으로 얻어야 합니다. 평소에는 맑고 깨끗한 음식, 기름에 튀기지 않은 음식을 먹지만, 한 달 중 초하루와 보름, 삭발목욕일에는 '별식'이라고 부르며 보통 때와 다른 식사를 해요. 미역국, 감자나 연근 등의 부각을 먹고, 여름에는 감자전, 겨울에는 무나 배추전을 오후에 부쳐 먹죠. 그런데 별식을 먹는 날에 카레를 만들기도 합니다. 카레를 먹는 날은 몸의 에너지가 완전히 채워져서 '한 번 먹고 나면 일주일 동안 몸에서 열이 난다'고 말하기도 해요. 불교는 인도에서 시작된 종교이잖아요. 부처님이 인도에서 수행하고 깨달아서 열반에 이르셨으니, 인도는 부처님의 고향이라고 말할 수 있는데, 그 인도에서 유래한 음식이 바로 카레이지 않습니까. 우리도 부처님의 제자이니 부처님의 음식을 먹으면서 수행하는 에너지를 얻고, 기운을 차리는 거죠. 그래서 스님 중에는 카레에 관한 추억이 짙은 분들이 많습니다.

스님도 카레에 관해 개인적인 추억을 갖고 계시나요?

2007년쯤에 인도에 가서 그곳에 있는 요가 센터를 방문했는데, 몸의 긴장을 풀어주고 에너지를 채워주는 음식으로 일주일에 한 번씩 카레가 나왔어요. 그곳에서 카레를 맛보며, '카레는 정말 세계적인 음식에 손꼽히겠구나!' 생각했습니다. 그것만 먹어도 하루 종일 수행하는 데 충분한 에너지를 얻을 수 있었어요. 요가할 때도 몸이 부대끼지 않았고요.

말씀해 주신 걸 듣고 보니 정말, 불교도 카레도 인도에서 유래되었다는 공통점이 있었네요. 절에서 별식으로 먹는 카레 레시피도 알 수 있을까요?

여름에는 감자, 당근, 양배추, 표고버섯을 넣어 카레를 만들어요. 채소를 볶고, 분말 카레를 넣은 다음 농도가 진한 것과 연한 것으로 두 가지 버전을 만들죠. 농도가 진한 건 젊은 스님들이 먹고, 연한 건 노스님들이 즐겨 드십니다. 1970년도 후반에는 카레가 지금처럼 흔한 식재료가 아니었어요. 제가 스무 살 무렵에는 귀한 식재료로 여겨져서 인도에 다녀오신 스님들이 사 오셔야 카레를 겨우 볼 수 있었습니다. 그건 정말 향신료 향이 강한 카레였어요. 카레가 우리나라에 유입된 초창기에는 제가 사찰음식에 카레를 사용하면, '이런 음식도 있느냐?'며 노스님들이 생소해하셨던 기억이 납니다. 우리 입맛에 맞는 오뚜기 카레가 출시되면서 카레의 맛에 눈을 뜬 이후로 지금은 별식으로 카레를 만들 때 다들 두세 그릇씩 먹지만요(웃음). 우리도 부처님의 제자니까 그 DNA가 있어서 그런지 다들 카레를 좋아하는 것 같아요.

스님들도 별식을 먹는 날에는 카레를 두 그릇씩 드시기도 하는 군요(웃음). 카레를 사용한 사찰음식에는 또 어떤 메뉴가 있을까요?

카레는 다양한 사찰음식에 활용돼요. 전을 부칠 때도 사용하고, 상추나 배추로 겉절이를 만들 때도 양념에 카레를 넣죠. 채소는 냉한 기운의 재료지만, 카레가 들어간 양념은 따뜻한 기운이라서 냉과 온이 중화되어 내 몸을 살리는 약이 됩니다. 우리 몸에 좋은 시너지를 낼 수 있고요.

오늘 만들어 주실 오뚜기 카레를 사용한 사찰음식이 더욱더 궁금해지는데요. 어떤 음식인가요?

별식 날 먹는 전을 떠올리며, 카레를 묻힌 두부, 배추, 무전을 만들 생각입니다. 그리고 템플스테이의 인기 메뉴인 콩나물 카레가 있어요. 콩나물 카레는 큰 솥에 콩나물을 넣고 볶다가 수분기가 날아가면, 물에 갠 카레와 집간장, 빻은 고추씨를 넣고 볶아내는 요리인데요. 양이 많지 않을 때는 그냥 볶으면서 카레를 솔솔 뿌려줘도 됩니다. 템플스테이에서 반찬으로 몇 번 선보인 적이 있는데, 왔다 간 사람들 사이에서 입소문이 났는지, '스님, 여기 콩나물 카레가 있다고 하던데 그게 뭔가요?' 하고 묻는 외국인들이 몇 명 있었어요. 그 후로는 매주 콩나물 카레를 템플스테이 메뉴로 넣고 있습니다. 우리 주변에서 흔하게 볼 수 있는 식재료인 콩나물에 카레를 넣어 친근하면서도 맛있는, 또 식재료가 서로 부딪히지 않고 어우러져서 하나의 맛을 낼 수 있는 음식이죠. 매운 음식을 못 먹는 아이들을 위해서는 토마토를 넣어 함께 볶아주고요. 좀 더 매콤한 맛을 좋아하는 어른용으로는 마라장을 한 스푼 더하기도 해요. 두부, 배추, 무전은 이름 그대로 튀김가루와 메밀가루, 집간장과 소금, 참기름, 카레를 넣은 반죽에 두부와 배추, 무를 묻혀서 들기름에 구워낸 전이고요.

무엇보다 콩나물 카레의 맛이 무척 기대되어요. 개인적으로 스님께서 선호하시는 오뚜기 카레 제품은 무엇인가요?
오랫동안 먹어온 게 있어서 그런지, 56년의 맛을 간직한 추억을 떠올리게 하는 오리지널이 가장 좋습니다. 또, 사찰음식은 향신료인 '강황'을 자주 사용하는데, 음식에 강황을 넣으면 맛이 전체적으로 깔끔해집니다. 오뚜기 카레 중에서도 강황이 많이 함유된 '백세카레'가 입에 맞더라고요.

강황이 많이 함유된 '백세카레'와 오리지널이 스님의 취향이셨군요. 스님은 "나는 셰프가 아니라 수행자입니다"라는 말로도 유명해지셨는데요. 수행자로서 요리하실 때 스님의 마음가짐이 어떤지 궁금합니다.
이 식재료가 어디서 어떻게 왔는지 그걸 알고 찾아야만 알맞은 음식 조리법이 나올 수 있어요. 무에서 유를 창조하며 하나의 작품 세계를 만들듯이 눈을 감고 생각했던 음식이 완성됐을 때 맛과 향, 간이 딱 맞아야 하죠. 삼합이 어우러져야 하는 거예요. 그렇게 음식을 만들며 나를 찾아가는 과정이 깨달음으로 향하는, 제가 수행하는 과정이라고 생각합니다.

마지막 질문이에요. 스님에게 카레란 어떤 의미를 지닌 음식인가요?
카레는 나의 따뜻한 기운입니다. 차가운 심장에 활력을 주는, 심장을 튼튼하게 만들어서 수행하는 데 힘을 주는 음식이요.

— 정관 스님의 카레 비법 ←

달군 팬에 **콩나물**을 볶다가 수분기가 날아가면, 물에 갠 분말 카레와 집간장, 빻은 고추씨 등을 넣어 볶아내세요. 템플스테이에서의 인기 만점 메뉴인 콩나물 카레를 맛볼 수 있습니다.

— 정관 스님의 오뚜기 카레 Pick ←

56년을 이어온 추억과 전통의 오리지널, **'오뚜기카레'** 시리즈와 사찰음식에도 자주 사용하는 향신료인 강황이 더 많이 들어가 우리 몸에 더 좋은 **'백세카레'** 시리즈

"카레는 나의 따뜻한 기운입니다. 차가운 심장에 활력을 주는, 심장을 튼튼하게 만들어서 수행하는 데 힘을 주는 음식이요."

Spot. 5
PARK

하얀 쌀밥을 노란 이불로 덮은 따뜻한 카레 한 그릇을 마주하면 나도 모르는 사이에 마음속에서 '잘 먹겠습니다'라는 문장이 태어나 목을 타고 넘어온다. 늘 비슷비슷한 재료가 들어간 평범한 카레 같아도 저마다의 기억과 감정, 추억을 정성스러운 손길로 담아낸 한 그릇이라는 걸 아닐까. '일요일은 오뚜기 카레'라는 글자만 봐도 머릿속에서 자동으로 음악이 들릴 만큼 오랜 시간 우리 곁에 함께해 온 오뚜기 카레지만, 언제 어디서 누구와 먹었는지에 따라 기억하는 맛은 모두 다르니 그저 신기할 수밖에. 카레 마을의 다섯 번째 스팟 파크에는 카레와 함께한 순간들이 글과 사진, 그리고 그림으로 모여있다. 분주한 일상 속에서 쉼과 여유를 만나기 위해 찾아오는 공원처럼, 지친 마음을 채우고 일상의 영감을 발견하고 싶다면 공원에 들르기를. 매일 발걸음해도 지루할 틈 없이, 카레와 함께하는 우리의 이야기는 언제 어디서든 계속 생겨나고 있으니.

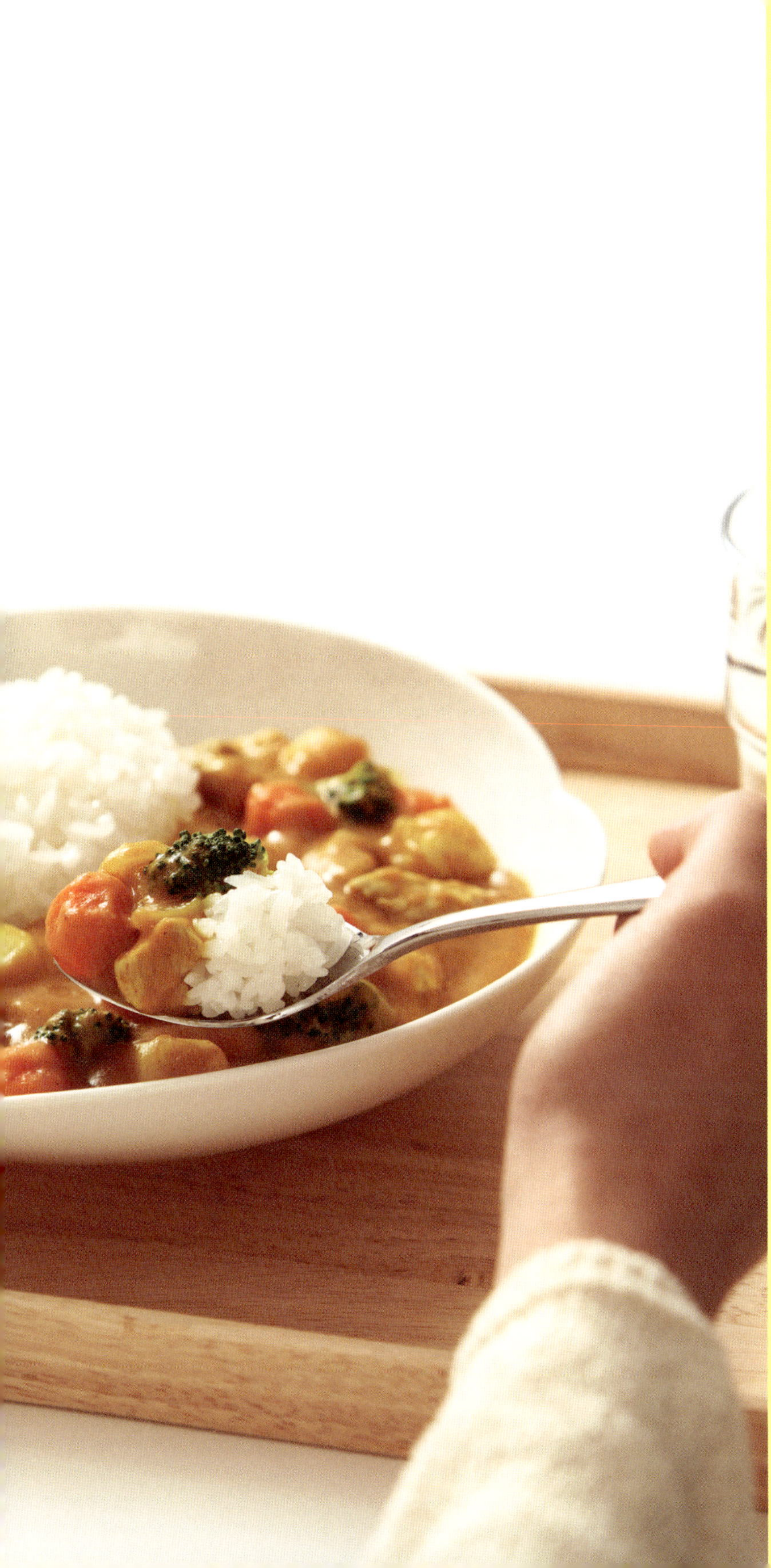

SCHOOL
LIBRARY
RESTAURANT
PLAY GROUND
GROCERY
HOME

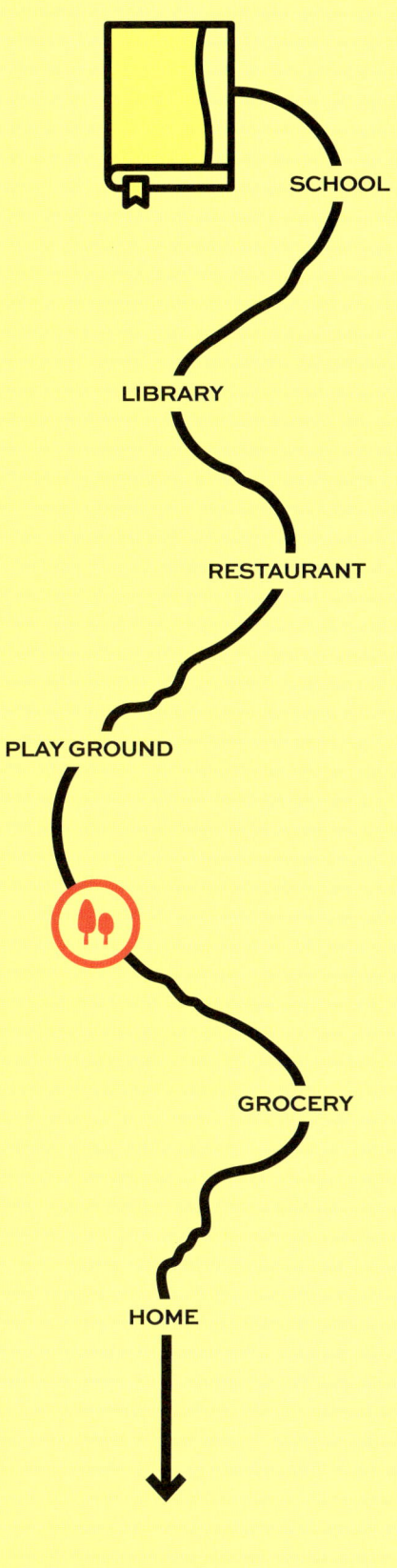

우리가 기억하는 카레

카레 한 그릇에는 색색의 재료만 담겨있는 게 아니다. 가족과 함께한 어린 시절의 추억이, 바쁘게 지내던 날 한 끼 식사가 되어주던 든든함이, 직접 만든 요리를 소중한 사람에게 대접하던 뿌듯함이 한데 어우러져 있으니까. 각자의 마음속에 진하게 남아있는 오뚜기 카레의 기억들을 되돌아본다.

* 본 코너에 실린 글은 '제4회 오뚜기 푸드 에세이 공모전' 카레 부문 수상작에서 발췌했습니다.

Curry Memory

3분은 따뜻해야 맛있지!

신입사원 시절, 정직원 전환이 절실했던 나. 매일 점심시간에도 일하고, 야근도 불사했다. 그 당시 내 식사는 주로 탕비실에 있는 '3분 카레'와 즉석밥이었다. 3분을 데우면 뜨거워서, 1~2분만 데운 후 빨리 먹고 다시 일하곤 했다. 그러던 어느 날 딱 1분만 데운 카레를 꺼내려는 내 등 뒤로 한 목소리가 들려왔다. "3분은 데워야 맛있지!" 점심시간에 사무실을 재정돈해 주시는 여사님은 혼자 허겁지겁 밥을 먹는 나를 자주 봤다고 하셨다. 딸 같아서 안쓰러우셨다며, 아무리 바빠도 3분은 데워서 먹고 하라는 말씀과 함께 김치가 가득 담긴 통을 건네주셨다. 한바탕 눈물을 쏟은 뒤, 그 사이 식은 카레를 다시 3분 동안 데웠다. 그랬다. 카레는 3분은 따뜻하게 데워야 제맛이 났다. 요즘도 바쁠 때면 '3분 카레'를 먹곤 하지만, 아무리 바빠도 3분은 꼭 따뜻하게 데운다. 전자레인지가 돌아가는 3분이라도 쉬어가는 틈이 있어야 다시 또 달릴 수 있다는 걸, 이제는 잘 아니까.　**박주아**

고작 그 '3분 카레'

학창시절, 시험 날마다 긴장하는 나를 위해 엄마는 카레를 만들어 줬다. '하늘이 노래져 시험지가 보이지 않으면, 그건 엄마가 카레를 해줬기 때문'이라고. '네 잘못이 아니니 틀려도 괜찮다'고 말하면서. 그랬던 내가 자라 선생님이 되었다. 어제는 아이들이 급식표를 보고 나에게 며칠 급식이 제일 기대되는지 물었는데, 내 대답은 당연히 26일이었다. 왜냐하면 카레가 나오는 날이었으니까. 아이들은 떡볶이 나오는 날, 아이스크림 나오는 날, 치킨 나오는 날을 저마다 가리켰다. 왜 그 음식이 좋냐고 물으니, 엄마가 평소에 안 해주기 때문이라고 했다. 나는 엄마가 아침마다 데워준 그 '3분 카레'가 그렇게 좋았는데 말이다. 26일 점심시간, 밥에 카레를 비비다가 깨달았다. 내가 엄마의 카레를 아주 많이 사랑했다는 걸.　**김예린**

이것은 카레인가 보약인가

시골집에 혼자 계신 할머니가 밥이라도 제대로 차려드실까 싶은 걱정에 오뚜기 카레를 사다드렸다. 할머니가 좋아하는 채소와 고기를 넣고 볶다가 물 붓고 이 카레 가루만 넣고 휘휘 저어 끓이면 된다고 당부하면서. 주말, 할머니 댁에서 마주한 한 솥 가득한 오뚜기 카레를 보고 놀라지 않을 수 없었다. 이 카레는 마치 보약 같았던 것. 할머니가 농사 지은 고구마와 할머니의 옆집, 앞집, 윗집까지 이웃들이 직접 키워 수확한 가지와 호박, 시래기까지 가득했다. 온 동네 잔치처럼 넉넉한 인심이 들어갔으니, 한 그릇씩 나눠 먹으면 바닥까지 동나는 건 시간 문제가 아닐까 싶다.　**김은기**

오병이어가 별건가

지금은 남미 마트에도 한국 라면을 쉽게 찾아볼 수 있지만, 2016년 내가 남미 여행을 할 때만 해도, 남미에서 한국 음식을 구하기는 쉽지 않았다. 볼리비아에 며칠간 머무르며 평소처럼 값싼 현지 음식들로 배를 채우고 숙소로 돌아왔는데, 낯익은 얼굴이 보였다. 페루에서 만났던 한국인 오빠였고, 카레를 너무 많이 만들었다며 같이 먹자고 했다. 이게 정말 웬 떡? 아니 밥이냐! 싶었다. 몇 달 만에 먹은 한식, 오뚜기 카레와 퍼석한 밥이 어찌나 맛있던지. 오빠는 한식이 먹고 싶을 때를 대비해 대용량 오뚜기 카레 가루를 한국에서부터 가져왔다고 했다. 물에 가루를 풀고 야채와 고기만 넣으면 삼삼오오 모인 한국인 여행자들과 함께 한식을 마음껏 먹을 수 있으니 오병이어가 별건가. 나중에 한국에서 다시 만난 오빠에게 들으니, 한국으로 돌아올 때 아직 여행 중인 다른 한국인 여행자에게 남아있던 오뚜기 카레 가루를 선물로 주고 왔다고 한다. 그 오뚜기 카레 가루는 나 말고도 한식을 그리워하던 수많은 배낭여행자의 배를 채워줬을 것이 분명하다. **이재인**

카레는 다음 날 먹어야 더 맛있다

전날 저녁에 먹었던 카레가 다시 식탁에 오르자, 동생이 또 카레냐며 볼멘소리를 냈다. 그 말에 아빠는 "카레는 원래 다음 날 먹어야 더 맛있어"라고 말씀하셨고, 그걸 듣는 엄마의 입가에는 미소가 번졌다. 그 모습이 보기 좋아 나도 덩달아 "맞아! 카레는 다음 날 먹어야 더 맛있어"라고 외쳤던 기억이 난다. 그건 진짜였다. 좋아하는 고기에 뭉근해진 감자와 양파, 그리고 입에 대지도 않았던 당근까지, 전날보다 훨씬 맛있게 느껴졌으니까. 그 시절 엄마의 나이를 지나온 나. 이제는 전날 만든 카레를 주시던 엄마의 고단함을 이해하게 됐다. 고단한 시간을 견디면서 진해진 사랑까지도. **김연선**

오뚜기 카레 광고의 카레라이팅

어릴 적 TV에서 오뚜기 카레 광고를 한 번이라도 본 어린이들은 카레를 먹을 때 꼭 밥을 한쪽으로 꾹꾹 눌러 반달을 만든 다음, 남은 반대편에 카레를 담아서 먹어야 더 맛있게 느껴지는 습관이 생겼을 것이다. 학교에서 급식으로 카레가 나오는 날이면 반 친구들 모두 너도나도 할 것 없이 식판의 밥 담는 자리에 밥을 반달로 만들어서 카레를 담아 먹곤 했다. 어느 날 아내랑 같이 집에서 카레를 먹으려고 밥을 담다가 아내가 밥을 반달 모양으로 만들고 있는 것을 보았다. 아내도 나와 같은 추억을 공유하고 있었던 것. 어떻게 담으나 똑같은 맛이겠지만, 카레를 먹을 때면 늘 반달로 만든 밥 위에 어릴 적 추억을 함께 담는다. **조동현**

This is Korean Curry

오뚜기 카레를 생각하면 히말라야의 시원한 바람이 떠오른다. 10년 전, 네팔 히말라야를 올랐던 적이 있다. 해발 4,130m에 달하는 고산에 홀로 오른다는 것은 외롭고 무서운 일이었다. 닿지 않을 것만 같았던 목적지인 안나푸르나의 베이스캠프 'ABC'에 도착했을 때, 해냈다는 감격과 벅차오르는 기쁨에 나도 모르게 눈밭 위를 껑충껑충 뛰었다. 그러나, 희열의 순간도 잠시, 배고픔이 밀려왔다. 식당에 가서 밥을 시키고, 비장의 무기를 꺼냈다. 이 순간을 위해 먼 타국까지 고이 모셔왔던 오뚜기 '3분 카레 매운맛'! 데우지도 않고, 따뜻한 밥 위에 뿌려서 한 입 퍼먹었다. 전신에 따뜻한 기운이 돌았다. 살아있다는 실감이 났다. 산에 오르는 동안 종종 마주쳤던 유럽인 등산객에게도 카레를 부어주었다. 한 입 먹더니, 동그랗고 까만 눈이 더 커졌다. 나는 지금도 등산할 때면 오뚜기 '3분 카레'를 필수품처럼 가져간다.   **황동익**

당근 뺀 카레

딸과 사위가 카레 속 재료에 대해 한참 실랑이를 했다. 너무나 진지해 나는 감히 끼어들지 못하고 분위기만 살폈다. 요리해 주는 사위는 영양을 생각해 각종 채소를 골고루 넣어 카레의 맛과 영양을 잡아야 한다는 것이고, 차려주는 밥을 먹는 딸은 기본 재료인 고기, 양파, 감자만으로도 충분하다는 의견이었다. 나는 '재료를 얼마나 넣든 남편이 해주기만 한다면 군말 없이 잘 먹겠다'며, 당근은 물론 색색의 파프리카와 브로콜리까지 넣는 사위를 딸보다 더 응원했다. 딸은 나를 향해 '당근을 뺀 엄마표 카레가 제일 맛있어'라는 눈길을 보냈지만, 나는 속으로 외쳤다. '딸아, 어떤 카레보다 남편이 해준 정성스러운 카레가 제일 맛있는 법이란다'라고.   **박순덕**

하늘을 건너

섬마을 어부의 딸은 스무 살이 되고야 오뚜기 카레를 알게 되었다. 카레의 맛은 세련된 도시 같았다. 허름한 자취방에서 카레를 만들고 먹으며 졸업하고 취업하고, 아버지의 바람처럼 결혼도 했다. 요란했던 나의 입덧 소식을 들은 아버지는 나의 입학식과 결혼식에 이어 세 번째 상경을 하셨다. 불린 햅쌀에 전복까지 넣어 가마솥에서 세 시간을 우려냈다는 카레를 들고서. 스무 살, 상경한 나에게 아버지는 "스울에선 머시 제일 맛나더노?" 하고 물었다. 나는 망설임 없이 "카레!"라고 대답했고, 아버지는 그것을 여전히 기억하고 계셨던 것이다. 이제는 곁에 없는 아버지. 만약 하늘을 다녀올 수 있다면, 나도 아버지께 사랑으로 만든 카레를 드리고 싶다.   **안현주**

햇살 가득 카레

입덧이 유난히 심한 날이었다. 용기를 내어 냉장고를 열자마자 풍기는 냄새에 황급히 문을 닫았다. 병을 앓던 시엄마는 병의 진행과 함께 빠르게 기억을 잃어갔다. 하루 세끼 밥을 차리고 치우는 것은 오롯이 내 몫이었다. '뭘 하면 좋을까?' 베란다를 서성이던 내 눈에 불현듯 얼마 전 사둔 '3분 카레'가 눈에 띄었다. 김이 모락모락 나는 뜸이 잘 든 쌀밥을 한가득 퍼서 접시에 담아내고 따뜻한 카레를 담뿍 부었다. 음식 냄새에 부엌으로 다가온 시엄마가 접시를 보더니 아이처럼 환히 웃으며 "색시, 이거 너무 예뻐요. 꼭 햇살이 한가득 들어있는 것 같아" 하고 말했다. 그날은 참으로 오랜만에 음식을 목에 넘긴 날이었다. **장민정**

카레와 함께 '라면'

카레를 먹다가 문득 '왜 카레는 꼭 밥하고 먹어야 해?' 하는 엉뚱한 생각이 들었다. 그럼 어떻게 먹어야 하냐는 언니의 질문에 나는 "카레하고 라면을 같이 먹으면 어떨까?" 대답했다. 결연히 내뱉은 말이 끝나기가 무섭게 오빠가 이상한 소리 하지 말고 밥이나 먹으라며 내 머리를 쥐어박았다. 그런데 얼마 지나지 않아 TV에서 송출된 한 편의 광고로 사건의 국면이 달라졌다. 바로 유명 방송인이 잠을 자다가 라면 냄새를 맡고 일어나 "카레 라면이네!" 한마디를 남기는 15초 남짓의 '백세카레면' 광고였다. 광고가 끝나자 이리 저리 눈동자를 굴리는 언니 오빠를 향해 "거 봐! 카레 라면이 있잖아!"라고 의기양양하게 외쳤다. 이제는 '오뚜기카레면'으로 이름이 달라졌지만, 여전히 내게 카레와 카레라면은 언니와 오빠의 콧대를 눌러준 뿌듯한 기억으로 남아있다. **신다슬**

아빠의 카레국

어린 시절 엄마가 외출하시면 아빠는 늘 카레를 해주셨다. 막노동으로 갈라진 투박한 손으로 볼품없이 썰어 넣은 감자와 양파만 들어간 국 같은 카레. 우리집 세 딸은 그것을 '아빠의 카레국'이라고 불렀다. 결혼하고 몇 번의 유산 끝에 힘겹게 임신했을 때 아빠는 간경화 말기 판정을 받으셨다. 수척하게 마른 몸에도 맏딸의 임신 소식에 만개하던 아빠의 웃음에 나는 어리광을 부렸다. "입덧이라 아무것도 못 먹겠는데, 카레국 해줄 수 있어?" 하는 내 말에 아빠는 양파를 까고 감자를 깎기 시작했다. 병환으로 인해 아빠의 카레국은 평소보다 한참 오래 걸려 완성됐다. 눈물이 섞여 아빠의 카레국은 더 묽어지기만 했다. 아빠와의 추억 때문일까. 중년이 된 지금까지도 나 역시 감자와 양파만 넣은 카레를 묽게 끓인다. 먹을 때마다 아빠가 그리워 울컥 목이 멘다. **양선영**

뜨겁지 않던 카레와 카레국

소풍 갈 때면 늘 카레를 싸 오던 친구가 있었다. 많은 김밥 도시락 사이에서, 그 친구의 카레가 참 외로워 보였다. 나는 엄마가 싸준 김밥을 건네며 친구에게 왜 카레를 싸왔는지 물었다. 친구는 "자기는 김밥은 쌀 줄 모르는데, 카레는 만들 줄 안다"라고 말했다. "이걸 네가 만들었다고?" 하고 놀라서 되묻는 나에게 친구는 당당하게 말했다. "어, 3분만 데우면 돼." 이 일을 엄마에게 이야기한 뒤로, 우리 엄마 역시 소풍을 갈 때면 종종 김밥 대신 카레를 싸줬다. 그 친구와 나는 6학년 때 다시 같은 반이 되었고, 수학여행을 함께 가게 되었다. 엄마가 싸준 도시락통의 뚜껑을 열자, 뜨거운 김이 올랐고 카레 향이 코를 찔렀다. 한편, 딸깍딸깍 열리던 내 친구의 도시락에는 사각형으로 각 잡힌 카레가 그 위용을 뽐내고 있었다. 차갑지도 뜨겁지도 않았던 내 친구의 카레를 숟가락으로 찔러가며 뭐가 그렇게 신났었는지 참 많이 웃었다. 친구는 내 카레를 자신의 밥 위에 부어가며 카레국이라고 웃어댔다. 적어도, 나에게 그날의 도시락 주인공은 김밥이 아닌 우리의 카레였다. **한신성**

카레에 담은 가족

우리 부부는 카레를 즐겨 먹었다. 신혼 때 남편이 처음으로 만들어 준 요리도 카레였을 정도. 스테이크용 돼지고기를 굽고 카레를 부어 먹는 요리인데 정말 맛있었다. 그래서 마트에 가면 카레를 항상 넉넉히 샀다. '오뚜기카레 매운맛'으로. 이제는 매운맛 카레를 사지 않는다. 아이들이 태어나면서, 순한맛 카레가 매운맛 카레를 밀어내고 우리 식탁의 주인공이 되었다. 마치 우리 삶에 들어온 아이들처럼. 아이들과 함께하며 좋아하는 맛을 양보하게 됐지만, 이는 새로운 맛을 발견하는 길이 되기도 한다. 물을 쏟고 국을 엎고 카레가 묻은 밥을 숟가락 시소에 태워 날려 보내는 게 일상이다. 카레 맛은 순해졌지만 식탁은 여전히 맵고 재미있다. **엄수빈**

프루스트와 초콜릿 카레

냄새가 기억을 자극해 과거의 한 장면을 불러오는 현상을 프루스트 효과라고 한다. 냄새는 과거의 향수를 불러일으키는 힘이 있는데, 나에게도 카레 냄새를 맡으면 떠오르는 순간이 있다. 아홉 살 때 나와 쌍둥이처럼 꼭 닮은 친구가 있었다. 한 날은 카레에 초콜릿을 넣으면 더 맛있다는 출처 모를 행운의 편지 같은 얘기를 듣고 와서는 집에 있던 초콜릿을 카레에 넣어보자고 했다. 아마 인도 어딘가에서 카카오를 소량 넣으면 향과 맛이 배가돼 풍미가 산다는 이야기를 들은 것이 분명했을 테지만, 그 사실을 몰랐던 우리는 밀크초콜릿 한 통을 넣어버리는 엽기 행각을 벌였다. 기대감에 잔뜩 들뜬 상태로 우리는 동시에 초콜릿 카레를 한입 가득 넣었고, 요란한 비명을 지르며 생수를 들이켜고 혀를 씻어내는 한바탕 전쟁 같은 소란을 벌였다. 바닥을 구르며 벌러덩 누워서, "내 인생 최악의 카레야!"라고 친구가 했던 말에 고개를 주억거렸다. 그때 기억이 떠오를 때마다 피식 웃음이 나온다. **공성아**

해방에서 면죄부로

1990년대의 카레는 엄마의 '해방'이었다. 연중무휴 식당의 고된 노동자 같았던 엄마는 행운을 기다리는 부적처럼 부엌 찬장 속에 카레를 두 개씩 항상 쟁여두셨다. 이 영험한 노란 부적은 '아빠 출장'이라는 기적을 종종 불러일으켰고, 그날 저녁 메뉴는 영락없이 카레라이스였다. 한편, 2000년대의 카레는 나의 '면죄부'다. 채소를 피하는 아이에게 편식이라는 굴레를 씌우지 않으니, 약간은 세련된 엄마가 된 착각이 들 정도. 하지만 속으로는 여전히 채소를 얼렁뚱땅 아이 입에 넣을 수 있는 비법을 고민 중이고 카레가 그 답이다. 당근 몇 개만 먹어주면 된다는 생각에 아이의 숟가락도 활기차다. 시간은 흘러도 카레는 엄마들에게 당당한 반칙이자 탈출이다.   **배희준**

아들의 첫 요리는 오뚜기였다

올해 고1이 된 둘째가 평소 음식 동영상을 즐겨 보더니, 난생 처음으로 요리를 해주겠다고 했다. 평소 라면 하나를 끓여도 주방이 난장판이 되기에, 이번엔 주방을 전쟁터로 만들 셈인가 싶었지만 내색은 하지 않았다. 걱정 반 기대 반으로 집에 도착해 현관 문을 여니 카레 향이 솔솔 풍겼다. 김치 하나 딸랑 놓인 식탁에 앉은 뒤, 아들은 자기가 만든 거라며 음식을 내려놓았다. 무려 카레돈까스. "생각보다 주방이 난리가 안 났네?" 하는 내게, 아들은 카레를 만드는 데는 칼도 도마도 필요없다며 노란 오뚜기 '3분 카레'를 들고 천진난만하게 웃어 보였다. 돈까스는 아파트 장에서 파는 걸 사왔다고 했다. 아들이 처음 해준 요리인 오뚜기 '3분 카레'로 만든 카레돈까스. 다음 요리가 벌써부터 궁금해질 만큼 맛있었다.   **정연자**

카레와 행복한 신혼생활

요리를 못하는 탓에 내가 만든 음식을 먹어본 적이 없는 남편에게 항상 미안했다. 그래서 일찍 퇴근하게 된 어느 날, 엄마가 자주 해주었던 카레를 만들어야겠다고 다짐했고 설레는 마음으로 장을 보았다. SNS를 보고 요리를 따라 하며, 카레는 재료 하나하나에 정성이 들어가고 오랜 시간 끓여야 더욱 맛있는 음식임을 알게 됐다. 맛있게 먹어줄 남편을 기대하며 카레를 끓이던 중, 갑자기 회식이 생겼다는 남편의 연락을 받았다. 아쉬워하며 혼자 저녁을 먹고 쉬려는데, 문이 열리면서 술에 잔뜩 취한 남편이 들어왔다. 아내가 맛있는 카레를 끓여놔서 빨리 집에 가야 한다며 후딱 먹고 왔다는 남편. 카레를 먹기 위해 비싼 쇠고기를 조금만 먹었다는 남편. 자랑한다며 사진도 찍고 맛있다고 웃어주는 남편을 보니 결혼 참 잘한 것 같다.   **박나연**

결국 또 카레

어릴 적, 엄마가 일을 다녔던 나는 저녁을 먹으러 집에 가는 친구들이 부러웠다. 그러다 가끔씩 나에게도 "끝나고 조심히 와", "배는 고파?", "오늘 카레했어" 하고 엄마에게서 먼저 연락이 올 때가 있었다. 그런 날이면 엄마는 3분이면 뚝딱 완성되는 카레에 늘 재료를 추가하고 싶어 하셨다. 평소엔 돈도, 시간도, 정신도 없다더니 몹시 아이러니했다. 어른이 되어서야 야자가 끝나고 카레를 먹던 날들이, 엄마가 반차를 쓰고 병원에 다녀온 날들이었다는 걸 알게 됐다. 비밀을 알게 된 후, 홀로 카레를 먹다 눈앞이 흐려지고 '툭' 눈물이 떨어질 때가 있다. 엄마도 딸도 처음이라, 모녀는 서툴렀다. 어렴풋이 서로를 보듬어 준 그쯤에서야, 오직 둘만의 따뜻한 카레로 서로를 녹일 수 있었다. **이다연**

3평을 채우기 위한 시간, 3분

3평짜리 고시원. 뜯어보지 않은 지 오래된 엄마의 택배 상자를 바라보았다. 상자 속엔, 오뚜기 카레 여러 봉지와 작은 메모지가 나를 기다렸다는 듯 올려다보고 있었다. 메모에는 "어릴 때 네가 참 좋아하던 3분 카레"라고 적혀있었다. 아, 그랬었지. 엄마의 고운 글씨체와 카레 향이 괜히 느껴져 눈앞의 아지랑이를 만들어 냈다. 곧장 주방으로 달려가 끓는 물에 카레를 데우고, 다시 방으로 돌아와 한 숟가락을 떠먹었다. 저녁은 먹었냐는 엄마의 걱정 가득한 안부가 3평짜리 방을 가득 채웠다. 3평짜리 방은, 더 이상 춥지 않았다. **김민주**

혼자서의 첫걸음을 함께한 노란 박스

2022년 여름, 나 혼자서 핀란드로 여정을 떠났다. 이전까지 부모님 곁을 떠나본 적이 없던 나에게, 혼자서 생활한다는 것은 전혀 새로운 도전이었다. 낯선 기숙사 방에 도착해 짐조차 풀지 못하고 침대에 누웠는데, 피곤함과 동시에 배고픔이 밀려왔다. 그때 어두운 옷가지 사이에서 빛나는 노란색 오뚜기 카레 박스가 보였다. 그 카레가 담고 있는 것은 단순한 식료품 이상이었다. 혼자 지내야 하는 딸을 위해, 그리움과 걱정을 담아 부모님이 준비한 것이었다. 그 어떤 새로운 경험이나 발견도 그 카레 한 봉지가 주었던 위안과 행복을 대신할 수는 없었다. 그 카레는 단지 한 끼를 때우는 용도가 아니라, 내가 어디에 있든지 나를 지탱해 주는 정서적 기반임을 알게 되었으니까. **하경현**

카레를 즐기는 순간들

소중한 사람을 위해 준비한 식사, 바깥에서 즐기는 한 끼의 별식, 든든히 챙기는 혼자만의 여유까지. 일상 속에 피어난 향긋한 카레의 순간을 담았다. 숟가락 위로 수북이 떠 올린 행복의 기억은 과연 어떤 모습일지, 향과 맛을 상상하며 눈으로 먼저 즐겨보면 어떨까.

Curry Time

@daymeal.ju

오늘 메뉴는 카레! 카레가 먹고 싶다는 남편의 말에 후딱 재료를 사 와서 만들었다. 오늘은 왠지 어릴 때 먹던 기본 스타일의 카레라이스가 생각나서, 재료는 감자, 당근, 고기, 양파만 잔뜩 썰어 넣고 여기에 오뚜기 카레 가루를 듬뿍 넣었다. 오랜만에 먹어서 그런가. 이렇게나 맛있다니! 대용량으로 만들어 두고 싶었는데 나는 아직 손이 작은가 보다. 나름 많이 만들었다고 생각했는데, 두 번 먹으니까 몽땅 사라진 카레. 다음에는 대용량 카레에 도전해 봐야지.

@jong2_meal

분명히 어제 냉장고 털이를 해서 야채를 다 소진했다고 생각했는데, 구석탱이에서 미니양배추를 발견했다. 귀여워서 사놓았던 미니양배추. 모른 척하고 싶었지만, 이제 그만 이별할 때가 된 것 같아 오랜만에 카레를 만들었다. 어떤 재료를 때려 넣어도 맛있는 카레지만, 버터는 꼭 넣는 것을 추천. 진짜 진짜 맛있으니까! 이로써 어제오늘 이틀간 냉장고 털이 완료.

@ppangki_

카레 도둑 최쪼니! 야, 카레 훔쳐 먹고서 죄 없는 순수한 영혼인 척하지 마!

@idongeun392

종일 집을 비울 땐, 아무렴 카레만 한 게 없죠. 한 솥 가득 카레를 끓였습니다. 단, 냄비에서 고기만 골라 먹지 말 것!

@coook_kr

주변을 둘러보면 다들 어쩜 그리 귀엽게 음식을 장식하는지! 나는 시금치카레에 도전해 봤다. 따뜻한 카레에 밥으로 눈사람을 만들어 크리스마스 분위기를 더했달까. 시금치를 갈았더니 색감도 예뻐지고 영양도 맛도 더욱 풍성해져서 무척 만족스럽다. 여기서 잠깐! 눈사람의 OOTD 대공개. 토마토로 만든 모자와 김으로 콕콕 눌러 단단추. 따뜻한 목도리는 노릇노릇하게 구운 양파.

Curry Time

@areum12_13

내 짝은 좋겠다! 캠핑에 와서도 좋아하는 카레를 만들어 주는 내가 있어서. 테이블 밑에 둔 생채를 쓰레기인 줄 알고 버리는 바람에 반찬 없이 카레만 먹었지만, 몸에도 좋고 맛도 좋다며 남김 없이 비웠다. 마법의 가루 '오뚜기카레'만 있다면 카레는 캠핑에서도 즐기기 쉬운 아주 간편한 요리!

@rira___mom

카레만 만들면 이렇게 싱크대에 올라와서 냄새 맡고 맛도 보는 고양이. 우리 집 반려묘 그레이처럼 카레를 좋아하는 고양이 어디 또 있나요?

@jin.k94

오늘의 안주. 잘 구운 고기에 오뚜기 '3분 카레'를 넣고 볶으면, 소주와 딱인 맛있는 안주 완성!

@_lunch.box_x

오늘의 도시락은 남편이 가장 좋아하는 카레. 양파, 당근, 브로콜리, 느타리를 듬뿍 넣은 채소카레를 만들었다. 고기는 안 들어갔지만, 카레는 다 맛있지 않나요?

@hm_j1004

내 남자 친구는 요리사! 재료 손질부터 직접 다 해서 건강한 카레를 만들어 줬다. 해주는 요리마다 이렇게 맛있다니. 남자 친구가 정성을 가득 담아 만들어 준 카레가 최고다.

Curry Time

@__home__i

말라가는 감자를 보니 더 이상 안 되겠다 싶어 카레를 만들었다. 냉동실에 곤히 잠들어 있던 쇠고기도 소환. 재료를 듬뿍듬뿍 넣고 만들었더니 무척 맛있는 카레가 완성됐다. 바삭한 돈까스는 덤!

@won_.baking

요리 초보가 만들어 본 곰돌이 모양의 카레. 밥만 주먹으로 조물조물 예쁘게 뭉쳐도 근사한 한 그릇이 완성된다.

@gang_lim

숙취로 피로가 쌓여서인지, 향긋한 카레가 먹고 싶어서 후다닥 만들었다. 자고 일어나니 시켰는지도 까먹은 봄동이 배송되어 있어서, 겉절이도 만들고 멸치도 볶았다. 쇠고기 1kg을 몽땅 때려 넣은 카레. 역시, 어른의 맛이 가장 맛있다.

@ggoma__kitchen

냉장고에 남은 달걀과 양파 3개를 깔끔하게 탈탈 털어 달걀카레로 해결! 별거 아닌데, 이렇게 먹으면 그냥 카레를 먹는 것보다 더 맛있을 때가 있다. 당근으로 발을 만들고 깨로 눈을 붙여주니 너무 귀여운 달걀 삼총사!

Curry Time

@ccobee_cooking

언제 먹어도 맛있는 카레. 아기자기한 카레 도시락은 만드는 법도 간단하다. 냉동 채소를 볶다가 카레 소스를 넣고 끓이면 향이 진한 채소카레 완성. 소시지는 칼집을 내 문어 모양으로 잘 구운 뒤 예쁜 꽃처럼 보이게 뒤집어 꽂는다. 거기에 브로콜리로 싱그러운 녹색을 더하고, 검은콩을 넣은 밥엔 노란 체더치즈로 별을 만들어 장식하면 끝! 카레의 매콤한 맛을 고소하고 부드러운 치즈 조각이 살살 달래준다.

@s00k2log

카레를 잔뜩 남기고 떠난 남편. 카레를 너무 좋아한 나머지, 조리 도구마저 노랗게 물들이고 떠났구나. 한 끼, 두 끼, 세 끼… 카레 파티가 계속 펼쳐진다. 그래도 맛은 있네!

 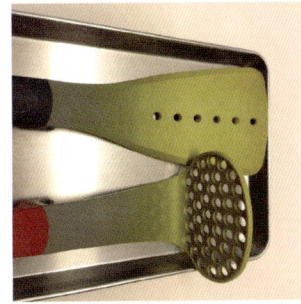

우리가 그리는 카레

그림을 그리는 사람을 가만히 지켜보면 도화지 위 풍경이 표정에 그대로 펼쳐진다. 무언가를 그리는 사람은 그 대상을 따라 하게 되고 또 닮아가게 되니까. 오뚜기 카레와 함께한 추억을 그리는 순간에는 얼굴 위로 노란 웃음이 배시시 새어 나오지 않았을까. 그림에 가득 담긴 향긋한 행복이 흘러넘쳐서.

* 본 코너에 실린 일러스트와 글은 '오뚜기 일러스트레이션 공모전OIF'에서 발췌했습니다.

Curry Gallery

FUN TIME WITH F.R.I.E.N.D.S
김고운

2분, 하루가 맛있어지는 시간
장이안

수납장 속 요리점
정수연

친구들과 함께한 유럽 여행. 혹시 몰라 한국 음식들을 이것저것 챙겼지만, 그걸 먹을 일은 절대 없을 거라고 자신했었다. 현지 음식을 즐기기에도 바빠 고스란히 다시 들고 오게 될 거라고. 그런데 예상과 달리 오뚜기의 즉석식품들은 빡빡한 일정에 지쳐 숙소로 돌아온 우리에게 저녁마다 훌륭한 안주이자 야식이 되어주었다. 매일 밤 한국 음식으로 에너지를 가득 채운 덕에 여행 동안 지치지 않을 수 있었던 우리는, 지금도 가끔씩 "역시 멀리 떠나는 여행엔 오뚜기 제품이 필수!"라고 이야기하며 웃곤 한다.

수업, 과제, 알바로 빡빡한 자취생의 삶에서 간편하고 다양한 오뚜기 컵밥은 고마운 요리사다. 일과를 마치고 돌아온 지친 저녁 시간, 블루투스로 음악을 틀고 식탁을 닦는 2분 동안, 전자레인지 안에서는 귀여운 오뚜기 요정들이 분주하게 돌아다니며 나의 저녁 식사를 준비하는 모습을 상상해 본다.

누구나 주방 수납장 속에 3분 요리가 있다. 수납장 속에서는 우리가 모르는 사이에 아주 작은 요리점이 언제든 열린다. 그 요리점은 가장 유명한 맛집이면서 누구에게나 사랑받고 누구에게나 열려있는 요리점이다. 원하는 음식이 단 3분 안에 나오는 곳. 여기서 음식을 먹은 사람들은 모두 행복해하며 포근한 하루를 보낸다.

내가 사랑하는 밥상
정희주

OTOKI RECORDS
고동우

너에게 전해주는 카레의 맛
현영진

어릴 적 일요일 늦은 아침에 우리 자매는 부모님보다 항상 먼저 일어나 찬장에 한두 개쯤 늘 들어있던 오뚜기 '3분 카레 약간매운맛'을 꺼내 데우고 밥 위에 올렸다. 반숙 달걀프라이 위에 달콤 상큼한 오뚜기 '토마토케찹'을 뿌린 달걀케찹밥도 세트로 먹었다. 그 밥상은 주말에 달콤한 늦잠을 즐기던 부모님 몰래 우리끼리 해 먹을 수 있는 유일무이한 만찬이었다.

오뚜기 3분 요리를 고를 때면 마치 레코드숍에서 자신의 취향에 맞는 음반을 고르는 것 같다. 3분이라는 시간은 음악 한 곡을 듣기에도 적절하니까. 어쩌면 우리가 오뚜기 3분 요리를 즐길 때의 기분은 음악을 고르고 들을 때의 기분과 많은 부분이 닮아있지 않을까.

어릴 때부터 먹던 탓인지 내 입에 맞는 카레는 오뚜기뿐이었다. 그런데 신기하게 딸아이도 오뚜기 카레를 제일 좋아한다. 당근을 싫어하는데도 오뚜기 카레로 채소를 듬뿍 넣어 카레라이스를 만들면 맛있게 잘 먹는다. 나와 딸, 모두의 입맛에 잘 맞는, 카레의 오리지널은 역시 오뚜기다.

Curry Gallery

카레 타임
곽선우

한국인의 3분 요리 (밥상)
공영석

카레 재료들이 카레 수영장에서 다이빙과 물놀이를 즐긴다. 고기, 당근, 감자, 브로콜리 등 다양한 재료들이 밥과 어우러져 카레 수영장에 풍덩. 다양한 재료들이 들어가 즐겁고 맛있는 한 끼가 완성되는 모습이 오뚜기 카레를 닮았다.

1982년 겨울방학. 형이 사 온 오뚜기 '3분 카레'를 들고 외가에 간 삼형제는 가마솥에 물을 팔팔 끓여 카레를 데웠다. 한국인에게 가장 친숙하고 정겨운 오뚜기 카레를 처음 맛봤던 그날의 추억은 오랜 시간이 흘러도 여전히 아른거린다.

엄마 아빠가 없어도 오뚜기와 요리할 수 있어요!
김민채

카레 폭포가 흐르는 홈 스위트 홈
윤송희

3분이면 맛있는 카레가 뚝딱! 2분이면 따뜻한 밥이 뚝딱! 오뚜기와 함께라면 엄마 아빠 없이도 요리할 수 있어요.

우리 집에는 맛있는 카레 폭포가 흐른다. 엄마가 오뚜기 카레를 끓이면 집 안 가득 맛있는 냄새가 솔솔 퍼지고, 카레가 넘쳐흘러서 바닥까지 촤르르 뒤덮는다. 내가 직접 썬 당근을 넣어 엄마는 카레를 만든다. 그리고 그걸 웃으면서 기다리는 가족들. 우리 집 강아지도 "나도 한 입만!" 하고 기대한다. 따뜻한 카레 향기 속에서 웃음이 끊이지 않는 우리 집이야말로 진정한 스위트 홈이다.

Curry Gallery

따뜻한 아침 식사
김정현

맛 따라 카레 삼천리
조민경

따뜻한 한 끼의 행복, 오뚜기와
강가비

따사로운 햇살이 비치는 아침, 어린아이들이 동물 친구들과 함께 맛있는 카레라이스를 만들고 있다. 맛있는 카레 냄새가 한 가득 느껴지는 즐거운 아침 식사 시간.

머나먼 이국의 생소한 요리, 카레를 삼천리 방방곡곡 국민의 음식으로 스며들게 한 오뚜기 '3분 카레'. 순한맛 카레 마을에서는 카레밥꽃이 피어나고, 약간매운맛 카레 마을에서는 감칠맛으로 무지개가 떠오르고, 매운맛 카레 마을에서는 개운한 산들바람이 바람개비를 움직인다. 오늘은 어떤 마을로 가볼까 고민하게 되는 카레 삼천리!

정신없이 바쁜 하루의 끝, 가족과 함께하는 따뜻한 저녁 식사. 든든한 한 끼를 나누는 이 시간이야말로 우리의 작은 행복이 아닐까.

자취생 필수템
오하영

행복한 추억을 지켜주는 맛
정예진

아빠가 요리하는 날
이유진

3월 23일 토요일 날씨 맑음. 오늘은 즐거운 주말. 친구들이 놀러왔다. 오늘은 무엇을 먹을까 고민하다 선반에 가득한 '3분 카레'를 발견했다. 오늘은 매운맛 카레다! 친구들과 함께 먹으니까 더 맛있는 카레. 오늘도 잘 먹었습니다.

어릴 때, 가족과 함께 나누던 그 맛. 할머니가 정성으로 챙겨주던 따뜻한 한 끼. 그 시절의 식탁은 한 폭의 액자 속 추억이 되고, 시간이 흘러 새로운 가정을 꾸린 어른이 된 지금도 그때 먹던 그 카레 맛은 그대로다. 오랫동안 변하지 않은 그 맛은 이제 언제든 꺼내볼 수 있는 소중한 추억이 되었다.

온 가족이 모인 저녁 식탁, 따뜻한 음식이 차려지는 웃음이 넘치는 시간. 앞치마를 두르고 정성껏 준비한 아빠의 요리는 사랑의 맛이 가득하다. 따뜻한 밥 위에 정갈하게 올려진 카레, 동그랑땡, 그리고 만두까지. 가족을 생각하며 만든 아빠의 특별한 요리! 성인이 된 지금, 바쁜 일상에서도 아빠의 요리와 함께한 저녁은 잊지 못할 행복한 순간이 된다.

Curry Gallery

사랑 가득 3분의 기다림
김수연

오뚜기 '3분 카레' 여행
이지후

전자레인지에 오뚜기 '3분 카레'를 넣고 문을 닫는 순간, 마법 요리가 시작된다. 엄마가 집을 비워도 엄마의 사랑까지 느끼게 해주는 맛있고 고마운 오뚜기 '3분 카레'.

오뚜기 '3분 카레'를 먹으면 카레의 본고장 인도가 생각난다. 오물오물 맛을 느끼면서 먹으면 내가 인도에 있는 느낌이 드니까. 인도를 여행하고 싶다면 오뚜기 '3분 카레'를 먹어보자.

야식은 못 참아!
홍서연

가족을 위한 요리
강소현

음식을 담다
채경희

밤늦게 엄마 몰래 야식을 먹으러 나왔다가 걸렸다. 엄마는 개코!

어릴 때부터 엄마가 자주 만들어 줬던 오뚜기 카레. 자취를 시작할 때도 엄마는 '카레는 만들기 쉬우니 한번 해보라'고 추천했다. 직접 만들어 사진을 보냈더니, 잘 만들었다며 다음에는 자기도 해달라던 엄마. 그 말이 계기가 되어 집에 갔을 때 가족을 위해 카레를 만들었고, 다들 맛있게 먹는 모습을 보니 괜히 뿌듯해졌다. 어릴 때부터 먹어온 오뚜기 카레를 이제는 내가 직접 요리해 가족과 함께 나눌 수 있다니!

아침 햇살이 창문을 통해 방 안으로 퍼져 들어오는 순간, 그 빛이 카레를 먹는 가족들과의 식사 자리에 그날의 온기를 더욱 부각시킨다. 그릇에 정성껏 음식을 담는 일처럼, 그 순간을 두 눈에 담아두고 싶다.

Curry Gallery

가족의 맛, 오뚜기
김이재

삼시 세끼
김자은

기다리는 시간
진은형

마트에서 카레를 고를 때면 가족과 함께하는 따뜻한 순간을 상상하게 된다. 가족을 사랑하는 마음이 식탁 위의 행복으로 고스란히 이어지는 카레는 단순한 식재료가 아닌 '우리 가족을 위한 선택'이다.

가족과 함께 '3분 카레'와 '3분 짜장'을 전자레인지에 돌리고 그 위에 김치를 올려 먹었던 기억, 친구와 함께 기숙사에서 '3분 카레'와 라면 조합을 즐겨 먹던 기억이 떠오른다. 언제나 든든하게 삼시 세끼를 책임졌던 오뚜기 '3분 카레'.

어린 시절 나의 점심에 큰 지분을 차지했던 오뚜기 카레. 전자레인지에서 따뜻하게 데워져 식탁 위로 올라오기까지, 카레를 기다리던 주말 오후의 여유로움을 회상해 본다.

Spot. 6
GROCERY

장 보러 가는 엄마를 따라나선 길. 이것저것 분주히 챙겨 담는 엄마 못지않게 내 손도 바빠진다. 엄마가 필요한 걸 고르는 사이, 내가 먹고 싶은 것을 슬쩍 바구니에 넣던 어린 시절이었다. 재료를 집는 순간부터 식탁 위 풍경이 그려진다고 했던가. 장바구니가 가득 차면, 굳이 묻지 않아도 그날의 메뉴가 눈에 그려졌다. 양파와 당근, 감자가 담기는 날이면 '오늘은 맛있는 카레구나!' 하고. 카레 마을의 여섯 번째 스팟 그로서리에는 오뚜기 직원들이 직접 추천하는 입맛별, 취향별 오뚜기 카레 큐레이션을 소개한다. 1년 내내 지루할 틈 없이 다양한 카레를 즐길 수 있는 오뚜기 카레 제품 라인업도 준비되어 있다. '오늘은 무얼 먹을까?' 하는 생각에 매일매일이 고민이라면, 당장 카레 코너로 향해보자. 오뚜기 카레를 담는 순간, 장바구니에 더해진 무게만큼 고민은 한결 가벼워질 테니.

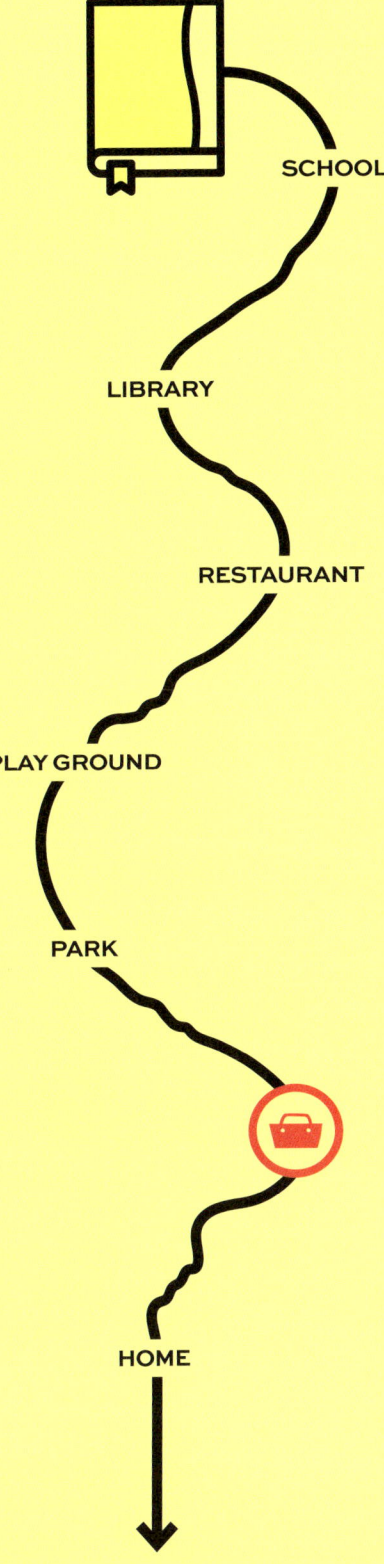

SCHOOL

LIBRARY

RESTAURANT

PLAY GROUND

PARK

HOME

Grocery

오뚜기 직원들의
이럴 땐 이 카레

언제, 누구와 먹어도 맛있는 카레지만, 콕 집어 '이럴 때' 먹으면 더 맛있어지는 순간이 있다. 지난 수십 년간 다양한 입맛과 생활 방식에 맞춘 카레 제품을 선보이며, 일상 속 한 끼를 특별하게 바꿔온 오뚜기 카레. 그 덕분에 집밥이든 야외식이든 건강식이든 현지식이든 어떤 순간에도 찰떡같이 어울리는 카레가 생겨났다. 지금부터 오뚜기 직원들이 직접 고른 인생 카레 12가지를 공개한다. 카레가 필요한 순간이면 매달 하나씩 이들의 추천 카레에 도전하며 1년 열두 달을 향긋하게 채워보기를.

Recommendation

Grocery

| 맛있게 식단을 조절하고 싶다면 | 라면을 좋아한다면 | 난이나 빵과 함께 카레를 즐기고 싶다면 |

가뿐한끼 매콤닭가슴살 카레

식단을 조절한다고 해서, 맛까지 포기할 수는 없는 법. 러닝을 비롯해 다양한 운동을 즐기며, 직접 '가뿐한끼' 브랜드 론칭에 참여해온 직원으로서 맛있게 식단을 조절하고 싶은 이들에게 '가뿐한끼 매콤닭가슴살 카레'를 적극 추천한다. 부드러운 국산 닭가슴살과 병아리콩, 양배추에 매콤한 카레 소스가 어우러져 운동 후 필요한 단백질과 활력을 한 끼에 담아주는 이 제품은 1인분을 다 먹어도 100칼로리밖에 되지 않아 몸에 부담도 적다. '가뿐한끼 닭가슴살곤약볶음밥'이나 '가뿐한끼 현미밥'과 같이 먹으면 더욱 든든한 식사가 완성된다. 운동 후에도 맛있고 균형 잡힌 한 끼 식사를 원한다면 꼭 도전해 볼 것.
e-Biz사업부 양지영 대리

오뚜기카레면 약간매운맛

카레는 밥이랑만 잘 어울린다고 생각했다면, 이제 카레면을 맛볼 차례. 한 번도 안 먹어본 사람은 있어도, 한 번만 먹어본 사람은 없다는 '오뚜기카레면'은 그만큼 중독적인 감칠맛이 매력적인 제품이다. 카레의 향과 맛이 진하게 배어있는 자작한 국물과 면이 잘 어울려서, 가끔 특별한 라면이 먹고 싶을 때면 늘 생각난다. 라면 중에 카레면이 최애라고 하면 특이 취향이라고 놀림당할 순 있지만, 기꺼이 감수할 맛이다. 소문으로는 칼칼한 카레 향이 해장에도 좋다고.
경영전략실 심지예 대리

오즈키친 치킨마살라 토마토&스파이스

우리에겐 카레가 있는 주방 풍경이 너무나도 익숙해 잠시 잊고 있었지만, 사실 카레는 먼 나라 인도에서 건너온 이국적인 음식이다. 가끔 조금 색다르게 정통 카레의 맛을 느끼고 싶을 때, 난이나 빵과 함께 카레를 즐겨보자. 어떤 카레를 먹을지 고민할 필요는 없다. '오즈키친 치킨마살라' 하나면 집에서도 충분히 인도의 맛을 느낄 수 있으니까. 버터와 스파이스가 만나 풍미가 가득해진 소스에 갓 데운 난을 쭉 찢어서 찍어 먹으면 인도 현지 레스토랑이 부럽지 않다. **마케팅실 김재윤 대리**

Recommendation

고기를 듬뿍 넣은 카레를 좋아한다면

오즈키친 포크키마 양파&다진고기

'오즈키친 포크키마'는 오뚜기에서 최초로 선보인 드라이카레로, 일본식 키마카레가 생각날 때면 자주 찾게 되는 제품이다. 수분이 적어 재료 본연의 풍미를 온전히 즐길 수 있으며, 제품의 이름에서 알 수 있듯 볶은 양파와 다진 돼지고기가 듬뿍 들어가 고기를 좋아하는 사람에게 특히 제격이다. 달걀 노른자를 준비해 더욱 꾸덕꾸덕하게 즐기면 맛있어 보이는 비주얼은 물론 고소함도 두 배가 된다. **식품안전과학연구소 이찬규 과장**

아이 입맛에 맞는 순하고 건강한 카레를 찾는다면

어린이카레

노란 소스 속에 아이들이 싫어하는 채소를 퐁당 숨겨놓을 수 있는 카레는 엄마들에게는 구세주와 같은 존재다. 향신료 특유의 스파이시함 때문에 일반 카레의 순한맛도 매워하는 아이들에게는 '어린이카레'가 딱 좋다. 과일과 체더치즈를 넣어 더 부드럽고 순한 맛은 물론, 칼슘과 DHA까지 함유하고 있어 바쁜 와중에도 자녀의 건강까지 신경 쓰고 있다는 뿌듯함을 느낄 수 있으니까. 어린이를 위한 제품이지만, 자극이 덜한 부드러운 카레를 찾는 어른에게도 충분히 권해볼 만큼 맛있는 카레다. **마케팅실 허지연 팀장**

풍미 깊은 진한 카레를 맛보고 싶다면

3일숙성카레(고형) 순한맛

2002년 입사 이래 공식·비공식적으로 오뚜기의 홍보맨 역할을 담당해 온 한 명으로서, 진한 카레 맛을 원하는 이들에게 '3일숙성카레(고형) 순한맛'을 추천한다. 3일간 공들여 숙성한 소스 덕에 일반 카레보다 한층 풍성해진 풍미와 감칠맛을 자랑한다. 순하다고 해서 그 맛이 단조로울 거라는 편견은 버릴 것. 한 입 맛보는 순간, 카레 전문점에서 먹는 묵직한 맛과 향이 입안 가득 뭉근히 차오르는 것을 느낄 수 있을 테니 말이다. **홍보실 김승범 팀장**

캠핑과 아웃도어 활동을 자주 즐긴다면

밀가루를 사용하지 않은 담백한 음식을 찾는다면

매운 음식으로 스트레스를 푼다면

그대로카레 순한맛

바깥에서 끼니를 해결해야 할 때는 무조건 간단한 게 최고다. 전기나 불이 필요하지도, 뜨거운 물이 필요하지도 않은 '그대로카레'는 야외 활동을 즐기는 이들에게는 귀하디 귀한 용병과도 같다. 그렇다고 대충 한 끼를 때우는 것도 아니다. 뉴질랜드산 쇠고기를 비롯해 건더기가 풍성하게 들어간 오리지널 카레니까. 캠핑이나 아웃도어 활동은 물론, 데우지 않고 바로 먹을 수 있다는 간편함 덕에 평소에도 딸과 함께 자주 먹는 제품이다.   **총무팀 김대원 팀장**

비밀카레 약간매운맛

밀가루로 만드는 건 다 맛있다고 하지만, 건강을 생각해서라도 의도적으로 밀가루를 줄이려는 노력을 하게 된다. 이처럼 건강한 식습관을 위해 노력하는 사람들에게 추천하는 제품이 바로 오뚜기 최초의 글루텐 프리 카레인 '비밀카레'. 밀가루 대신 국산 가루쌀을 사용해 글루텐 걱정이 없으며, 지방과 당 함유량을 줄여 건강까지 챙길 수 있다. 속이 편안한, 담백한 맛의 카레를 찾는다면 이번 기회에 '비밀카레'로 맛과 건강 모두를 잡아보는 건 어떨까.   **디자인센터 박채현 대리**

오즈키친 포크빈달루 토마토&칠리

스트레스를 받으면 나도 모르게 매콤한 음식이 당긴다. 빨갛게 잘 익은 새콤달콤한 토마토와 톡 쏘는 칠리의 매콤함이 만난 '오즈키친 포크빈달루'는 오뚜기 카레에서 선보이는 카레 제품 중 가장 매운 제품이다. 강렬한 맛을 증명하기라도 하듯 선명한 붉은빛으로 접시 위를 덮는 포크빈달루는 보기만 해도 입안에 침이 고인다. 큼지막한 돼지고기도 가득 들어있어, 부드럽게 씹으며 카레 한 그릇을 뚝딱 비우면 스트레스도 훨훨 날아가기 마련이다.   **글로벌사업본부 김동환 대리**

Recommendation

| 슈퍼푸드와 함께 건강까지 챙기고 싶다면 | 지역의 특색이 담긴 카레로 입안을 가득 채우고 싶다면 | 카레우동을 좋아한다면 |

3분 렌틸콩카레

김치, 올리브오일, 낫또, 요구르트와 함께 세계 5대 건강식품으로 선정된 렌틸콩. 단백질이 풍부해 최근 주목받는 저속노화 트렌드에도 제격인 렌틸콩을 더욱 맛있게 먹는 방법이 있으니 바로 카레에 넣어 먹는 것이다. 이미 오뚜기에서 3분 요리 시리즈로 만들어 놓았으니, 우리는 간단히 즐기기만 하면 되는 셈. '3분 렌틸콩카레'는 콩의 크기가 너무 크지 않고 적당해 씹는 식감이 좋을 뿐 아니라, 약간 매콤한 맛이 베이스로 깔려있어 물리지도 않는다. 이렇게 간단히, 3분 만에, 슈퍼푸드를 맛있게 먹을 수 있다니! 오뚜기 카레의 축복이 끝이 없다.

중앙연구소 구현희 수석연구원

제주담음 제주흑돼지카레

직접 가본 공간과 먹어본 맛집들을 엄선해 소개하며 푸드 전문 SNS를 운영 중인 나의 마음에 쏙 드는 카레는 바로 '제주담음 제주흑돼지카레'다. 나의 먹스타그램 계정(@food_paradise25)을 잠깐이라도 들여다보면, 누구라도 내가 고기와 해산물에 진심인 것을 알 수 있을 터. '제주담음 제주흑돼지카레'는 나의 그러한 니즈를 완벽히 충족시킨다. 제주산 흑돼지와 감자, 당근을 큼지막하게 깍둑 썰어 넣어 씹는 맛을 더하고, 용량이 넉넉해 포만감을 채우기에도 좋다. 제주산 감귤로 낸 새콤달콤한 감칠맛은 여기서만 맛볼 수 있는 빼놓을 수 없는 매력 포인트.

BX실 김보승 대리

크래프트카레

카레우동을 먹고 싶을 때는 자연스럽게 '크래프트카레'를 찾게 된다. 캐러멜라이징한 국산 양파에, 고소하게 볶아낸 버터루와 상큼한 국산 사과 퓌레를 넣어 정성껏 만든 '크래프트카레'는 브라운 카레의 깊은 맛이 일품. 그래서인지 탱글탱글한 우동사리에 부어 먹으면 그렇게 잘 어울릴 수가 없다. 면발 사이사이로 카레가 스며들어 향긋하고 진한 풍미가 입안 가득 퍼진다. 오래된 맛집에서 정성껏 끓인 정통 카레우동을 먹는 기분이랄까?

FS사업부 윤지애 팀장

오뚜기 카레 라인업

누군가는 같은 음식을 자주 먹으면 질리지 않느냐고 물을 수 있겠지만, 카레만큼은 예외다. 카레는 같은 이름 아래 수십, 수백 가지로 변신하는 마법의 음식이니까. 한 달 내내 카레만 먹어야 한다고 해도 오뚜기 카레만 있다면 걱정할 건 없다. 오랜 시간 국민 카레의 자리를 지키며 사랑받아 온 스테디셀러부터 새로운 시도로 다채로움과 재미를 맛보게 해주는 신제품들까지. 지금부터, 카레 덕후의 행복한 고민을 책임질 오뚜기 카레 라인업을 소개한다.

오뚜기카레

1969년 출시 이후, 오뚜기의 상징으로 굳건히 자리 잡아온 제품. 엄격하게 선별된 원료에 오뚜기만의 향신료 블렌딩 노하우를 담아 카레 본연의 맛과 향이 살아있는 정통 카레로, 오뚜기뿐만 아니라 대한민국을 대표하는 국민 카레다. 카레 하면 가장 먼저 떠오르는 기본 중의 기본.

3일숙성카레

쇠고기, 과일 등을 넣어 3일간 정성껏 숙성시킨 소스와 숙성 카레분으로 깊고 진한 풍미를 살린 제품. 기존 카레보다 향신료를 더욱 다양하게 사용하면서도 허브류와 조화를 이룬 은은한 향이 특징인 고급 카레다.

3분 카레

카레를 직접 만들 시간이 없어도 괜찮다. 3분이면 간단히 데워 맛있는 한 그릇을 완성하기에 충분하니까. 3분 카레는 40년 넘게 꾸준히 사랑받아 온 오뚜기의 대표적인 카레 제품이다. 카레분과 열대 과일의 환상적인 조합으로 달달하면서도 알싸한 카레의 맛을 제대로 구현했다.

바몬드카레 골드

1986년 처음 선보인 바몬드카레는 미국 버몬트주에서 전해오는 '버몬트 건강법'을 응용해 사과와 벌꿀을 사용한 것이 특징이다. 파인애플, 파파야 등 열대 과일을 더해 부드럽고 새콤달콤한 맛이 조화롭다. 바몬드카레 골드에 토마토를 더해 풍미를 끌어올리고, 치즈와 유지를 넣어 고소함을 배가한 고형 제품인 프리미엄 바몬드카레도 있다.

백세카레

건강에 좋은 강황의 함량을 오뚜기카레 제품 대비 57.4% 높이고, 로즈마리, 월계수잎 등 다양한 허브로 향을 더한 오뚜기의 대표 건강 카레. 2003년 출시와 함께 소비자의 머릿속에 '카레는 노랄수록 더 건강하다'는 인식을 심어준 일등 공신이다. 가정용 카레 중 매년 매출 1등의 자리를 굳건히 지키고 있는 인기 제품이라고.

백세 발효강황카레

백세카레에서 강황의 역할을 한 단계 더 격상시킨 제품. 오뚜기카레 오리지널 제품 대비 84.3% 증량한 강황을 몸에 좋은 유산균과 사과 농축액으로 발효시켰다. 홍삼 분말을 더해 더욱 깊고 진한 풍미가 특징이다.

어린이카레

성장기 어린이의 건강에 주목하여 성장에 도움을 주는 칼슘과 비타민D3를 넣고 기존 카레 대비 나트륨을 줄인 카레. 유크림의 부드러운 맛은 물론, 과일과 채소, 치즈의 풍미가 조화를 이뤄 부담 없는 순한 맛을 완성한다.

비밀카레

밀가루 대신 국산 가루쌀을 활용한 오뚜기 최초의 글루텐 프리 카레로 2024년 출시된 신제품이다. 시장점유율 상위 세 품목 대비 지방과 당을 각각 30%, 40% 줄이고, 기존 오뚜기카레 대비 강황의 비중을 44.1% 늘려 건강을 중시하는 소비자들의 마음을 사로잡은 제품.

오즈키친 세계카레

간편하고 맛있는 카레의 대명사 오뚜기가 세계의 다양한 카레까지 집에서 손쉽게 즐길 수 있도록 출시한 레토르트 제품. 오뚜기 카레만의 전통과 노하우는 그대로 살린 채, 세계 각지의 특색이 담긴 현지 카레 맛을 제대로 구현했다. 인도의 치킨 마크니, 태국의 크랩푸팟퐁, 일본의 포크카마 등 현지의 정통 카레 요리를 부담 없이 즐길 수 있는 제품이다.

Grocery

OTOKI CURRY LINE-UP

POWDER CURRY

오뚜기카레
매운맛, 약간매운맛, 순한맛

3일숙성카레
약간매운맛, 순한맛

백세카레
매운맛, 약간매운맛, 순한맛

백세 발효강황카레
약간매운맛, 순한맛

바몬드카레 골드
매운맛, 약간매운맛, 순한맛

어린이카레

비밀카레
약간매운맛, 순한맛

오리지널 카레파우더

SOLID CURRY

3일숙성카레(고형)
약간매운맛, 순한맛

백세카레(고형)
매운맛, 약간매운맛, 순한맛

프리미엄 바몬드카레(고형)
매운맛, 약간매운맛, 순한맛

지중해산 토마토카레(고형)

3-MINUTE CURRY

3분 카레
매운맛, 약간매운맛, 순한맛

3분 3일숙성카레
약간매운맛, 순한맛

3분 백세카레
매운맛, 약간매운맛, 순한맛

3분 쇠고기카레

3분 렌틸콩카레

3분 레트로카레

Product

카레가 생각난다면?
오늘도 오뚜기 카레

OTHER RETORT CURRY

그대로카레
매운맛, 약간매운맛, 순한맛

크래프트카레

제주담음 제주흑돼지카레   가뿐한끼 매콤닭가슴살 카레

헬로베지 채소가득카레

WORLD CUISINE CURRY

오즈키친 치킨마크니   오즈키친 크랩푸팟퐁

오즈키친 치킨마살라   오즈키친 비프코르마

오즈키친 포크빈달루   오즈키친 포크키마

오즈키친 브라운비프카레

NOODLES

오뚜기카레면(봉지)   오뚜기카레면(용기)

오뚜기카레 우동

ETC

카레 군만두   오뚜기카레 치킨

오뚜기카레 컵밥   카레 그릇

카레 숟가락

235

Spot. 7
HOME

현관문을 열면 집 안 가득 퍼지던 카레 냄새, 그 순간의 따뜻함이 문득 떠오를 때가 있다. 노란 전구에 딸깍 불이 켜지듯, 바깥에서 달고 온 고민까지도 단숨에 환해지는 마법 같은 온기였다. 누가 먼저랄 것도 없이 따뜻한 카레 한 그릇 앞에 앉는 순간, 진짜 행복은 가족과 함께하는 식탁에 있다는 사실을 깨닫게 된다. 그래서일까. 우리 주방 어딘가엔 늘 카레가 자리하고 있고, 누구에게나 내 입맛에 맞는 자신만의 레시피가 있다. 카레 마을의 마지막 종착지인 홈에서는 숨은 그림을 찾듯 카레가 있는 풍경을 찾아 나선다. 평범하지만 그래서 더 특별했던 우리 집만의 카레를 기억한다면, 그곳이 어디든 스위트 홈일 테니.

SCHOOL
LIBRARY
RESTAURANT
PLAY GROUND
PARK
GROCERY

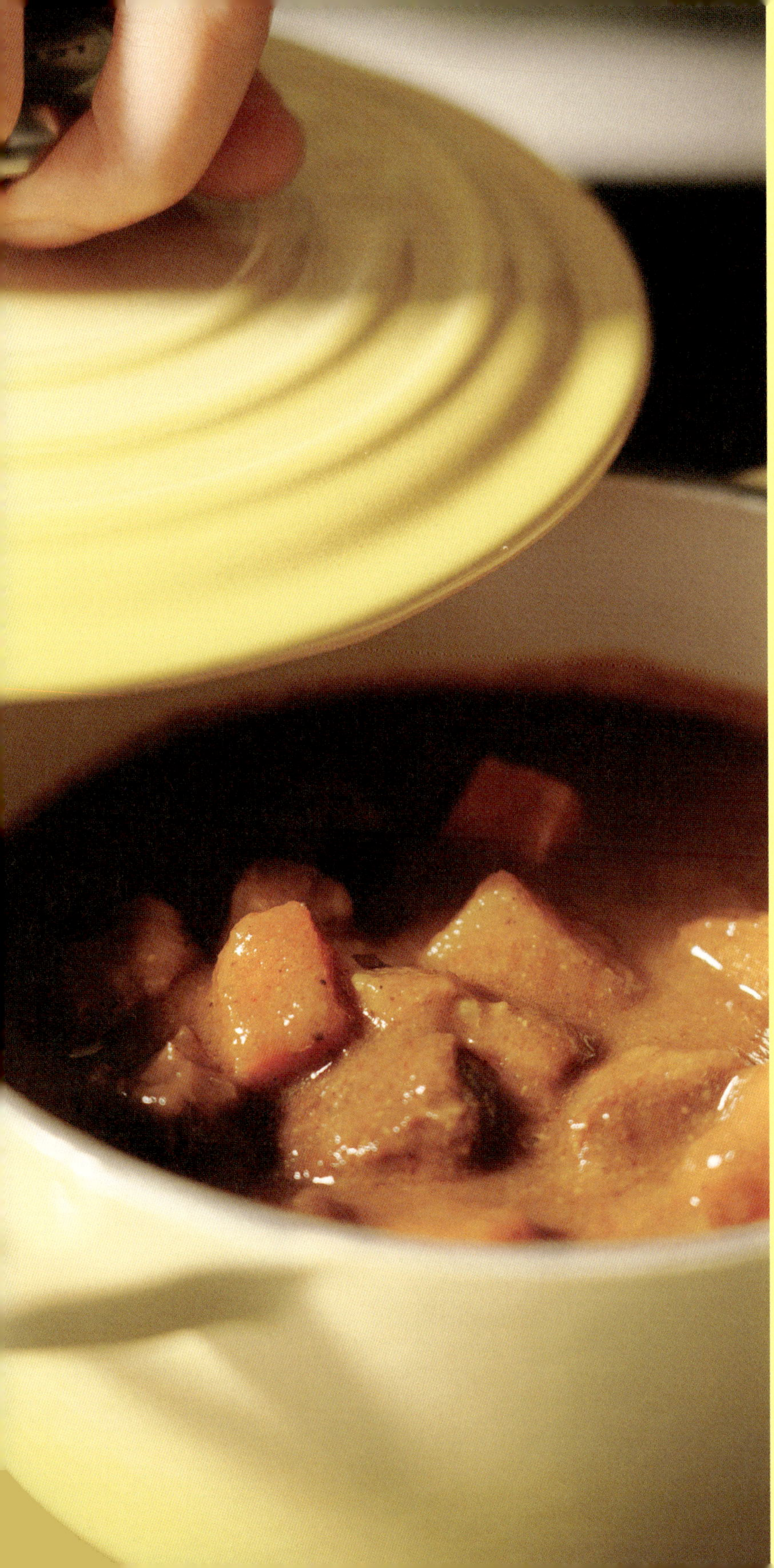

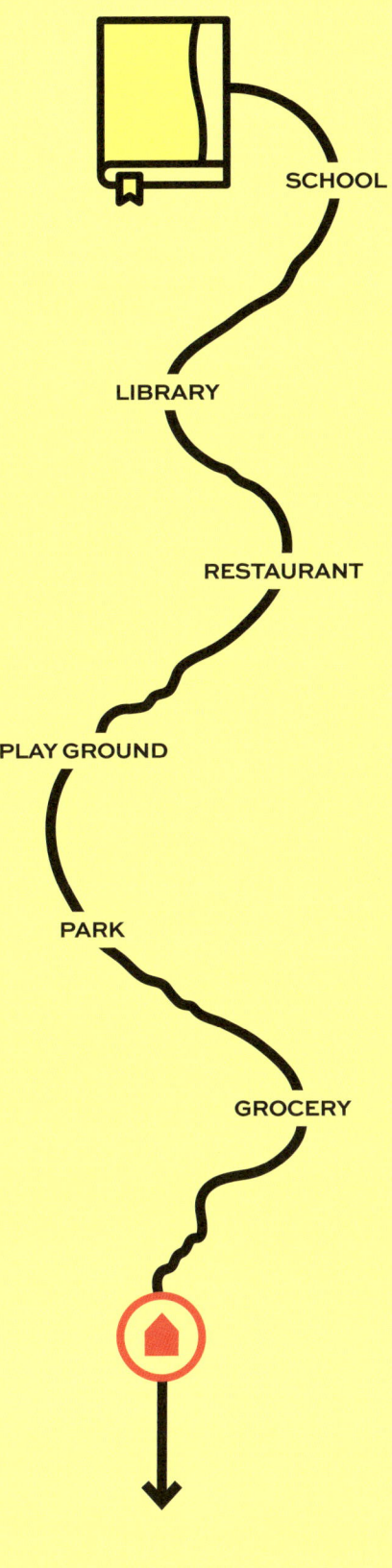

우리 집 카레 보관소

주방 어딘가에서 빼꼼 고개를 내미는 노란빛이 있다는 것은 바로 우리 집에도 오뚜기 카레가 있다는 말. 향긋한 냄새를 풍기며 따뜻한 기억으로 식탁 위를 가득 채우는 오뚜기 카레는 집집마다 어디에 어떤 모습으로 자리하고 있을까?

주방 상부장과 김치냉장고 맨 윗 칸

'오뚜기카레' 새 제품은 상부장에, 뜯은 건 김치냉장고에 보관한다. 카레 가루는 항상 약간매운맛과 매운맛을 둘 다 사두는 편인데, 둘의 중간 정도의 맵기가 딱 좋아서 섞어 먹을 때가 많다. **Allie / 25세**

주방 하부장

실온 보관 식료품 전용 칸인 주방 하부장 서랍에 '오뚜기카레 약간매운 맛'과 '오즈키친 크랩푸팟퐁', '3분 카레 매운맛'이 들어있다. 주말이면 감자와 양파를 넣고 카레를 자주 만들어 먹는 편. 반찬도 필요 없어서 딱 좋다. 주중에는 퇴근하고 집에 와서 전자레인지에 돌려 간편하게 먹을 수 있는 오즈키친 시리즈를 즐긴다. 특히 코코넛크림과 게살의 고소함이 맛있는 '오즈키친 크랩푸팟퐁'을 좋아한다.   가을 / 40세

냉장고 위

좁은 자취방이라서 물건을 보관할 곳이 많이 없다 보니, 레토르트 식품이나 라면, 파스타, 시리얼 등은 냉장고 위의 공간에 올려두고 보관한다. 오뚜기 '3분 카레'를 쟁여두는 편인데, 야근 후 집에 와서 힘이 하나도 없을 때 간단히 전자레인지에 돌려 한 끼를 뚝딱 해결할 수 있기 때문. 내 입에는 약간매운맛이 딱이라 자주 먹는데, 건강에 좋다고 해서 요즘엔 '3분 렌틸콩카레'도 자주 구매한다. **김철수 / 34세**

주방 서랍장

즉석밥과 각종 소스를 깊은 서랍장 속 바구니에 담아놓는다. 자주 구매하는 제품은 '오뚜기카레 약간매운맛'. 가루라서 만들기도 쉽고 용량도 4인분이라 한 번 만들어 놓고 두 번 정도 나눠서 먹기도 수월하다. 너무 맵지도 순하지도 않은 적당히 매운맛이 매력! **김정옥 / 47세**

식재료 수납장

식재료를 넣는 수납장에 언제든 볼 수 있게 진열해 둔다. 가족들 입맛이 달라 보관 중인 카레도 여러 개. '오뚜기카레 순한맛'은 아이들이 너무 좋아하고, '백세카레 약간매운맛'은 내 입맛에 딱! **김지혜 / 40세**

기숙사 냉장고 위 식료품 보관 상부장

기숙사 냉장고 위 상부장에는 상경한 딸내미를 위해 엄마가 보내준 간편 음식들이 모두 모여있다. 아무래도 혼자 있다 보니 식사를 거를 때가 많은데, 그럴 때 간단히라도 챙겨 먹길 바라는 엄마의 마음이 담긴 오뚜기 카레. 특히 오뚜기 '3분 쇠고기카레'는 실제로 아무것도 먹기 싫을 때 가장 무난하고 맛있게 간단히 먹을 수 있어서 손이 자주 가는 제품이다. **수빈 / 21세**

식탁 상단 벽 선반

입맛이 없어 밥먹기가 싫을 때, 식탁에서 벌떡 일어나자마자 바로 오뚜기 '3분 카레'를 집어들 수 있도록 항상 식탁 가까이에 둔다. 상황에 따라 즐기는 카레도 천차만별. 다른 매콤한 반찬이 있다면 약간매운맛을, 매콤한 반찬이 없다면 매운맛을 먹고, 카레를 데우기도 귀찮을 때는 '그대로카레'를 먹는다. **스푸트니크 / 30세**

주방 전자레인지 위

평소 오뚜기 카레 레토르트 제품을 자주 먹기 때문에, 바로바로 먹을 수 있게 전자레인지에 올려둔다. 감귤로 카레 소스를 냈다는 말에 호기심이 생겨 한번 '제주담음 제주흑돼지카레'를 사 먹어봤는데, 그때 이후로 최애 카레가 됐다. 재료들이 큼직하게 들어있어 먹는 재미가 있고, 다른 제품에 비해 양도 넉넉해서 든든하다. **안부 / 41세**

전자레인지 옆 수납장

오뚜기 '3분 카레'와 '오뚜기카레 컵밥'를 자주 먹다 보니, 꺼내기 쉽게 전자레인지 옆 수납장에 보관한다. 퇴근 후에 요리를 해서 저녁을 차려 먹으려면 시간이 오래 걸리는데, 오뚜기 카레 덕분에 간단히 한 끼를 해결할 수 있다. 김치만 있으면 맛있게 먹을 수 있는 오뚜기 '3분 카레'가 나한테는 딱이랄까. **이훈 / 42세**

냉장고 도어 칸

퇴근 후 간단히 밥을 먹기 위해 큰 냄비에 대량으로 카레를 끓여놓는다. 사용하고 남은 카레 가루는 냉장고에 보관! '오뚜기카레 약간매운맛'은 매일 먹어도 질리지 않아 항상 구비해 놓는 편이다.

지승우 / 28세

전자레인지 위

매콤한 카레를 바로 데워 먹기 위해 전자레인지 위에 올려두었다. 그러다 보니 더 자주 손이 가는 건지도? **채유진 / 27세**

우리 집 카레 비법

어떤 재료든 기꺼이 제 품을 내어주는 카레는 그만큼 즐기는 방법도 무궁무진하다. 각 가정에는 저마다의 카레 레시피가 존재한다고 해도 틀린 말이 아닐 터. 맛있는 카레를 더 맛있게 만드는 각자의 비밀 레시피는 과연 무엇일까. 보글보글 끓는 커다란 냄비에 '풍당' 던져넣은 15가지 카레 비법을 들여다본다.

재료를 크게 썰어 넣기

카레는 마성의 매력이 있다. 재료를 잔뜩 넣고 끓여 먹어도 맛있고, 생선을 구울 때나 볶음밥을 할 때 위에다가 솔솔 뿌려주면 음식이 훨씬 맛있어지니까. 카레는 어디에 넣어도 본인의 매력을 마음껏 뽐내는 동시에 다른 재료와도 잘 어우러지는 음식이라는 생각이 든다. 그래도 역시 그중에서 제일은 걸쭉하게 끓여서 밥 위에 붓고 삭삭 비벼 먹는 카레일 것. 우리 집만의 카레 비법을 말해보자면, 다양한 재료를 큼지막하게 썰어 넣는다는 점에 포인트가 있다. 엄마는 카레를 끓일 때 감자, 당근, 브로콜리, 새우, 가지, 고구마, 고수, 옥수수 등 그때그때 집에 있는 재료들을 모아 전부 크게 썰어 넣는다. 그러면 식감도 더 좋아지고, 풍성한 느낌이 들어서 더 맛있다. 카레가 한 솥 끓여져 있는 걸 보면 괜히 마음까지 넉넉해지는 기분이 들 정도. 엄마표 카레는 내가 최고로 애정하는 음식 중 하나다. 따뜻할 때 먹어도 맛있고, 하루 지나서 먹어도 맛있는 최고의 카레. **쥬니**

Secret Recipe

기름 대신 버터로

카레의 감칠맛을 한껏 끌어올려 줄 버터가 우리 집 카레의 비법. 쇠고기와 야채를 볶을 때 기름 대신 버터를 활용하는데(볶는 순서는 고기에서 채소순이다), 쇠고기에서 나오는 기름과 버터가 만나면 이미 향만으로도 게임 끝이랄까. 아직 아이들이 어려서 채소를 작게 다져서 넣는 편인데, 카레 가루도 순한맛으로 사용해 아이들 입맛까지 모두 사로잡았다. 역시 오뚜기 카레는 우리 사남매집에서 절대 빠져서는 안 될 최고의 비상 식량이다. **윤수정**

양파 캐러멜라이징

양파를 꼭 캐러멜라이징해서 만드는 게 중요하다. 버터에 양파를 달달 볶아야 하는데 양파가 많을수록 맛있지만, 생각보다 조리 시간이 오래 걸려서 많이는 못 쓰고 양파 한 개 정도만 사용하는 편. 여기서 팁을 하나 더 주자면, 전자레인지에 양파를 데워 사용하면 조금 더 빠르게 캐러멜라이징할 수 있다. 감칠맛을 내는 재료로는 홀 토마토 통조림(없으면 토마토 파스타 소스)을 사용하고, 집에 있는 향신료도 이것저것 더한다. 주로 파프리카 파우더와 쿠민을 넣는다. 가끔씩은 재료를 잘게 다져 넣어 수분을 날리며 볶는 키마카레로 즐기기도 한다. **Allie**

Home

단호박

우리 엄마의 카레 재료는 '오뚜기카레 약간매운맛' 두 봉지와 감자, 당근, 양파, 소시지, 돼지고기다. 여기에 추가로 들어가는 킥이 하나 있으니, 바로 단호박! 단호박을 넣어야 카레가 더욱 진하고 맛있어진다고. 각 재료들을 하나씩 따로 노릇노릇하게 볶은 후에 물을 넣고 걸쭉해질 때까지 팔팔 끓이면 레시피는 끝. 갓 무친 겉절이랑 같이 먹으면 정말 맛있다! **감자**

가족들이 좋아하는 재료

가장 기본이 진리인 법이다. 엄마는 카레에 딸내미가 좋아하는 브로콜리와 감자, 아빠가 좋아하는 고기, 아들내미가 좋아하는 우유를 넣는다(우유를 넣으면 카레가 훨씬 부드러워진다). 조리 시 다른 채소들은 전부 미리 볶지만, 유일하게 브로콜리는 따로 **빼둔다**. 아삭아삭하면서도 물렁한 브로콜리의 식감을 좋아하는 딸내미를 위해 매번 마지막에 브로콜리를 쫑쫑 올려주는 것. 그리고 하나 더! 요리 비법은 아니지만, 카레를 먹는 우리 집만의 독특한 취향이 있다. 우리 집은 카레를 먹을 때 병아리콩을 넣은 밥을 함께 먹는다. 병아리콩 밥과 카레의 조합이 꽤 근사한 편. **수빈**

Secret Recipe

땅콩버터

요즘 많은 사람들이 아침에 사과와 함께 건강식으로 즐기는 땅콩버터. 우리 집에서는 카레를 만들 때 이 땅콩버터를 크게 한 숟가락 떠서 넣는다. 처음에는 카레의 매운맛을 잡기 위해 조금씩 사용했는데, 한번 넣고 나니 땅콩버터가 만들어 내는 진한 풍미에 반해버리고 만 것. 전반적으로 고소함이 배가되는 것은 물론, 카레의 농도도 걸쭉해져 더욱 맛깔스럽다. 고소함을 좋아한다면, 조리 후반부에 넣는 것을 추천! 땅콩버터 덕분에 요리가 한층 업그레이드되는 느낌이다. **김희진**

사골 곰탕

카레를 만들 때 사골 곰탕을 하나 넣는다. 요리는 정성이라 그런걸까. 카레도 오래 끓일수록 맛있는 것 같은데, 시간이 많이 없거나 배고픈 상황에서 빨리 만들어 먹고 싶을 때 사골 곰탕을 넣으니 맛이 더 풍성해졌다. 조금 짧은 시간 끓여도 충분히 진한 느낌. 단, 이때는 감자나 당근 등 딱딱해서 익는 데 오래 걸리는 재료는 아무래도 생략하는 편이 좋다. **김철수**

Home

청양고추와 냉동야채 볶음밥

오뚜기 '3분 카레'를 더 맛있게 먹는 우리 집만의 방법이 있다. 청양고추를 얇게 썰어서 올려 먹으면 매콤함이 더해져 입맛을 확 돋운다. 한 끼 식사에서 야채 섭취 비중을 조금 더 높이고 싶다면, 일반 쌀밥 대신 냉동야채 볶음밥과 함께 먹는 것도 방법! 오뚜기 '3분 카레'는 볶음밥과도 잘 어울리니까. **이훈**

바나나

카레는 은근히 과일과도 잘 어울린다. 매콤한 카레에 달콤한 맛을 더하고 싶을 때 주로 과일을 넣는데, 한번은 바나나를 넣었더니 부드럽고 달콤한 맛이 조화로웠다. 카레에 직접 넣는 것도 좋지만, 밥 대신 바나나를 활용하는 것도 좋은 방법. 툭툭 썬 바나나를 그릇에 담고 그 위에 방금 만든 뜨끈한 카레를 부으면 바나나 카레가 완성된다. 부드럽게 넘어가고 탄수화물에 대한 부담도 줄어서, 속이 불편한 날에 먹기 좋다. **이슬**

Secret Recipe

양파와 토마토로 우린 채수

특별한 재료 없이도 깊은 풍미를 내고 싶다면 이 비법에 주목할 것. 우리 집 카레에는 꼭 들어가는 재료가 있다. 바로 양파와 토마토. 캐러멜라이징한 양파와 대충 깍둑 썬 토마토를 넣으면 채수가 녹진하게 우러나면서 깊은 맛이 난다. 사실 너무나 번거롭고 귀찮지만, 포기할 수 없는 과정이다. 그리고 하나하나 들어가는 재료들은 올리브유에 볶아서 넣어준다. 카레에 재료들을 생으로 넣는 것과는 식감부터 다르다. 어릴 때 엄마가 만들어 준 추억의 카레처럼 소시지는 꼭 얇게 썰어 뽀득한 식감을 살리고, 감자는 큼직하게 구워 넣어 포슬한 맛을 살린다. 대접에 양껏 담은 카레라이스를 먹다가 부족하면 한 국자씩 더 덜어 먹는 건, 나뿐만 아니라 맛있는 카레를 먹는 모든 사람의 공통점이지 않을까(웃음). **우성혜**

스위트콘

아이들을 키우다 보니, 요리를 할 때 맛과 모양뿐만 아니라 식감까지 신경쓰는 편이다. 우리 집 카레는 조금 특별한 재료가 들어가는 데 바로 오뚜기 '스위트콘'이다. 스위트콘이 가득 들어간 카레를 한 입 크게 떠 먹으면 옥수수 알알이 입에서 톡톡 터지면서 색다른 재미를 선사한다. 아이들도 이 식감이 재밌는지 맛있게 먹는 모양새다. 오뚜기에서 나온 '초당옥수수' 캔을 사용하면 단맛도 충분히 더할 수 있으니, 달콤하고 톡톡 터지는 식감의 카레를 만들고 싶다면 추천한다. **김민희**

Home

오뚜기 토마토케찹

95세까지 장수하신 우리 할아버지는 하루에 한 끼는 꼭 카레를 드셨다. 그것도 직접 만드셔서. 오뚜기 카레로 만드는 할아버지의 카레 비법은 카레 패키지 뒷면에 적힌 것과 비슷하다. 돼지고기, 양파, 당근, 감자를 큼지막하게 숭덩숭덩 잘라, 식용유를 넉넉하게 두른 냄비에서 달달 볶아준다. 그러다가 양파가 투명하게 빛날 즈음, 카레 가루와 물을 넣고 푹 끓이는 것. 그런데 여기에 할아버지만의 특급 비법이 있다. 바로 고기를 볶을 때 오뚜기 '토마토케찹' 두 큰술과 다진 마늘 세 큰술을 넣어주는 것. 케찹의 달콤함이 카레의 묵직함과 절묘하게 어우러지면서 색다른 감칠맛을 더해준다. **이예리**

찬 우유

카레를 맛있게 만드는 법은 아니지만, 카레를 맛있게 먹는 법은 하나 알고 있다. 어릴 적 카레를 자주 먹던 우리 남매가 발견한 방법이다. 우선 따끈한 쌀밥 위에 치즈를 얹고 카레를 덮는다. 그리고 그 위에 완숙 달걀을 올린 후 쌀밥이 자작하게 잠기도록 차가운 우유를 부어 먹는 것! 뜨거운 카레와 치즈가 감칠맛 돌게 혀를 달구는 찰나, 차가운 우유에 잠긴 쌀밥 한 숟가락이 달궈진 입을 식힌다. 달걀과 어우러져 더욱 고소한 카레의 맛을 온전히 받아들이면, 그야말로 환상적인 카레 한 그릇! **황제헌**

Secret Recipe

사골 곰탕과 된장, 다크 초콜릿

카레를 워낙 좋아해서 그때 그때 여러 방법으로 다양하게 요리를 시도해 보는 편이다. 먼저, 카레를 더욱 깊고 진하게 즐기고 싶다면 사골 곰탕에 된장 한 티스푼을 넣고 다크 초콜릿을 한 조각 넣는다. 한편, 치킨카레를 만들 땐 양파와 닭고기(다리 부위가 좋다)를 버터에 볶고 코코넛 밀크나 우유를 넣어 부드러움을 더한다. 여기에 쿠민을 톡톡 뿌리고 마지막에 고수까지 올리면, 동남아 스타일의 치킨카레가 완성된다. **김윤경**

낫또

예전에 건강식에 꽂혀 장수식품이라고 알려진 낫또를 집에서 직접 만들었다. 만 이틀이나 시간을 들인 회심의 역작이었으나 익숙하지 않은 맛 때문에 식구들에게 외면받고 말았다. 그런 위기의 낫또를 구조한 건 바로 카레! 세상에, 이렇게 고소한 맛이라니. 콩과 카레는 놀랍게도 매우 잘 어울린다. 입 짧은 딸내미조차 이후로도 종종 카레에 콩을 넣어달라고 요구할 정도다. **추영화**

Outro

카레는 세계적인 음식입니다. 미국을 제외하고 유럽, 아시아,
중동, 아프리카 등 세계 곳곳에서 가장 널리 즐기는 음식을
꼽으라고 하면 단연코 카레입니다.

인도에는 인도 카레가 있고, 태국에는 태국 카레가 있으며,
일본에는 일본 카레가 있습니다. 그렇다면 한국에는 어떤
카레가 있을까요? 사람들은 '오뚜기 카레'라고 말하며
웃습니다. 그렇습니다. 우리나라에는 오뚜기 카레가 있습니다.
1969년, 오뚜기는 창립과 함께 '오뚜기 카레'를 선보이며
카레의 대중화를 이끌었으며 창업 이래 지금까지 그 책임을
다해오고 있습니다.

카레는 참 편안한 음식입니다. 집에 있는 어떤 재료로
만들어도 맛있습니다. 제철 재료를 활용해도 맛있지요.
재료를 가리지 않는 카레는 넉넉한 엄마의 품처럼 모든 재료를
품어줍니다. 만들기 쉽고, 어떤 재료든 넉넉히 품으며
맛을 내는 카레. 그래서 카레는 사랑입니다.

오뚜기 대표이사 회장 함영준

오늘도 오뚜기 카레

OTOKI CURRY BOOK

1969년부터 지금까지,
우리와 함께한 오뚜기 카레 이야기

초판 1쇄 발행	2025년 9월 28일 일요일

발행	주식회사 오뚜기
기획	오뚜기 BX실 안소정, 조현국
제작	미션캠프
편집	김경희, 안대근, 임재원
디자인	이세정
사진	박기훈, 황지현

저작권자	주식회사 오뚜기
ISBN	979-11-988591-5-0 (03320)

주소	경기도 안양시 동안구 흥안대로 405
전화	080-024-2311
홈페이지	www.otoki.com
인스타그램	@otoki_daily

- 잘못된 책은 구입하신 서점에서 교환해 드립니다.
- 이 책은 저작권법에 따라 보호받는 저작물이므로 무단전재와 무단복제를 금하며,
  이 책의 내용 전부 또는 일부를 이용하려면 반드시 사전에 저작권자의 동의를 받아야 합니다.